汽车四轮定位基础教程

第 2 版

陆耀迪　主编

机械工业出版社

本书着眼于现代汽车四轮定位的基础知识,重视实践。全书包括汽车底盘及悬架系统基础知识、轮胎与车轮定位、四轮定位基础知识、科学四轮定位、四轮定位专用零件及工具、汽车定位故障诊断、四轮定位调整案例、四轮定位仪的选择及四轮定位的经营技巧等内容,每章都力求涉及从业人员最关心的问题。书末配有附录,便于读者查找相关知识。

本书内容编写精心,人性化谋篇,图文并茂,重视实际应用。本书既便于汽车维修人员、各类汽车维修企业和专业轮胎店相关从业人员,以及从事汽车维修设备产品及配件销售的人员学习使用,也可供大中专院校师生和汽车爱好者参考。

图书在版编目(CIP)数据

汽车四轮定位基础教程/陆耀迪主编. —2 版 . —北京:机械工业出版社,2016.6 (2025.3 重印)
ISBN 978-7-111-53489-1

Ⅰ.①汽… Ⅱ.①陆… Ⅲ.①汽车 – 车轮 – 定位 – 教材
Ⅳ. ①U463.34

中国版本图书馆 CIP 数据核字(2016)第 073244 号

机械工业出版社(北京市百万庄大街 22 号 邮政编码 100037)
策划编辑:连景岩 杜凡如 责任编辑:连景岩 杜凡如
责任校对:刘志文   封面设计:张 静
责任印制:单爱军
北京虎彩文化传播有限公司印刷
2025 年 3 月第 2 版第 11 次印刷
184mm×260mm · 12.75 印张 · 312 千字
标准书号:ISBN 978-7-111-53489-1
定价:49.90 元

电话服务   网络服务
客服电话:010-88361066   机 工 官 网:www.cmpbook.com
        010-88379833   机 工 官 博:weibo.com/cmp1952
        010-68326294   金 书 网:www.golden-book.com
封底无防伪标均为盗版   机工教育服务网:www.cmpedu.com

编 写 人 员

主　　编：陆耀迪
编写人员：

陆耀迪	李桂芝	乔洪斌	刘　延	肖喜岩
李恒鑫	牛其康	张伟东	付　琨	刘红涛
陶　佳	齐　明	潘永鑫	孙　瑜	马　磊
初可心	杨淑荣	张春霞	杨桂芝	高玉彬
王淑香	刘兰君	李淑凡	杨秀娟	刘湛海

前　言

　　现代汽车除了要确保有良好的行驶性能、转向性能和制动性能之外，人们对其安全性与舒适性的要求也越来越高，正在向高质量、高性能、高附加值方向发展。为适应这一要求，轿车悬架随之不断改进。

　　近年来，轮胎厂商不断研发推出具有特种胎纹、使用特种材料、特制规格的高技术异形胎，增大扁平率，提高排水性及抓地能力，不断改善汽车行驶舒适性及安全性。

　　现在大多数高档汽车采用全铝合金多连杆悬架，以提高舒适性。如奥迪A8L采用可调整空气悬架，奔驰400概念跑车采用全电控主动悬架，宝马新7系采用主动式车身稳定系统。为解决底盘平顺性问题，大众新速腾（SAGITAR）汽车融入德国大众新一代MQB平台技术，其优化性能的麦弗逊滑柱前悬架和全新四连杆后独立悬架技术，前后悬架皆使用了副车架，加强车身和底盘的刚度。电动助力转向为车与路之间提供更精确的感觉，随着车速的提高，车辆操控性能也大大提高，动力性更强，给驾驶人提供优异的驾驶感受，同时安全性和舒适性得到全面提高。

　　新技术在悬架结构方面的应用不断突破，已由原有的被动悬架逐渐发展到半主动悬架、主动悬架，纯机械结构向气液悬架、电控系统悬架方向演变，使汽车悬架系统不断推陈出新。高档车普遍应用了全新概念的悬架，我们熟知的奥迪A6、帕萨特B7、大众CC采用了主动巡航（ACC）、车道辅助技术，对这样的汽车进行四轮定位检测调整后，必须借助专用工具（如VAS6430）、专用四轮定位仪（如VAS6331或VAS701001）对其测距雷达或巡道摄像机进行校准，以保证行车安全。

　　在我国，汽车进入家庭只是近二十年的事情，而世界汽车技术发展已有百余年历史，近年来世界各国更是加快汽车技术推陈出新步伐，难免使广大汽车从业人员倍感不适。关于汽车四轮定位基础知识，各类汽车修理厂和轮胎店的技术人员和维修人员尚普遍缺乏。面对这一情况，本人系统总结十余年来在一线实践和培训的经验，藉此与大家共享劳动成果。

　　由于本人水平有限，本书不足之处敬请指正。

编　者

目　录

第 1 章

汽车底盘及悬架系统基础知识

学习提示

　　汽车底盘及悬架系统技术一直在不断更新变化，本章旨在介绍一下相关基础知识。汽车悬架系统与车轮定位直接相关，在此对悬架系统的基本功能、基本构造进行基本讲解；悬架技术的应用及发展趋势，在本章也有深入的探讨。

　　我们强烈建议，在学习的过程中，要尽可能多接触不同的实车，对汽车的悬架和转向系统，不仅要了解不同系统的图片，而且还要直接观察真实的部件，了解它们的位置，以及车辆在颠簸和行驶时，该部件是如何运动的。

　　观察一辆车后，对比从课堂学到的知识，可以发现特定部件的特别之处，找出实际部件与文字描述的不同，做观察笔记。无论观察还是阅读中有了问题，最好都做个笔记。

◆ ━━━━ **1.1 汽车悬架的功能与组成** ◆ ━━━━

现代汽车除了保证行驶性、转向性和制动性等基本性能之外，目前正致力于提高安全性和舒适性，向高质量、高性能和高附加值的方向发展。为提高轿车悬架的操纵稳定性、乘坐舒适性，工程师们不断对其进行相应的改进。

舒适性是汽车最重要的使用性能之一。舒适性与车身的固有振动特性有关，而车身的固有振动特性又与悬架的特性相关。悬架是汽车上的重要总成之一，它把车身和车轮弹性地连接在一起。悬架的主要作用是传递作用在车轮和车身之间的一切力和力矩，如支撑力、制动力和驱动力等，并且缓和由不平路面传给车身的冲击载荷，衰减由此引起的振动，保证乘员的舒适性，减小货物和车辆本身的动载荷。

悬架系统与汽车的多种使用性能有关，为此必须满足如下要求：

1）悬架系统要保证汽车有良好的行驶平顺性。对以载客为主要目的的轿车来讲，乘员在车中承受的振动加速度不能超过国标规定的界限值。

2）悬架要保证车身和车轮在共振区的振幅小，振动衰减快。

3）悬架要能保证汽车有良好的操纵稳定性。

① 悬架要保证车轮跳动时，车轮定位参数不发生很大的变化。

② 悬架要减小车轮的动载荷和车轮跳动量。

③ 悬架要保证车身在制动、转向、加速时稳定，减小车身的俯仰和侧倾。

④ 悬架要保证有很好的可靠性，有足够的刚度、强度和寿命。

汽车悬架是保证乘座舒适性的重要部件，同时，作为车架（或车身）与车轴（或车轮）之间连接的传力机件，汽车悬架又是保证汽车行驶安全的重要部件。因此，汽车悬架往往被列为重要部件编入轿车的技术规格表，作为衡量轿车质量的指标之一。

汽车悬架包括弹性元件、减振器和传力装置等三部分，这三部分分别起缓冲、减振和传递力的作用。

1）弹性元件用以传递垂直力，并缓和由路面不平度引起的冲击和振动。对轿车来说，弹性元件多指螺旋弹簧，它只承受垂直载荷，缓和并抑制不平路面对车体的冲击，具有占用空间小、质量小、无需润滑的优点，但由于弹簧本身没有阻尼力而没有减振作用。

2）减振器指液力减振器，可加速衰减车身的振动，是悬架机构中最精密和复杂的机件。

3）传力装置是指车架的上下转向摇臂等叉形钢架、转向节等元件，它用来传递纵向力、侧向力及力矩，并保证车轮相对于车架（或车身）有确定的相对运动规律。

现代轿车的悬架一般采用质量小、性能稳定可靠的筒式减振器。当轿车在不平坦的道路上行驶时，车身会发生振动，减振器能迅速衰减车身的振动，利用本身油液流动的阻力来消耗振动的能量。当车架与车轴相对运动时，减振器内的油液会通过一些窄小的孔、缝等通道反复地从一个腔室流向另一个腔室，这时孔壁与油液间的摩擦和油液内分子间的摩擦形成了对车身振动的阻力，这种阻力在工程学上称为阻尼力。阻尼力会将车身的振动能转化为热能，并被油液和壳体所吸收。人们为了更好地实现轿车的行驶平稳性和安全性，不将阻尼系数固定在某一数值上，而是使之随轿车运行的状态而变化，使悬架性能总是处在最优状态附近。因此，有些轿车的减振器是可调式的，将阻尼分成两级或三级，根据传感器信号自动选择所需要的阻尼级。

为了提高轿车的舒适性，现代轿车悬架的垂直刚度值设计得较低，即很"软"，这样虽然乘坐舒适了，但轿车在转向时，由于离心力的作用会产生较大的车身倾斜角，直接影响到操纵稳定性。为了改善这一状态，许多轿车的前后悬架增添了横向稳定杆，当车身倾斜时，两侧悬架变形不等，横向稳定杆就会起到类似杠杆的作用，使左右两边的弹簧变形接近一致，以减少车身的倾斜和振动，提高轿车的行驶稳定性。外表上看似简单的悬架，包含着多种力的合作，它决定着轿车的稳定性、舒适性和安全性，是现代轿车十分关键的部件之一。

1.2 汽车悬架的形式

根据导向机构的不同可将汽车悬架分为独立悬架和非独立悬架两大类。20 世纪 70 年代又出现了一种前后悬架或左右悬架相通的交联式悬架。

非独立悬架的车轮装在一根整体车轴的两端，当一边车轮跳动时，影响另一侧车轮也做相应的跳动，使整个车身振动或倾斜，汽车的平稳性和舒适性较差，但由于构造较简单，承载力大，目前仍有部分轿车的后悬架采用这种形式。

独立悬架的车轴分成两段，每只车轮用螺旋弹簧独立地安装在车架（或车身）下面，当一边车轮发生跳动时，另一边车轮不受影响，汽车的平稳性和舒适性好。但这种悬架构造较复杂，承载力小。现代轿车前后悬架大都采用了独立悬架，并已成为一种发展趋势。

独立悬架有如下特点：

1）可以减轻非悬架质量，使汽车的方向稳定性良好，乘坐舒适性和操作稳定性高。

2）在独立悬架中，弹簧只支承车身，不承担车轮定位任务（该任务由联动装置完成），因此可以使用较软的弹簧。

3）由于左、右车轮之间没有车轴连接，车厢底板和发动机的安装位置可以降低，这样车辆的重心降低，增加了行驶的稳定性并且增大了乘客舱和行李箱的空间。

4）相对整体桥悬架，结构较为复杂，许多车型均要配备稳定杆，用以减少转向时左右摇摆，以保持稳定性。

5）轮距和前轮定位随车轮的上、下运动而改变。

独立悬架分为麦弗逊滑柱型、双叉摇臂型和多连杆式三种类型。

1. 麦弗逊滑柱型悬架

典型的麦弗逊滑柱型悬架，如图 1-1 所示。

麦弗逊滑柱型悬架的特点如下：

1）悬架结构相对简单。

2）构件少，质量轻，可减轻非悬架质量。

3）由于悬架所占位置小，发动机室可用空间增大。

4）由于悬架支撑点之间的距离大，即使有安装错误或零件制造误差，前轮定位也不会

螺旋弹簧

减振器

下控制臂

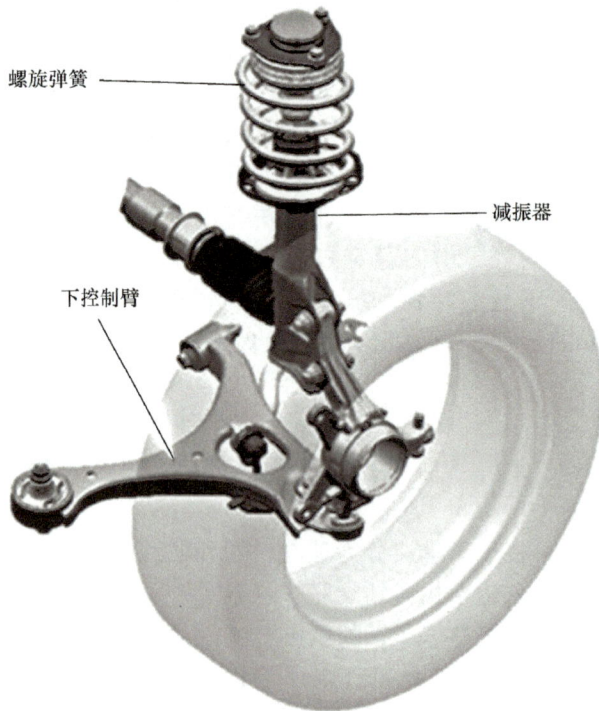

图 1-1　典型的麦弗逊滑柱型悬架

相互影响，除了前轮前束外，通常不需要进行定位调整。

2. 双叉型悬架

双叉型悬架广泛用于小型客车、货车的前悬架。典型的双叉型悬架如图 1-2 所示。

双叉型悬架的特点如下：

悬架通过上、下臂安装在车身上。悬架的几何形状可以按上、下臂及其安装的角度来设计。

1）如果上、下臂平行，而且长度相等，那么在弹跳或回弹时，轮距发生变化。而外倾角不变，但是由于转向时左右摇晃，外轮对地面的外倾角将变成正的。结果，不能获得适当的转向性能。此外，轮距的变化会引起轮胎过度磨损，如图 1-3a 所示。

图 1-2　典型的双叉型悬架

2）在大多数新型悬架系统中，悬架上、下臂既不平行，长度也不相等。这样，当车辆经过坎坷不平路段时，车轮会稍微内斜，轮距也就不会发生变化。由于外轮支承较大载荷，并在两个车轮中有较大转向能力，它基本上与路面保持直角，这样就改善了转向和行驶方向的稳定性，如图 1-3b 所示。

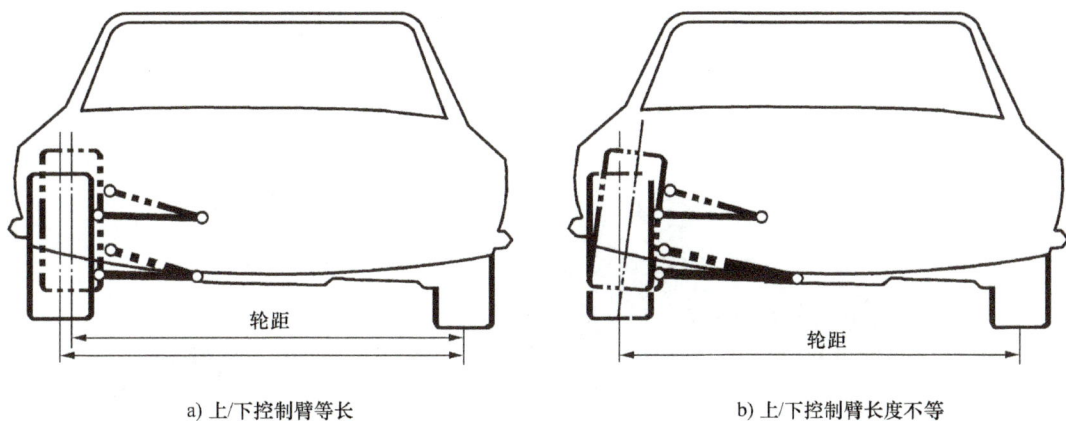

a) 上/下控制臂等长   b) 上/下控制臂长度不等

图 1-3   双叉型悬架上下臂的作用

3. 多连杆式悬架

典型的多连杆式悬架如图 1-4 和图 1-5 所示。

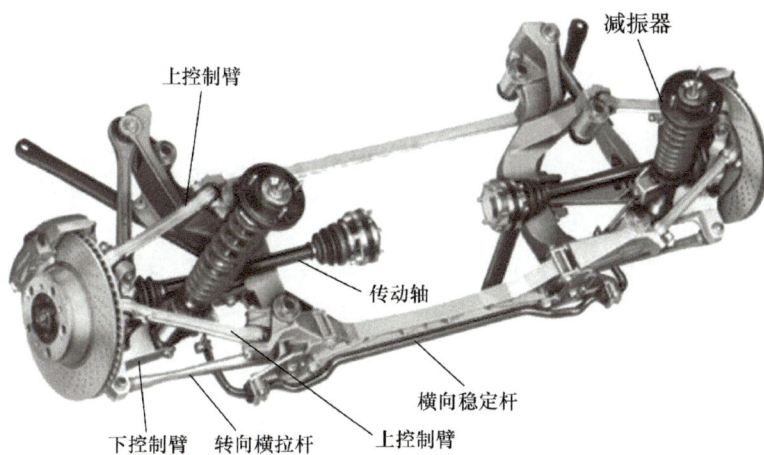

图 1-4   典型的多连杆式前悬架

一些高级轿车的前悬架纷纷采用多连杆结构。如奥迪 A6 均采用了四连杆结构。这种结构的转向主销是下球头与轴承的连线，与上连杆和第三连杆无关，这样螺旋弹簧和减振器不会像在麦弗逊独立悬架中那样随转向节转动，从而提供了良好的方向稳定性、转向操纵性，并减少轮胎的磨损。

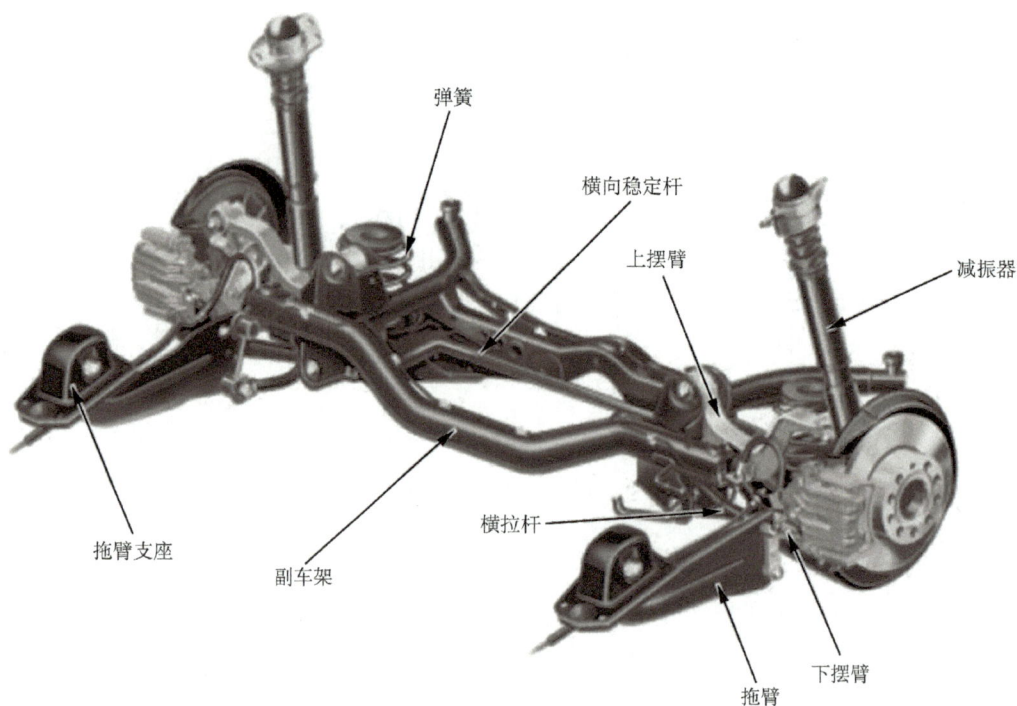

图 1-5 典型的多连杆式后悬架

弹簧
横向稳定杆
上摆臂
减振器
拖臂支座
副车架
横拉杆
下摆臂
拖臂

◆ 1.3 汽车悬架上的零部件 ◆

汽车悬架由车轮悬架机构、车轮、弹簧、减振器、前后轴、转向机构、制动机构等零部件组成。而车轮位置对车辆直线行驶、转向及轮胎磨损有着决定性影响。

1.3.1 弹簧

1. 弹簧的功能

1）使悬架运动，以便轮胎与路面更好接触。

2）保持车身高度正确。

3）有助于吸收路面的振动。

汽车悬架上的弹簧如图 1-6 所示。

弹簧是由弹性材料制成的，如钢、橡胶或塑胶。弹簧利用车辆的重量推动轮胎与路面保持接触。根据牛顿定律，对于任何作用力都有一个相等且相反的反作用力，重力推动轮胎作用在路面上，路面的反作用力也作用在车辆上。这就是为什么弹簧可保持正确的底盘高度。

当轮胎遇到路面上的障碍物时（如凹

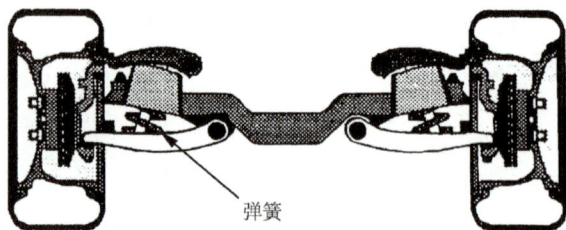

弹簧

图 1-6 悬架上的弹簧

坑或凸台），障碍物推动车轮（压缩），或陷入路坑（回弹）。在压缩时，弹簧储存着大量能量；在回弹时，弹簧释放大量能量。储存和释放能量引起弹簧"振荡"或多次回弹直至释放了所有的剩余能量。然而，该振动发生时，轮胎将改变与路面的相对位置，引起轮胎表面的摩擦，同时给驾驶人带来驾驶问题。

所有这些会引起弹簧疲劳。由于弹簧疲劳，直至弹簧不再能支持车身重量，弹簧不能保持轮胎可靠抓地。由于弹簧疲劳也会引起不当的力作用在其他悬架部件上，引起它们过早地磨损。弹簧虽然没有受热，却因疲劳而改变了悬架高度。

根据功能和用途不同，弹簧有多种形式，如图1-7所示。

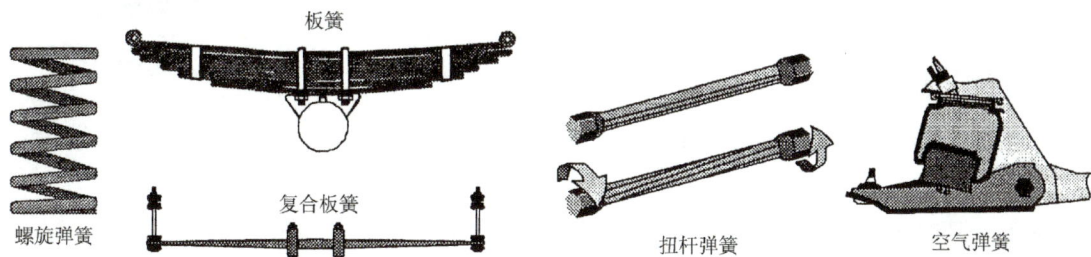

图 1-7　弹簧的形式

2. 扭杆弹簧

扭力杆是利用具有扭曲刚性的弹簧钢制成的杆状件，类似于圆钢。能够被扭曲并储存能量。扭力杆的一端被连接在车体上，另一端连接在控制臂上。车轮上下运动时，发生压缩和/或回弹，扭力杆或多或少被扭曲。弹簧钢的弹力试图使扭力杆回复到正常位置，因此消耗了扭力杆扭曲时储存的能量。典型的扭杆弹簧如图1-8所示。

车辆设计时使用有纵向扭力杆（与车辆侧面平行）或横向扭力杆（与车辆侧面垂直）。对于这两种形式的扭力杆，通常在其一端安装有调整螺栓或螺母。当扭力杆疲劳时，该项调整可恢复正确的车身高度，如图1-9所示。

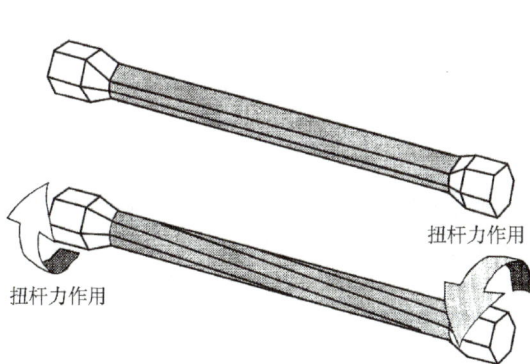

图 1-8　典型的扭杆弹簧　　　　图 1-9　扭杆弹簧的应用

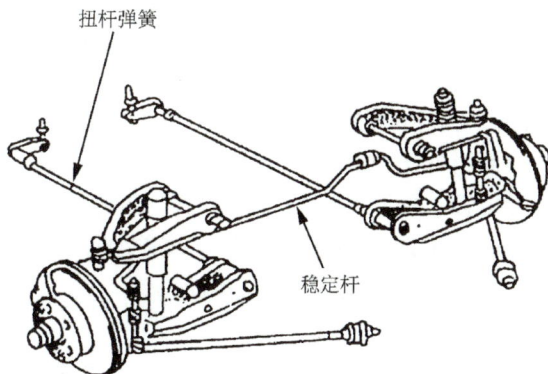

特别提示：

* 进行车轮定位前要检查和调整扭力杆。

3. 螺旋弹簧

螺旋弹簧相当于一个扭力杆绕着一个圆柱被卷绕成螺旋形，如图1-10所示。当螺旋弹簧上下移动时，压缩和回弹使弹簧丝发生扭曲。在其扭曲时，弹簧变短；解旋或放松时弹簧变长。螺旋弹簧是由弹簧钢制成的。内部缺陷和金属材料表面的沟痕，使弹簧在该处变得脆弱。断裂起自缺陷或沟痕处，并不断向弹簧丝周围扩大，经过若干压缩周期后引起弹簧断裂。这就是为什么坏损的弹簧断裂处总是尖锐的。

对于螺旋弹簧悬架，疲劳的弹簧无法调整补偿。

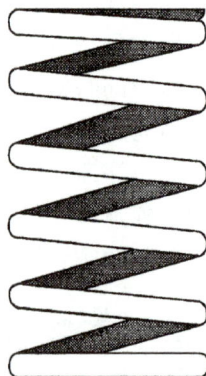

图1-10　典型的螺旋弹簧

特别提示：

* 当螺旋弹簧出现磨损和松弛时，必须成对更换。

通常以弹性比率来识别螺旋弹簧的性能。弹性比率是指当螺旋弹簧压缩1in（1in = 25.4mm）时，所承受的以磅为单位的重量值。

螺旋弹簧是现代汽车上用得最多的弹簧。它的吸收冲击能力强，乘坐舒适性好，缺点是长度较大，占用空间较多，安装位置的接触面也较大，使得悬架系统的布置难以做到很紧凑。由于螺旋弹簧本身不能承受横向力，在独立悬架中不得不采用四连杆、螺旋弹簧等复杂的组合机构。出于乘坐舒适性的考虑，我们希望当汽车受到频率高且振幅小的地面冲击时，弹簧能表现得柔软一点；而当冲击力大时，弹簧又能

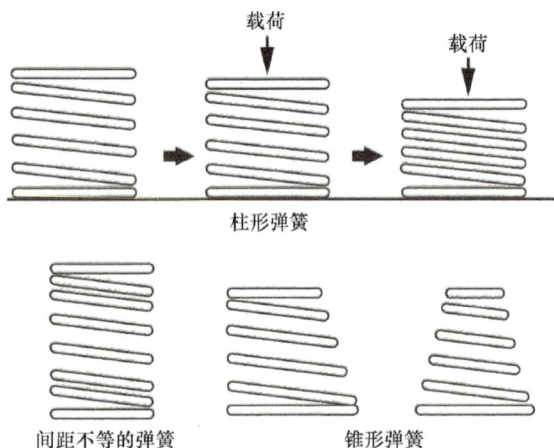

图1-11　螺旋弹簧的形式

表现出较大的刚性，减小冲击行程。因此，需要弹簧同时具有两种甚至两种以上的刚度。工程师们采用钢丝直径不等的弹簧或螺距不等的弹簧（图1-11）来解决这一问题，这样组合弹簧的刚度随负载的增加而增加。

4. 板簧

板簧通常由弹簧钢制成，如图1-12所示。也有些厂商以玻璃纤维增强塑料（FRP）制造板簧，如Corvette和Chevy Astro等车型。板簧做成平板形或叶片形，通常有一小的曲率。曲率值被称为弹簧曲率。压缩和回弹发生时，弹簧板外展变平，而后回复到原状。板簧设计是以三点安装（两端连接车架，第三点连接车轴）的。板簧保证车轴在车架上处于正确的定位。中心螺栓穿过弹簧板和车轴定位孔，弹簧座确保车轴和弹簧定位。

板簧多用于厢式车及货车，由若干长度不同的细长弹簧板组合而成。它比螺旋弹簧结构简单，成本低，可紧凑地装配于车身底部，工作时各片间产生摩擦，因此本身具有衰减效果。但

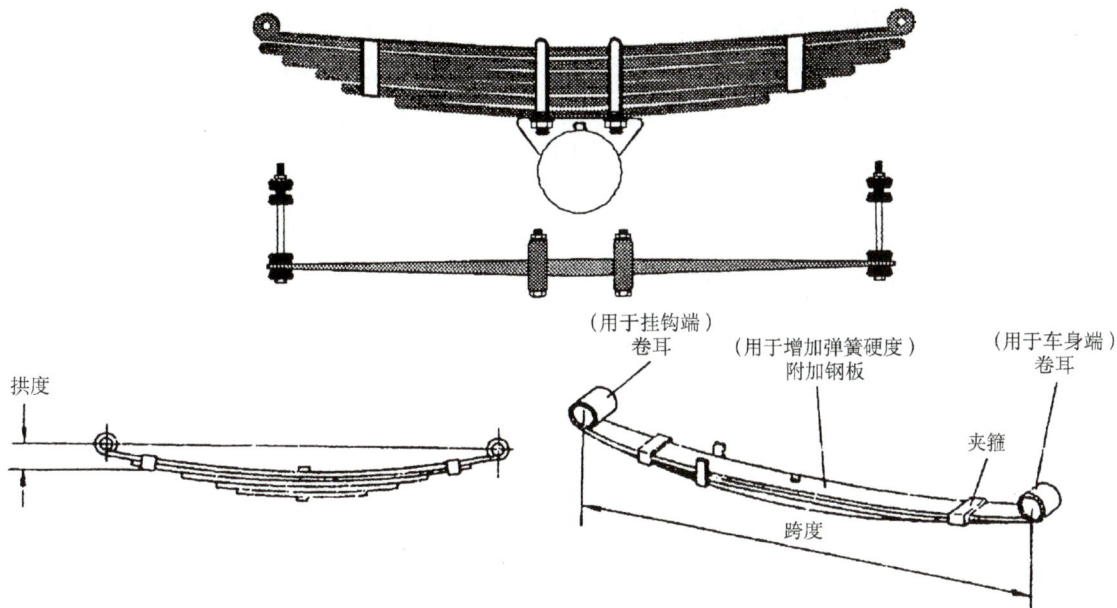

图 1-12　典型的板簧

如果产生严重摩擦，就会影响吸收冲击的能力。重视乘坐舒适性的现代轿车很少使用板簧。

5. 空气弹簧

空气弹簧是一个充以空气的橡胶气囊，如图 1-13 所示。多数情况下，空气弹簧将提供一个比传统弹簧更舒适的悬架。受力时压缩空气将使气囊缩短。当空气回复到原状态时，空气弹簧将伸长，因此其功用像传统弹簧。

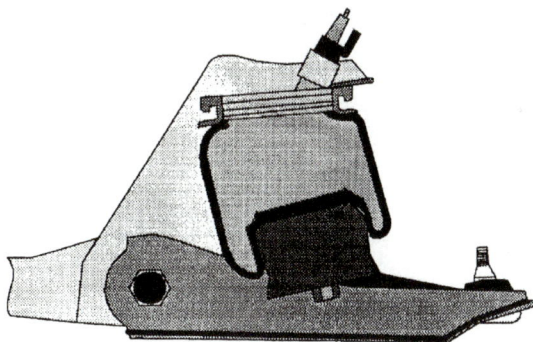

图1-13　典型的空气弹簧

特别提示：

* 很多空气弹簧系统是由车载计算机来控制，因此在做四轮定位前，空气弹簧系统开关必须关闭。

* 当二次举升或举升装有空气悬架系统的车辆时，如果没有足够气压，空气弹簧会伸长，弹簧壁可能内陷至活塞。弹簧中没有空气，控制臂上移时可能损坏弹簧。

* 关于空气悬架系统的更详细内容，请参考对应车辆的维修手册。

多数装有空气悬架系统的车辆都有车身高度传感器。该传感器可调整，以校正车身高度。

空气弹簧利用气体的可压缩性代替金属弹簧。它最大的优点就是具有可变的刚度，随气体体积的不断压缩渐渐增加刚度，且这种增加是一个连续的渐变过程，而不像金属弹簧是分级变化的。它的另一个优点是具有可调整性，即弹簧的刚度和车身的高度是可以主动调节的。通过主副气室的配合使用，使弹簧可以处在两种刚度的工作状态下：主副气室同时使用，气体容量变大，刚度变小，反之（只使用主气室）则刚度变大。空气弹簧刚度由计算机控制，在汽车高速、低速、制动、加速以及转向等状态下，根据所需刚度进行调节。

空气弹簧也有弱点，靠压力变化控制车身高度必须装备气泵，还有各种控制附件（如空气干燥器），若保养不善会使系统内部生锈发生故障。另外，如果不同时采用金属弹簧，一旦发生漏气，汽车将无法行驶。

1.3.2　减振器

如前所述，我们讨论了弹簧在储存和释放能量时引起的振动。如果不加限制，该振动将会引发严重的驾驶问题，即制动问题和轮胎磨损。因此，每个弹簧将配备弹簧振动阻尼装置（减振器）。

下面让我们来做一组试验：

当我们将一个重块挂在弹簧上，重块将上下移动直至弹簧内的能量耗尽。如果我们将同一重块挂在同一弹簧上，并放入油缸，你认为会发生什么？如果重块上有个大孔，又会怎样呢？如果是小孔呢？若是更小的孔，又会如何呢？孔可使一部分油液通过重块，以油液缓冲其冲击。这是减振器的基本原理，如图1-14所示。

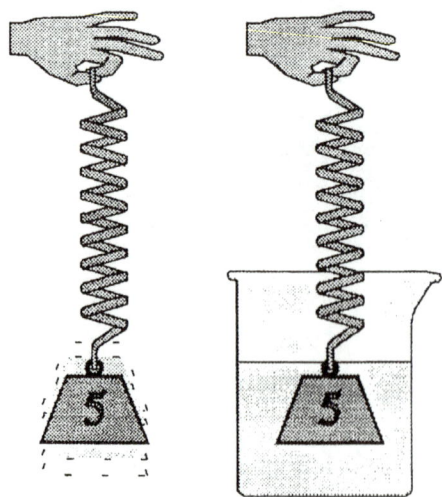

图1-14　减振器工作原理　　　　　图1-15　汽车上的减振器

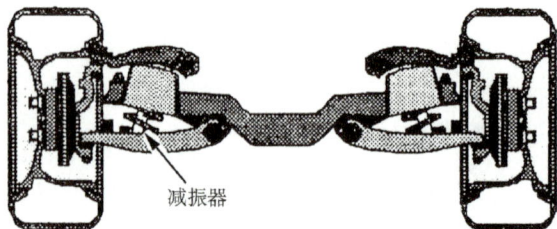

在实车上，减振器活塞端安装在车架上，气缸端安装在车轴或控制臂上，如图1-15所示。当车轮遇到凸块时，气缸向上推进。气缸是密封的，注油容器的内径与活塞阀的直径相同，如图1-16所示。当气缸上推时，油液通过活塞阀的孔。孔的尺寸和油液的黏度决定缓冲或抑制冲击运动的能力。同样，减振器通过缓冲效应滤掉来自弹簧的能量。刚性减振器或重型减振器将提供一个硬式悬架。硬式悬架导致悬架很少运动。重型减振器用于高性能车辆，或重型货车，或经常在坏路面上行驶的车辆。

特别提示：

　　* 除了弹簧式悬架或空气悬架车型，减振器不影响车身高度。

　　很多减振器是"充气式"的，用以改进悬架硬度，延长使用寿命。充气式减振器充装的是氮气，氮气可减少减振器中油液中的气泡。

特别提示：

　　* 安装或检查时，要注意检查减振器安装支架是否断裂、轴衬是否损坏、活塞油封四周是否漏油。

　　* 进行弹跳测试。多次弹动汽车每个部位，松手后查看。弹跳不应超过 2～3 次。

　　* 不应只以弹跳测试来判断减振器的好坏。疲劳或损坏的弹簧会导致车辆过度弹跳。还要检查轮胎是否有齿状或杯状磨痕，这些意味着减振器或弹簧是坏损的，轮胎离开路面再落下会冲击地面。

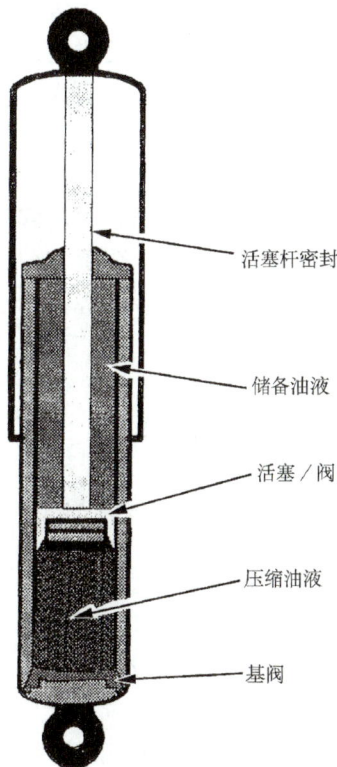

活塞杆密封

储备油液

活塞／阀

压缩油液

基阀

图 1-16　典型的减振器

1.3.3　麦弗逊滑柱

　　20 世纪 40 年代后期，有位叫麦弗逊的美国工程师想到一个新办法，他采用与传统上下控制臂系统相同的转向几何理论发明出新型的悬架，且使用了更少的部件。他的设计能将悬架载荷传导到车身更宽的范围。道路振动直接传到弹簧而不用首先通过控制臂。所有这些特性确保了乘座更舒适、驾驶更安全。但该设计有一个问题：要求汽车必须有车架上体和高强度翼子板。由于美国汽车制造商决定不采用他的设计，麦弗逊带着他的设计来到福特的英国子公司。1950 年，麦弗逊滑柱悬架在福特英国子公司面世。

　　麦弗逊滑柱是一个组合式设计，它将弹簧、减振器、上控制臂和上承重板组合成一体，如图 1-17 所示。上承重板功能等同于传统的 SALA 悬架系统（即短臂长臂式）中的上球节。它的结构使道路冲击从轮胎直接传至弹簧，无需经过控制臂，这样就诞生了平顺的底

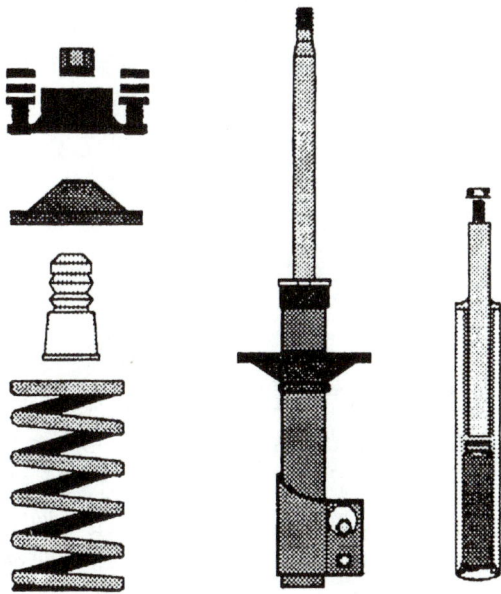

图 1-17　典型的麦弗逊滑柱

盘；该结构使弹簧负荷点置于更高处，增加两个弹簧间的宽度，这一设计也具有更好的防侧倾结构。由于使用了更少的部件，麦弗逊滑柱占用空间更少，给发动机和相关的空调、动力转向系统等附件留出了更大的空间。

滑柱顶部安装在橡胶和金属总成上，称为上滑柱支座。尽管设计上各车型间有些不同，但基本上支座都会有轴承组件、滑柱活塞杆导向轴套和橡胶绝缘垫。滑柱本身设计得更像一个减振器，带有活塞杆、活塞阀和一个油室。

上部的支座是上弹簧座（底座常用部件），弹簧顶部便安装在此座上。通常有一识别切口表示弹簧端在哪里。焊接的滑柱体是下弹簧座，也有一个识别切口。弹簧以很大的压力保持在两个底座之间。

特别提示：

　* 正因如此，除非将弹簧安装在弹簧压缩器里，否则不可拆下活塞杆螺母。

用两个基本方法之一，滑柱可安装在弹簧座下端。如果轮轴是滑柱的一部分，可用螺栓固定到转向节或将其用螺栓直接固定在下球节上。

另有一个滑柱设计称为改进式滑柱。该设计利用了下控制臂（包括负荷球节）上的弹簧。在下控制臂和弹簧的位置设计上，该系统非常类似于 SALA 悬架。最大的区别是上控制臂被改进式滑柱总成所取代。上轴承板当作上枢轴。

诊断麦弗逊滑柱时，不要只关注"减振"部件泄漏问题。泄漏和渗漏是不同的，大多数滑柱在整个密封处会渗出一点油。通常，在滑柱管体上端只是有一层薄薄的油膜。

特别提示：

　* 如果油膜很厚并顺着管体向下流，建议更换滑柱。

　* 如有车轮定位设备，将车辆升起大约3in(7.6cm)，再将车辆降落回原高度，观察车轮外倾角的变化。如果两车轮的外倾角变化不一致，可能是滑柱管体或活塞杆弯曲。松开活塞杆螺母（松开，切记不要拆下！），转动活塞杆，可观察到轮胎外倾角的变化情况。如果外倾角变化，说明活塞杆弯曲；如果外倾角不变化，说明滑柱管体弯曲。

1.3.4　控制臂

顾名思义，控制臂是用来控制或约束某些部件的。控制什么呢？控制的是在悬架压缩和回弹过程中，控制臂控制轮胎所经过的路径。大多数情况，这些控制臂的排列是上部有一短臂、下部有一长臂。这样的系统称为"短臂长臂"或"SALA"悬架，如图1-18所示。因其尺寸不同，在压缩和回弹过程中，控制臂在不同弧线上运动，如图

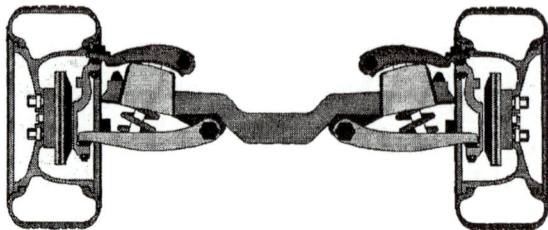

图1-18　典型的短臂长臂式悬架系统

1-19所示。小控制臂，即上控制臂在大弧上运动，轮胎的基部运动量很小。这样，当底盘大幅上下运动时，轮胎磨损是很小的。

为使控制臂有序运动，它们必须有枢轴支点。内侧枢轴支点以轴和轴衬附在车架上。有些车辆安装有两个独立的轴（销子），而不用单轴。无论哪种形式，它们都使用了衬套。多数轿车和轻型货车使用橡胶衬套，镶嵌在内、外金属套管上，如图1-20所示。外套管被压制在控制臂机架上，而内套管穿过锯齿形边安装到轴上。控制臂上下运动时，外套沿着臂转动，此时内套在轴上不动。这会引起两个套间的橡胶扭曲，橡胶试图回扭。因而，该衬套充当小弹簧帮助控制臂保持在正确位置。它也可抑制来自轮胎和车轮总成的部分振动。

检查这些衬套时，将车轮放在地面上检查衬套所处位置是否正常，查找明显的老化和坏损，还要确认销或轴能直接通过衬套轴心。如果轴和销偏心，衬套将变形丧失功能。当驱动车辆时，会引起定位角度的变化。更换这些衬套时，使用一个合适的螺钉旋具或衬套安装工具将其安装至控制臂上，并确认装正。去除控制臂损坏部分，以正确的角度安装衬套至控制臂孔中。直至车辆处在正常车身高度，否则不要完全拧紧限位螺栓。如果操作不当，会引起衬套有一个预扭转，将导致新衬套过早破坏。

如果金属丝式控制臂轴衬（图1-21），应对称地将其安装到轴的两端。如果安装不正确，可能会引起主销后倾角问题。当衬套安装到控制臂孔底部时，支轴应能在轴套中自由转动。

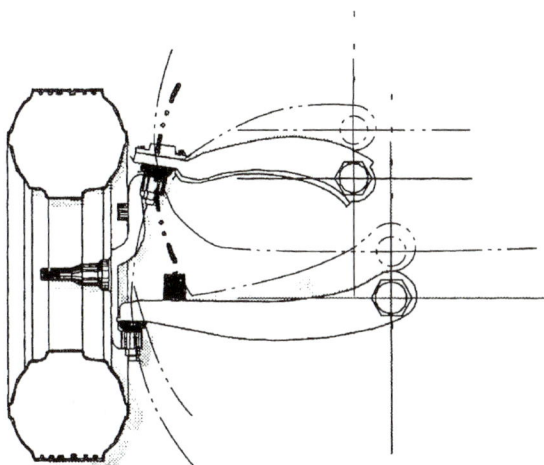

图 1-19　短臂长臂的工作状态

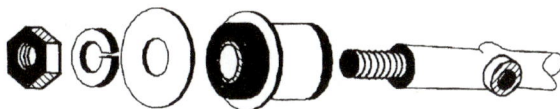

图 1-20　橡胶式控制臂轴衬

图 1-21　金属丝式控制臂轴衬

特别提示：

* 将控制臂安装到车上后，使用注油枪润滑两个金属衬套。

1.3.5　万向节

通常控制臂外支点是一个万向节。万向节的构造很像是人的臂关节，它可以在圆周方向和弧线上运动，但不可横向运动（内和外）。万向节结构包括一个壳、一个球形和锥形座圈、一个轴承和预载装置。

万向节源于一个基本原理（压缩负荷和拉伸负荷），用作承重支点和摩擦支点。压力接头设计使车重和轮胎与转向节上推力压缩球头螺栓进入万向节壳内。受拉接头恰好相反，车的重力和轮胎与转向节的推力推动球头螺栓离开万向节壳。对于任一情况，都有球头螺栓以轴承（磨损面）可靠连接。现在，多数车辆利用压力接头作为摩擦接头，用受拉接头作为承重接头。

承重接头紧邻弹簧座圈或扭力杆。由于车重贯穿弹簧，压力必须通过万向节到达轮胎和路面。对于多数SALA悬架（短臂长臂式），弹簧置于下臂，而下万向节是承重万向节。

特别提示：

* 检查这些万向节时要对它们进行正确的卸载。

如果下万向节是承重万向节，顶起下控制臂直至轮胎离开地面，卸载负荷；如果上万向节是承重万向节，必须顶住车架，举升起整个车辆，如图1-22所示。

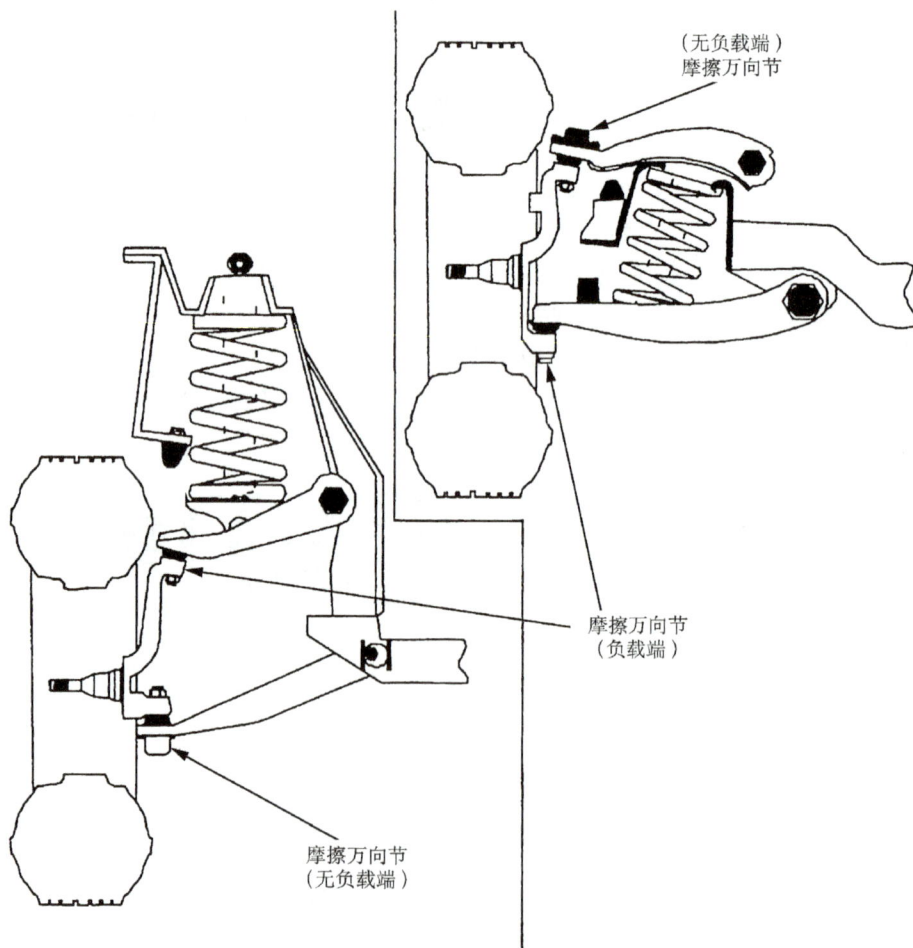

图1-22　控制臂摩擦万向节与承重万向节的布置

检查承重万向节时千斤顶的安装位置，如图1-23所示。

多数车辆安装的是上承重万向节，安装有一个行程限位器和/或挡块，以防止回弹时控

千斤顶放在控制臂下面

使用专用工具
为上万向节卸载

千斤顶放在车架下面

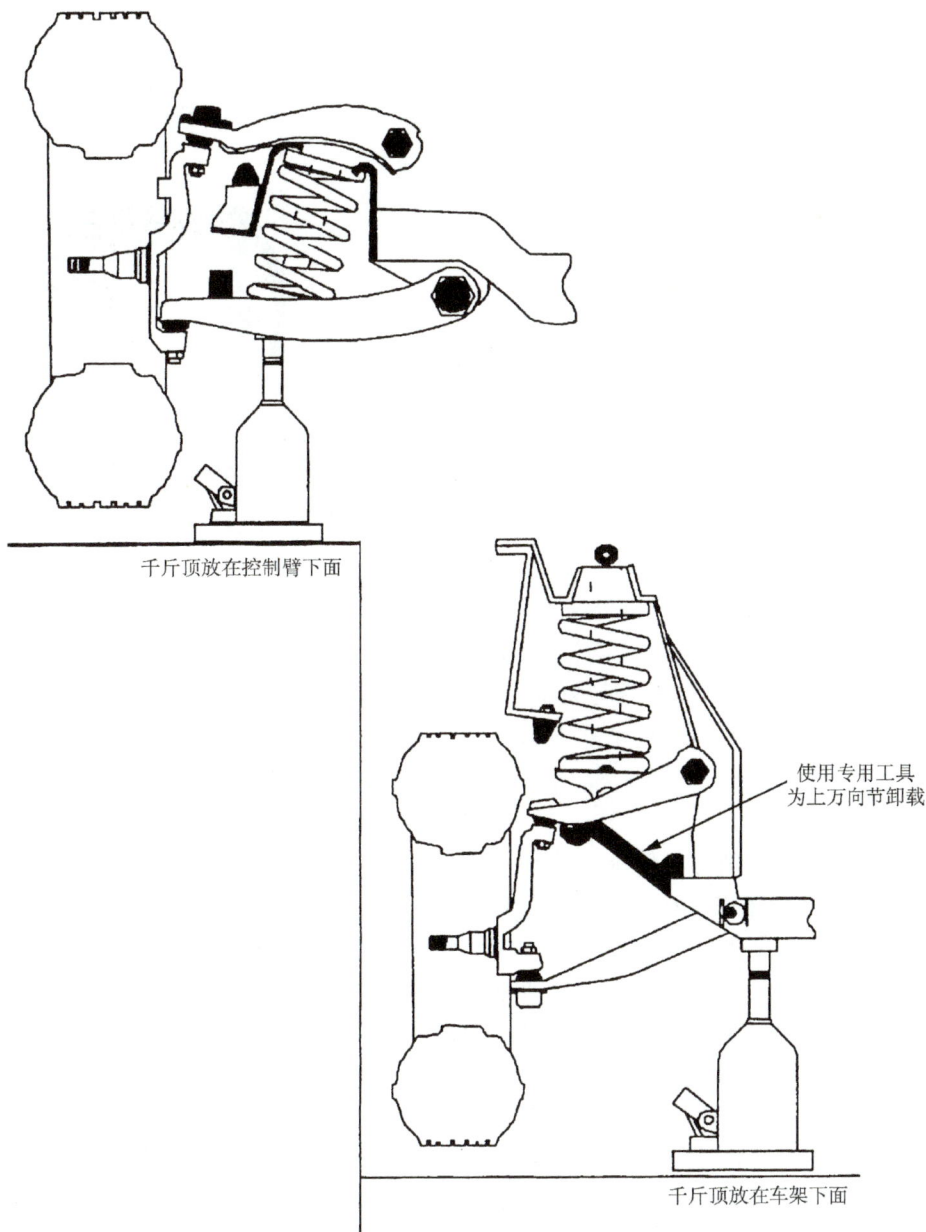

图1-23 控制臂卸荷支点

制臂撞击车身。利用一合适楔形专用工具(来自定位工具制造商),检查这些万向节时以保持控制臂离开车身。

在定位规范手册的后面有万向节规范。根据手册中的说明,利用万向节检测专用千分表检测出这些值。有些万向节可能会要求使用扭力扳手来检查球头预紧量。

检查摩擦万向节时,注意规范说明:如有任何可测量的旷量都是超过公差的。如果检测出摩擦球节有任何旷量,就要更换球节。

特别提示：

　　* 多数万向节被压制在控制臂壳上。当买到万向节配件时，通常其公差为0.002～0.005mm，这样可确保万向节正确安装到控制臂上。如果此前更换过该万向节，则需要更换整个控制臂。这是因为第一次更换万向节会扩大控制臂孔0.050mm，第二次更换万向节时就不能满足正确安装了。

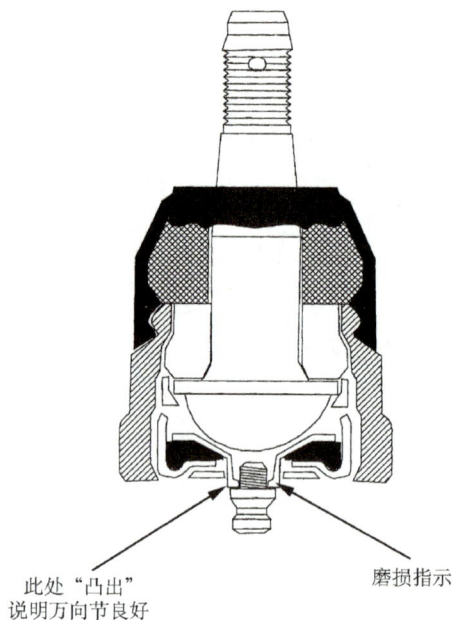

此处"凸出"
说明万向节良好

磨损指示

图1-24　承重万向节的磨损指示器

　　多数车辆配有承重万向节"磨损指示器"，如图1-24所示。为了检查这些万向节，车辆必须停在平坦的地方，车轮承重。图1-24表示的是典型的磨损指示器式万向节。磨损指示器位于润滑脂嘴附近的基座上。如果磨损指示器与万向节基座齐平，更换万向节。如果万向节指示器突出一些，说明万向节是良好的。

1.3.6　纵向推力杆

　　许多车辆有一个下控制臂，传统的控制臂形似字母A，现多数控制臂更像字母I。A形臂利用A的两条腿来确保往复运动的安全。I形臂更易于往复运动。为确保I形臂往复运动的安全，制造商在设计上做了相应改进，在控制臂一端连接一个连接杆，另一端连接到车架上。轴套安装在车架端。该连接杆的名字叫纵向推力杆或制动反作用杆，如图1-25所示。当制动时，控制臂万向节端连同轮胎一起停下来，而车架端继续移动。如果发生这种情况，哪怕是些微小的变化，主销后倾角也立即会有变化，后倾角变小，这会引起驾驶操控问题。如果两个前轮制动总成制动不同步，汽车将向制动效果更好的一侧跑偏。

　　因其为潜在的运动，许多工程师在纵向推力杆靠近车架一端设计有螺纹，如图1-26所示。这样，方便调整后倾角。在高速行驶和制动过程中，为确保后倾角准确，安装轴衬必须完好无损。执行"标高驻车检查"（见附录A），检查是否有老化、破裂、断裂处。如果纵向推力杆不在轴衬中心，要更换轴衬。

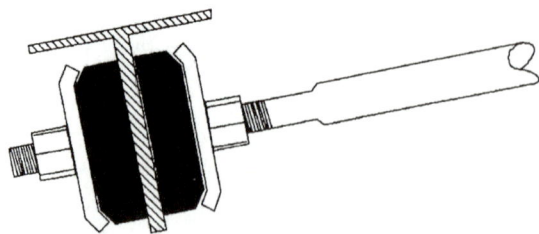

图1-25　典型的纵向推力杆及衬套

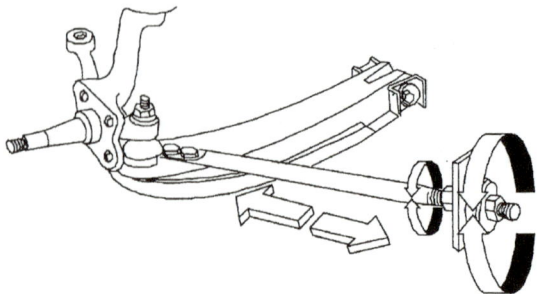

图1-26　纵向推力杆调整

1.3.7　稳定杆与摆动杆

当车辆转向时，车辆重量分布会不均。这一变化会导致车辆一侧下沉而另一侧上升。这个重量变化也可引起车轮外倾角和前束角的变化，并可能导致在整个转向过程中驾驶人操纵不便。

在转向过程中，为弱化重量转移和车身高度的变化，用一个弹簧钢杆（摆动杆）通过两个下控制臂和车架横置安装在车上，如图 1-27 所示。当车辆直线水平行驶时，摆动杆不影响车身高度。摆动杆连接端通过橡胶轴衬连接，车架上的橡胶轴衬套在该杆上，因此要检查轴衬松动、老化、破损情况。通常，控制臂连接端是通过连接件连接的，一般这些连接件包括 1 个长螺栓、4 个轴衬、垫片、1 个轴套和 1 个螺母。要检查轴衬连接件是否缺失或老化，

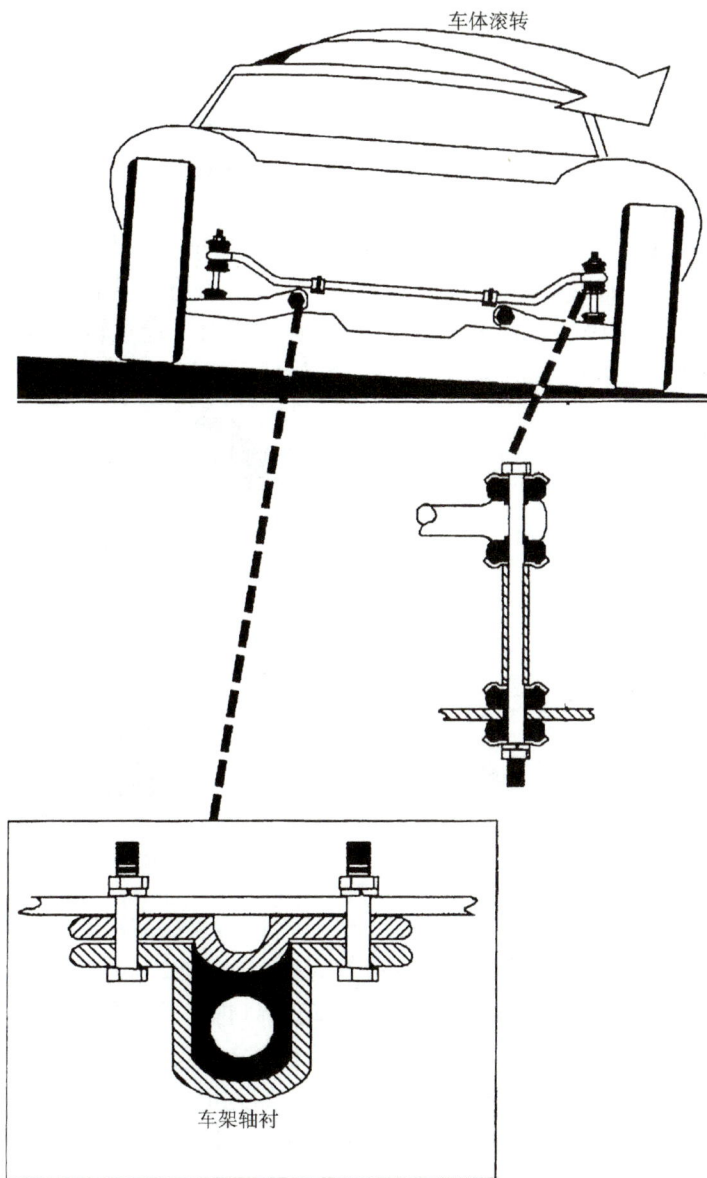

图 1-27　典型的摆动杆

以及轴套垫圈是否磨损或缺失。

有些厂商也将摆动杆当作稳定杆来用。如福特 Escort 摆动杆没有用连接件直接安装在下控制臂上。这有助于防止臂的往复运动。在此稳定杆系统中，后倾角不断变化是由轴衬磨损和松动所致。

特别提示：

* 检查该系统所有部件，需执行"标高驻车检查"（见附录 A）。

1.3.8　转向系统

1. 转向机构

为了使车轮转动，需将转向盘的旋转运动（圆周运动）转换为转向机构的线性运动（边到边运动）。一套称为转向器的齿轮组，用以完成这一运动转换。直至现在，这种形式的转向机构常常称为"循环珠"型。

想一下螺母和螺栓，我们会很容易理解其工作原理。向右转动螺栓（相当于转向盘和转向轴），螺母沿着螺栓向上运动，向左转动螺栓，螺母沿着螺栓会向下运动，如图 1-28 所示。如果我们在螺母上做出一些轮齿，并与第二个齿轮啮合，通过转动螺栓我们可使第二个齿轮转动，如图 1-29 所示。

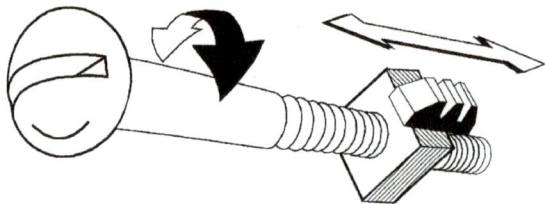

图 1-28　转向机构工作原理（1/2）　　　　图 1-29　转向机构工作原理（2/2）

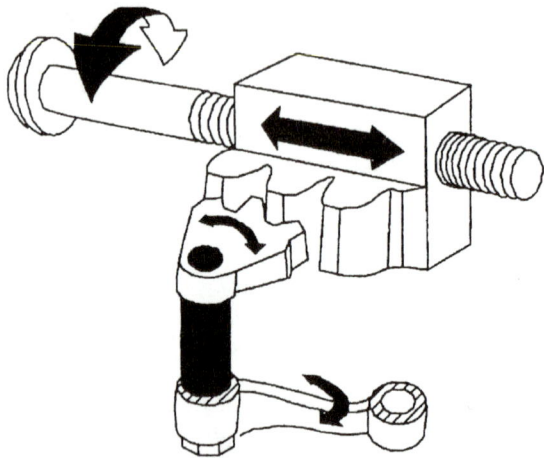

在实际的齿轮机构上，螺栓是转向轴，通常为蜗杆轴，如图 1-30 所示。它有着更大的线性空间。该轴被"穿"入一个滚动螺母。在滚动螺母内，代替螺纹的是在轴螺纹上有许多可滚动的钢珠。之所以使用钢珠是因为在两个运动副之间会产生更小的摩擦。当钢珠到达轴螺纹末端时，通过钢珠导管钢珠会返回到起始点，如此钢珠可无限制地往复滚动。由于转向轴是依靠转向盘来转动的，滚动螺母沿轴被旋上旋下。滚动螺母的一侧是齿条，齿条与扇形齿轮啮合。扇形齿轮安装在壳体内，当滚动螺母运动时，可使扇形齿轮旋转。安装在扇形齿轮基座上的是一个花键轴，称为扇形轴。转动转向盘使蜗杆同步转动，并使滚动螺母移

动。齿条扇形齿轮啮合，随之转动了扇形轴。

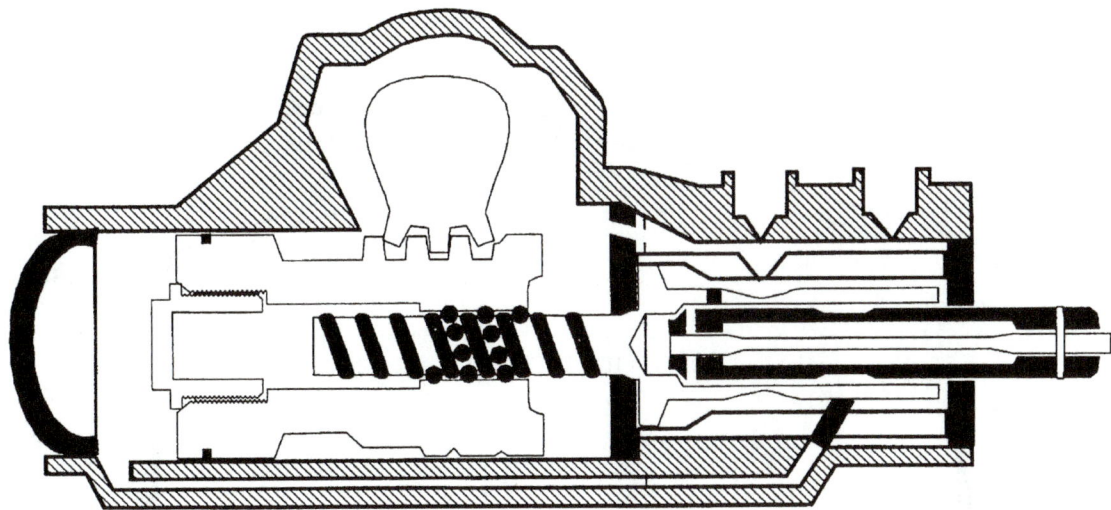

图1-30 典型的转向机构剖视图

特别提示：

　　* 随后描述的转向机构是安装在扇形轴上的。如果车辆配装的是动力转向系统，蜗杆轴连接随动阀。

2. 转向机构

大多数转向机构是下面四种形式之一：

（1）交叉式　交叉式转向机构主要用于四轮驱动车桥。典型的交叉式转向机构，如图1-31所示。

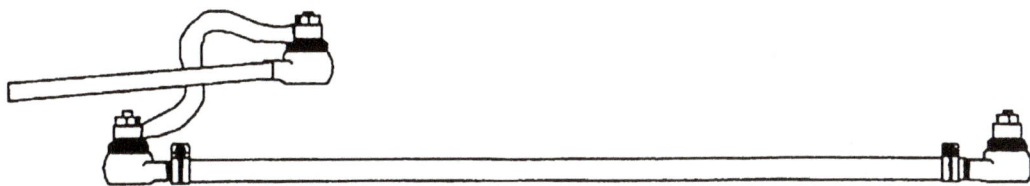

图1-31 典型的交叉式转向机构

（2）HALTENBERGER式　HALTENBERGER式转向机构主要用于福特的双I形梁悬架，如图1-32所示。

（3）平行四联杆式　平行四联杆式转向机构用在多数轿车和轻型货车上，如图1-33所示。

　　最常见的转向系是平行四联杆式。它有四个主要部件：惰性臂、转向摇臂、横拉杆球头和调整杆。其名字源于横拉杆球头，与下控制臂基本上是平行和等长的。这样避免轮胎在压缩和回弹时前束过度变化。横拉杆球头和球节一同在相似的弧线上运动，这样在运动过程中轮胎位置不会发生改变。

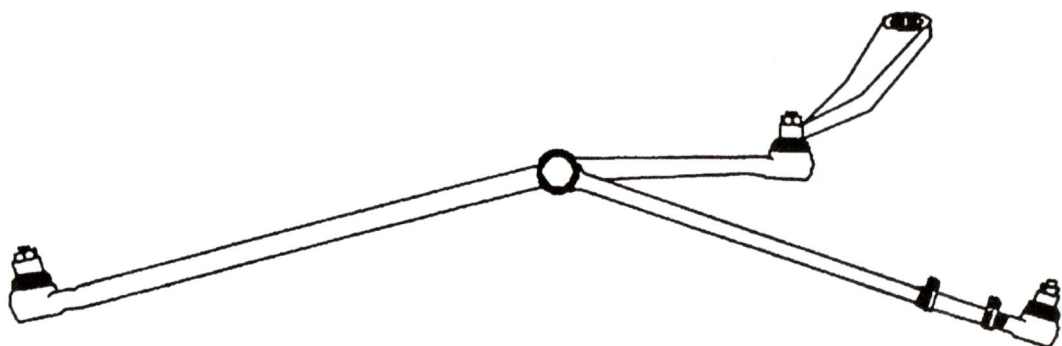

图 1-32　典型的 HALTENBERGER 式转向机构

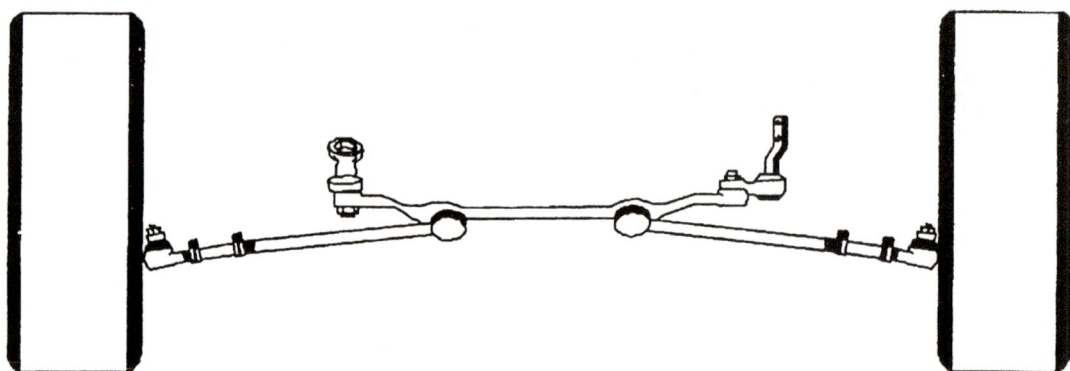

图 1-33　典型的平行四联杆式转向机构

（4）齿轮齿条式　齿轮齿条式转向机构用于大多数轿车和许多轮式货车上，如图1-34所示。

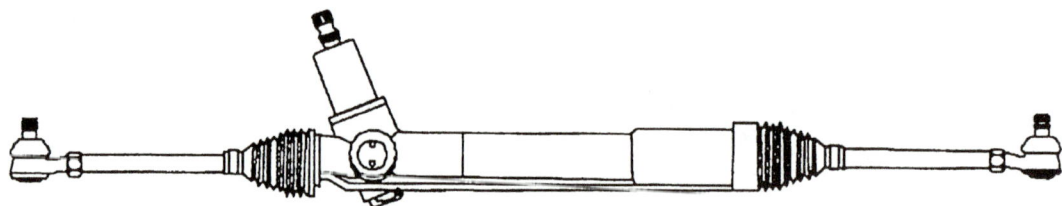

图 1-34　典型的齿轮齿条式转向机构

3. 转向摇臂

转向摇臂是受转向器控制移动的第一个部件，如图1-35所示。转向摇臂销是转向系中受力最沉重的万向节，它必须移动转向机构其余所有部件。典型的转向摇臂如图1-36所示。

将车辆停在举升机(如果需要,锁止转角盘)上，来回转动转向盘，可以很容易检查转向摇臂的情况。转向摇臂销、转向摇臂和中央连杆应是整体移动。如果发现转向摇臂移动而摇臂销不动(在相同时间相同速度下)这时就要注意观察转向摇臂销。检查摇臂销、转向摇臂与中央连杆是否成一体？在很多配件目录中会列出"非"用于转向摇臂，这表明转向摇臂销与中央连杆是作为一体销售的，而不是与转向摇臂一体销售的。

4. 惰性臂

与转向摇臂相配合的部件是惰性臂，如图1-37所示。它们两个一同保持中央连接杆处在正确的水平面上。惰性臂可能采用橡胶衬套、带有尼龙衬套的承重臂和螺纹钢衬套三种基本设计之一。无论怎样设计，惰性臂不准上下移动，否则中央连接杆会失去水平面位置，可能引起"冲击转向"现象。惰性臂允许移动是以前的说法。有些通用汽车维修手册规定：用25lbf(111N)的力撞击惰性臂在中央连接杆上的连接点，惰性臂上下移动不应超过1/8in (3.175mm)，如图1-38所示。后来的通用"F"底盘产品(Camaro和Firebird)，将惰性臂安装到车架长孔上。左右弹簧疲劳不一致时，上下调整惰性臂以消除冲击转向。惰性臂轴衬的形式，如图1-39和图1-40所示。

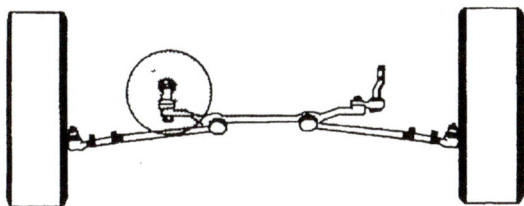

图1-35　车上的转向摇臂

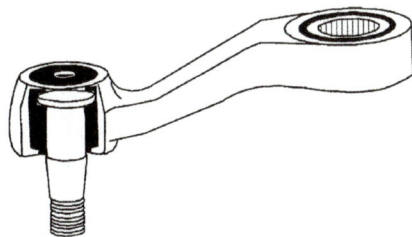

图1-36　典型的转向摇臂

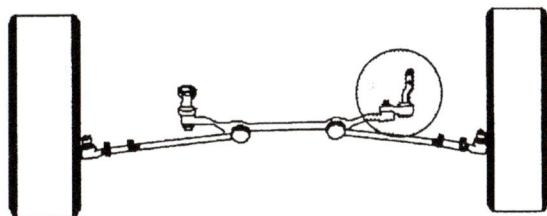

图1-37　车上的惰性臂

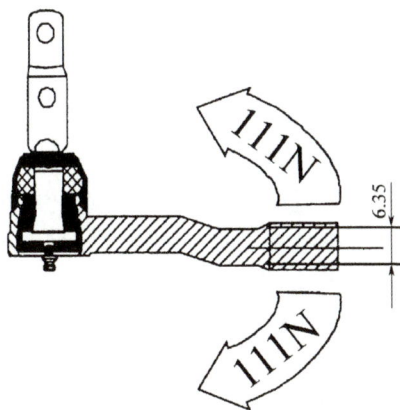

图1-38　惰性臂轴衬总成检测

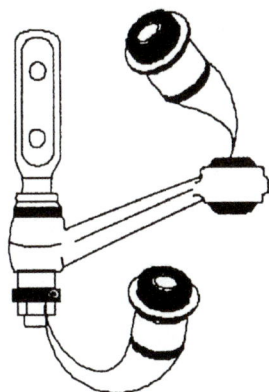

图1-39　惰性臂的橡胶式轴衬

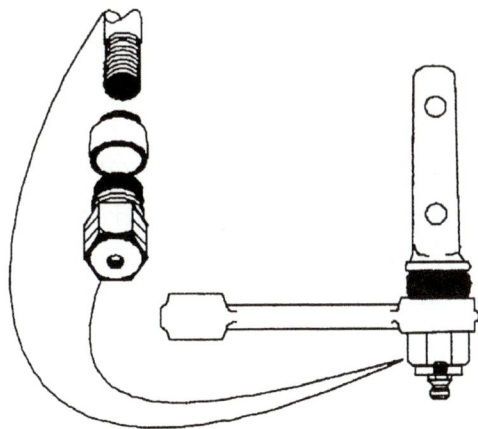

图1-40　惰性臂的金属丝式轴衬

> **特别提示：**
>
> ＊ 如果惰性臂过度松旷或磨损，车辆在运行时会引起前束改变。

5. 中央连接杆

中央连接杆是一个置于转向摇臂和惰性臂之间的杆件（图1-41），与横拉杆球头相连，它是用于连接轮胎到转向器的。设计上中央连接杆在水平面上运动，其拉动一侧横拉杆球头运动时，同时推动另一侧横拉杆球头使轮胎转向。在中央连接杆每端都有一个孔或销，以连接惰性轮和转向摇臂。在大约1/4处的两个孔与横拉杆球头相连。通用"F"底盘轿车（Camaro和Firebird）在中央连接杆每端有一机械式无偏差灵敏点，这是两个测量点以消除中央连接杆是否水平。如果不水平，将惰性臂上下稍做调整，将两个点的误差控制在4.23mm以内。

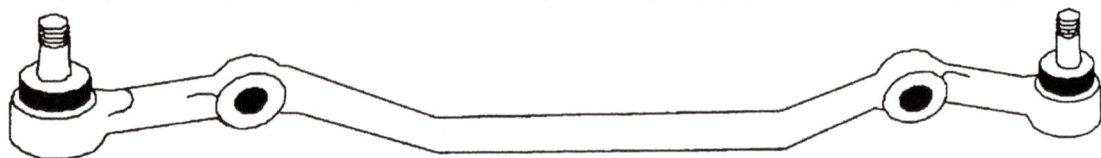

图1-41　典型的中央连接杆

6. 横拉杆球头

横拉杆球头更像小型球式万向节，它们只允许在圆周上运动，不能横向运动。在车的两侧各有一个横拉杆，每个横拉杆两端各有一个球头，如图1-42所示。横拉杆安置在与下控制臂行程匹配的位置，当悬架振动回弹过程中可弱化车轮向内向外的摆动，即前束变化。

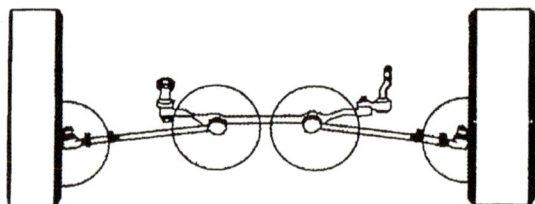

图1-42　车上的横拉杆球头

内侧横拉杆球头与中央连接杆相连，可使车轮在中央连接杆连接处上下运动；外侧横拉杆球头连接到转向臂上，转向臂连接到转向节或转向节铸件上。这样可使轮胎从正直位置转向（左转或右转）。两个横拉杆球头以调整杆连接，调整杆有螺纹套管，转动调整杆可使两个横拉杆内收或外放，这样轮胎将向内或向外移动。

首先拧紧横拉杆调整杆夹紧箍，确定横拉杆位置以使球头螺栓处在横拉杆球头壳的中心，如图1-43所示。

确定夹紧箍位置，夹紧箍开口与横拉杆调整杆开口不超过45°，这样可以将调整杆上的力分布得更均匀。不要将调整杆的开口和夹箍的开口对齐，如图1-43所示。

如同检测转向摇臂一样，最容易和更精确的检测横拉杆基孔的方法是用千斤顶升起车轮，来回转动转向盘，检查球头螺栓的旷量。

> **特别提示：**
>
> ＊ 如果球头螺栓有旷量，当车辆行驶在路面上时，则前束角会变化，引起轮胎过度磨损。

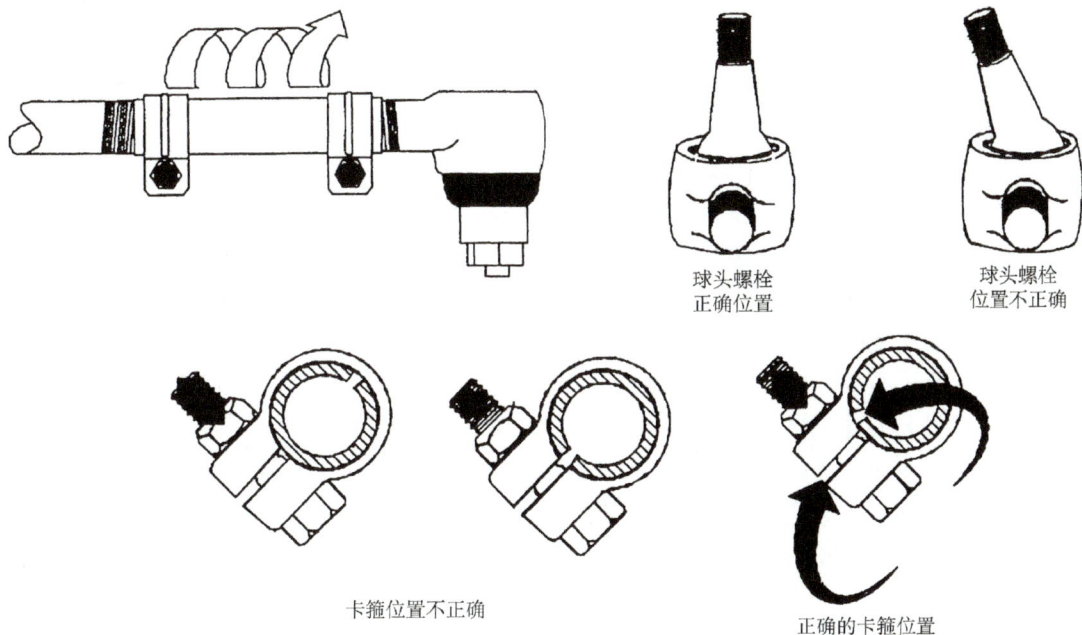

球头螺栓
正确位置

球头螺栓
位置不正确

卡箍位置不正确

正确的卡箍位置

图 1-43 横拉杆球头定位

7. 齿轮齿条式转向机构

此前，我们讨论了平行四联杆式转向机构，如图 1-44 所示。如今它已被齿轮齿条式转向机构（图 1-45）所取代，齿轮齿条式转向机构更简单，是平行四联杆式转向机构的改进设计。请注意观察，二者有何区别？

对于平行四联杆式系统，连接左侧和右侧于一体的部件是中央连接杆。中央连接杆也用在齿轮齿条式机构中，但杆的一侧有轮齿，成为齿条。中央连接杆是以惰性臂和转向摇臂保持其处在适当的水平面上。齿条是以齿条壳保持其处在适当的水平面上。

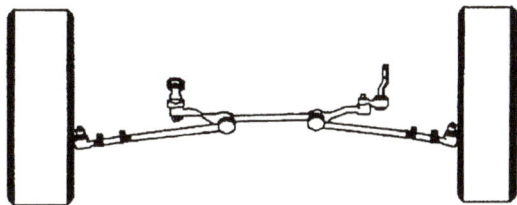

图 1-44 典型的平行四联杆转向机构

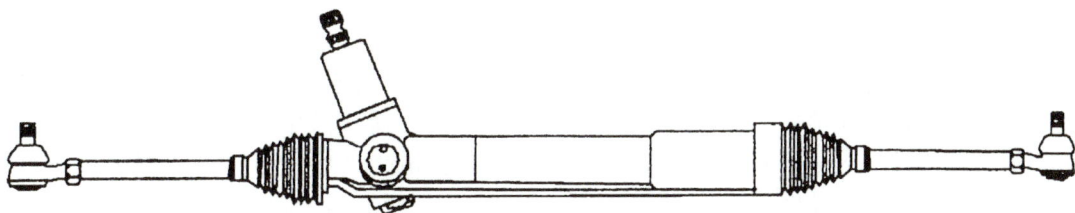

图 1-45 典型的齿轮齿条式转向机构

中央连接杆通常以横拉杆球头将车轮连接到转向系统上。而齿条式则不同，它是用一个非常类似于平行四联杆机构的外横拉杆球头连接。内侧横拉杆球头已改进，以便横拉杆球头螺栓伸出更长，接头以螺纹与齿条一端连接。

如果仔细观察已安装好的齿轮齿条式机构，你会注意到内侧接头总成与外侧横拉杆处在一个平面上，基本与下控制臂平行，恰似平行四边联杆系统。因此，正确安装齿条和齿轮很重要。如果安装轴衬和/或齿带变形/弯曲，齿条壳体不能保持正确位置，形成"冲击转向"条件，在碰到路上的障碍物时，车辆会摆动和摇晃。

齿轮齿条系统中的重要部件齿轮取代了传统的转向齿轮箱。转向柱经过弹性联结器与输入轴相连。如果车辆安装的是手动转向，输入轴与齿轮（与齿条上的齿相啮合）结为一体，如图1-46所示。如果车辆安装助力转向系统，齿轮组件有些不同。轴与齿轮不是简单的一体，而是一个三件套总成，如图1-47所示。再通过弹性联结器，转向柱连接到输入轴上。该轴有一个装有节流器的机制中心区。这些节流器叫作"窗"，相应的机件表面叫作"门"。花键轴是中空的，在顶部有一止动销安装孔。

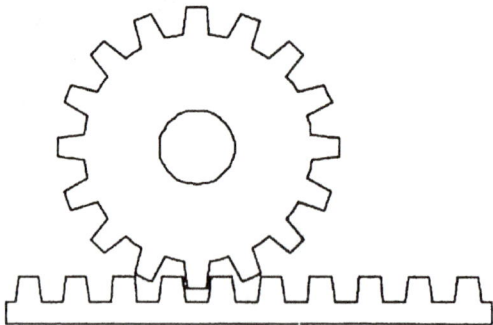

图 1-46 齿轮齿条工作原理

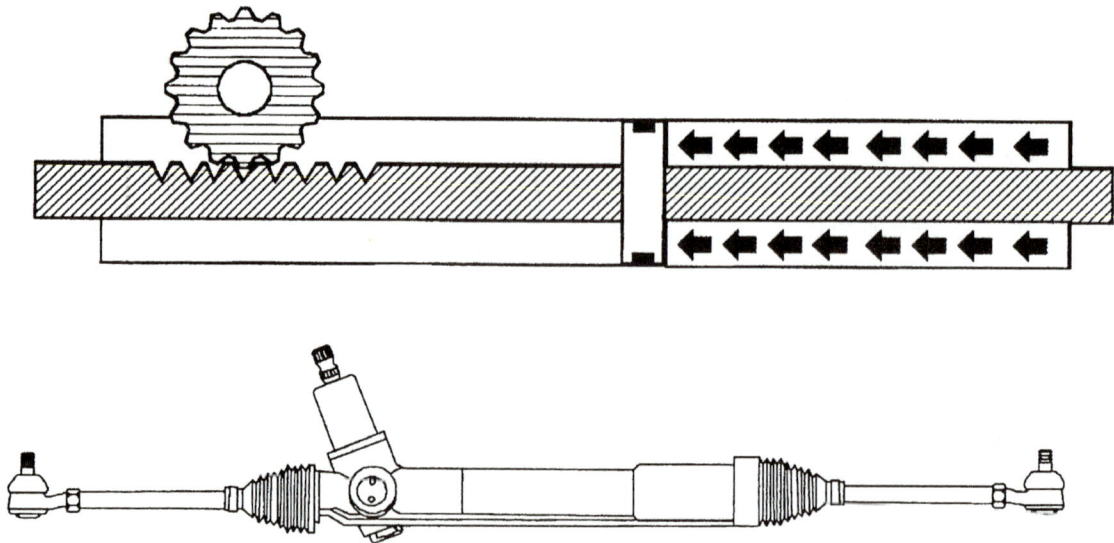

图 1-47 齿轮齿条式转向机构工作状态

在齿轮齿条式转向机构总成中的齿轮组件一端连有一长而细的杆，为扭力杆。扭力杆穿过整个空心输入轴，在顶部用销锁住。输入轴花键底座与齿轮组件内的花键区啮合。在该花键区有很大"溢流"量或空转区。这样设计的目的是，助力系统有故障时，便于客户控制车辆。转动转向盘时，花键联接器的空转区继续工作。消除空转区后，齿轮组件与齿条的齿啮合。这时，扭力杆开始扭转。

随动阀环绕在输入轴的中心区，并连接齿轮组件，如图1-48所示。随动阀内部有与输入轴对应的机制"门"和"窗"。随动阀正好定位便于随动阀门盖住输入轴直径周缘的输入轴窗。当扭力杆被扭曲，输入轴有些微小移动时，窗和门不能对准，则油液流动路径建立。

如图 1-49 所示，动力转向油来自油泵，并流入随动阀所在的齿条壳体内。在随动阀外部的中心区处有几个大孔。向随动阀内部看去，可发现大孔通向窗口。在相应的输入轴门孔处也有一个大孔。不转动转向盘时，由于转向盘没有压力，随动阀以输入轴来定位，可使油液流入并循环回到油泵中。

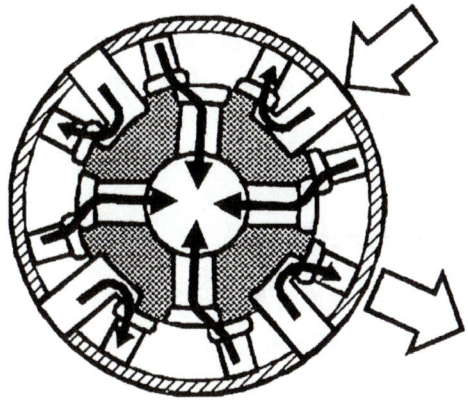

在随动阀外部分成了上下两个部分，两个孔相差 45°。这些孔通向随动阀的门。转动转向盘，扭力杆被扭转，随动阀门孔部分与输入轴门孔对接。动力转向液压入小孔，并从管道排出。

带有聚四氟乙烯密封件的活塞与齿条连接。

图 1-48　随动阀工作原理

密封件压在齿条壳上，将壳体分成两部分。当油液从随动阀直接流出后，进入两管之一。这些管子安装在活塞一侧的齿条壳上。如果油液在压力作用下进入活塞右侧，油液将冲击活塞。由于活塞连接在齿条上，齿条向左移动，又由于转向横拉杆球头连接在齿条上，它们也被推向左侧。如果齿条齿轮安装在前桥后面（后转向），当齿条向左移动，轮胎将被转到右侧。如果齿条安装在前桥前面（前转向），轮胎将转向左侧。

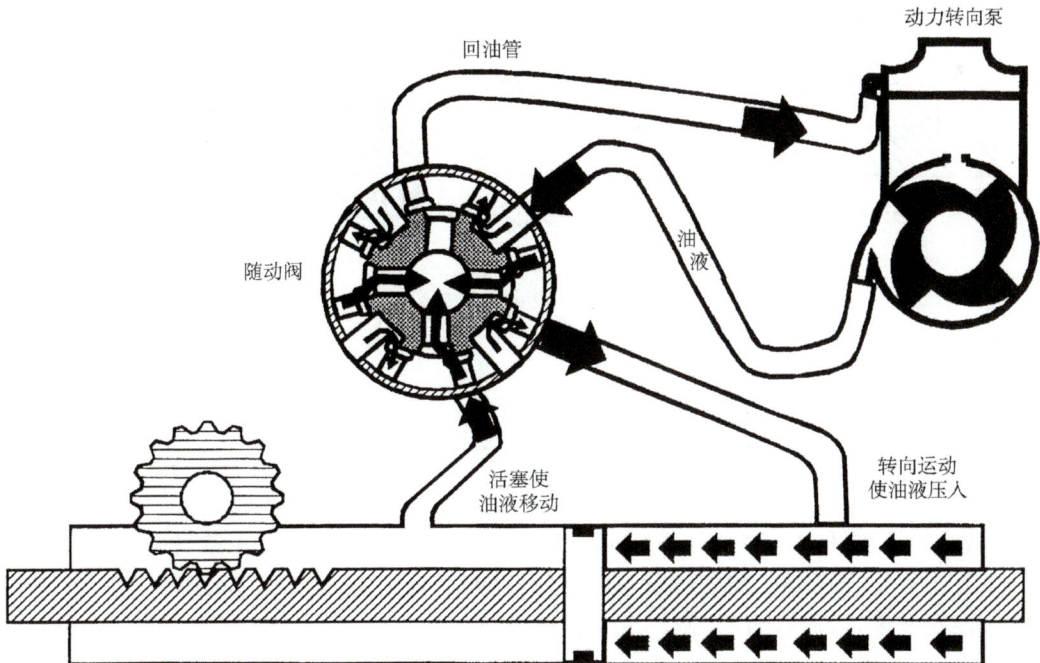

图 1-49　动力转向机构工作原理

在齿轮壳的两端安装有密封件，以保持油液在压力室内，也是为防止脏东西进入，而污染齿条和/或压力室。如果这些油封损坏，压力油可能会渗漏，流入防护箱护罩，浸透内接头总成。挤压防护箱时，可感觉到内部的油液。如果问题不处置，防护箱将充满油液并破裂。

防护箱之间由呼吸管相连。该管用于补偿转向时防护箱内的空气压力。当车辆左右转向时，进入防护箱内的油液将被泵入另一防护箱内。在破裂之前，防护箱能保持约 12.7kg 的油液。

> **特别提示：**
>
> ＊ 如果有用户报修时说必须向储油罐中加注油液，并且没渗漏迹象，最好就是检查这些防护箱。

用户的另一个共性问题是必须用力转向。用力转向问题可能有两种情况：

1) 经常出现和只在开车行驶头 1h 内发生。

用户抱怨经常发生转向沉重，应检查动力转向油液位、动力转向泵传动带和动力转向泵，如果这些部件没有发现问题，很有可能故障区是在齿条齿轮机构内部的压力室。行驶数千公里后，坚硬的聚四氟乙烯密封材料充满动力活塞周围，在活塞另一侧在气室壁上磨损出一个桶形区。当油液从随动阀进入活塞室，原本该推动活塞的，然而却出现了有些油液流过活塞周围的情况，如图 1-50 所示。结果活塞两端均有压力油，导致转向沉重情况。

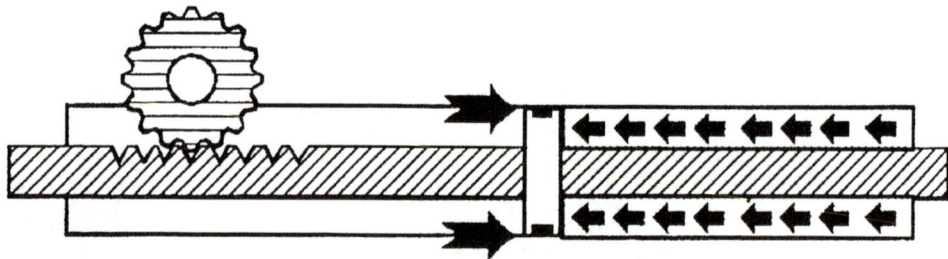

图 1-50　齿轮齿条式转向机构内部油液有泄漏

> **特别提示：**
>
> ＊ 这一问题不能以简单修复齿轮齿条机构来解决，而是要更换整个总成。

2) 转向沉重可能会持续数分钟到 1h，或更长时间，而后又恢复正常转向。

通常是用户抱怨在起动发动机后，向一侧转向或转向另一侧时方向沉重。这一问题原因是随动阀油封漏油。理论上讲，随动阀油封应该被紧压在壳孔内，此时随动阀自身旋转。

> **特别提示：**
>
> ＊ 事实上，这一情况不会总发生。

一般情况下，壳体材料是铝，随动阀材料是铁，而密封件材料是聚四氟乙烯和玻璃纤维，它们的热膨胀系数不同。这将导致受热后铝合金壳比油封直径变得更大。当随动阀转动时，油封也可自由转动，这样，油封会慢慢破坏铝合金孔，使光滑的孔表面变得不平整。由于车辆头一天晚上停车冷却，所有部件恢复成原尺寸。这使随动阀与壳孔之间形成一个缝隙。当车辆起动、转向盘转动时，本该进入压力室的油液只在随动阀壳内部流动，导致很少或没有助力传递至齿条壳内的动力活塞，如图1-51所示。然而，随着油液加热和环境温度升高，油封慢慢膨胀，开始压迫壳孔，恢复助力。配件厂商正在这些壳孔中安装钢套，以消除油封腐蚀。

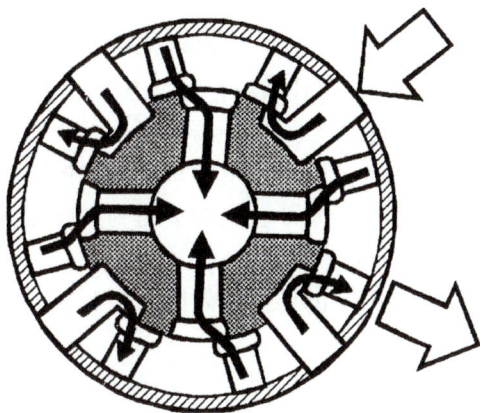

图1-51　随动阀内部泄漏引起转向沉重

◆　1.4　汽车空气悬架的应用与发展　◆

空气悬架诞生于19世纪中期，早期用于机械设备隔振。1947年，美国首先在普耳曼汽车上使用空气悬架。意大利、英国、法国及日本等国家相继对汽车空气悬架作了应用研究。经历了一个世纪的发展，到20世纪50年代空气悬架才被应用在货车、大客车和轿车上。

目前国外高级大客车几乎全部使用空气悬架，重型货车使用空气悬架的比例已达80%以上，空气悬架在轻型汽车上的应用量也在迅速上升。部分轿车也逐渐安装使用空气悬架，如林肯、路虎（Land Rover DiscoveryⅢ）等，在一些特种车辆（如：对防振要求较高的仪表车、救护车、特种军用车及要求调节高度的集装箱运输车等）上，空气悬架的使用几乎为唯一选择。

国外汽车空气悬架发展经历了：钢板弹簧→气囊复合式悬架→被动全空气悬架→主动全空气悬架（即ECAS电控空气悬架系统）等变化形式。主动全空气悬架应用了电子控制系统，使传统的空气悬架系统的性能得到了很大改善，使汽车在各种路面、各种工况条件下能实现主动调节、主动控制，并增加了许多辅助功能（如故障诊断功能等）。目前ECAS系统在欧洲一些国家的大客车上已经大量应用，随着人们对汽车舒适性的要求越来越高，ECAS这一先进的空气悬架系统在汽车上的应用已越来越普及。

我国空气悬架的需求主要是与高级客车的销售量直接相关。据统计，高级客车的需求以每年15%的速度增长。我国的客车将重点发展适应高速公路需要的大中型客车、专用客车底盘及关键总成，并根据市场需求适当发展高档旅游客车。根据交通部颁布实施的JT/T 325—2013行业标准，对大中型客车配置悬架类型进行了规定，其中高级大中型客车必须采用空气悬架。这为空气悬架产品的推广使用创造了一个良好的外部环境。

◆　1.5　汽车悬架的电子控制技术　◆

汽车行驶的平顺性和操纵稳定性对于悬架构成了一对矛盾。平顺性要求弹簧-阻尼系统较软；而操纵稳定性，特别是转向时不可侧倾，制动时不可俯仰，这又得要求弹簧-阻尼系统较硬。传统的悬架（弹簧和阻尼系统）是矛盾的折中。悬架的电子控制技术为更好地解决这一问题找到了办法。

随着电子技术的飞速发展，车用计算机、各种传感器、执行元件的可靠性和寿命都大幅度提高，电子控制技术被有效应用于悬架控制中，为确保悬架的主要特性，即减振性（振动衰减能力）、弹性常数、减振器行程，不断研制成功了能适应各种行驶工况的最优控制机构。

1980 年，首次应用了车高调节控制技术。

1981 年，又开发成功手动变换减振力的新技术。此后又开发了自动变换减振力、弹性常数的电子控制悬架。

1987 年，世界上首先推出装有主动悬架的轿车，这是备有控制悬架特性能量的空压式主动悬架。

1989 年，又出现了装有油压式的主动悬架轿车。机械控制的方法存在着控制功能少，不能适应多种使用工况的问题。机械式车高调整系统的典型例子称为高度选择器（利用水平校验阀控制车高的装置）。在微小突起路面行驶时，输入悬架的主要频率为 20 ~ 50Hz，在弹簧共振区以上部位，充分应用振幅小的输入特性，利用机械方式改变减振器油的通路面积，控制减振力，提高乘座舒适性。

20 世纪 90 年代以来，随着电子技术的飞速发展，电子控制的车高调整装置研制成功并应用，接着出现了减振力控制装置。车高调整装置可分为油压式与空压式两大类。一般采用价格便宜、结构简单的空压式车高调整装置。空压式又可分为兼用螺旋弹簧与只使用空气弹簧的两种。只控制减振力的系统，由于结构简单，能有效控制车辆的过渡状态运动，所以开发了包含手动变换的多种控制装置。当采用电子控制时，由最初车速传感器等少数传感器进行减振力的两段控制，发展到多个传感器三段控制，以适应多种行驶状态变化。传感器与执行元件也应用了电阻元件，提高了响应性。在复合式主动悬架控制系统中，采用了控制减振力和车高调整的装置，另增加了弹性常数的控制。为了进一步提高行驶性能和乘座舒适性，车辆备有储能器，能在恶劣路面上，或者紧急转向、紧急制动时控制车辆运动状态，并能显著降低路面冲击力。1995 年出现了四轮转向装置，这是一种首先控制悬架元件，主动控制后轮，显著提高车辆运动性能的装置。此后，开发了具有后轮转向功能的四轮转向系，其形式分为机械式、油压式、电动式等。

主动悬架技术趋于成熟，福特公司和日产公司首先在轿车上应用，能根据汽车的行驶状况或根据超声波识别路面情况，通过电磁阀液压系统，改变阻尼，在几十毫秒中消除路面不平引起的振动。进入 20 世纪 90 年代，丰田、奔驰、通用等大公司，均在轿车产品中采用了半主动悬架技术。路特斯、日产等公司还开发出了全自动悬架技术，但成本昂贵，且动力消耗大。

◆　1.6　汽车悬架技术发展　◆

1.6.1　被动悬架

被动悬架是指刚度和阻尼都不能变化，无额外作动力的悬架。它由弹簧、减振器和导向机构组成。被动悬架是传统的机械结构，它结构简单、性能可靠，成本低且不需额外能量，因而应用最为广泛。但是被动悬架的刚度和阻尼都是不可调的，按照随机振动理论，它只能保证在特定的工况下达到最优减振效果，难以适应不同的道路和使用状况；同时利用被动悬架还难以同时获得良好的乘坐舒适性和操纵稳定性，因为两者对悬架的要求是矛盾的。根据研究，要获得良好的舒适性，悬架应该软一点；为得到良好的操纵稳定性，悬架应该硬一点。实际应用中往往两者折中，根据需要偏重一个方面。被动悬架主要应用于中低档轿车上，现代轿车的前悬架一般采用带有横向稳定杆的麦弗逊式悬架，比如桑塔纳、赛欧等，后悬架的选择稍多，主要有复合式纵摆臂悬架和多连杆悬架。弹性元件一般采用螺旋弹簧加橡胶衬套，减振器多选用筒式液力减振器。不同的悬架主要是由于导向机构的变化。改进被动悬架性能的研究集中在三个方面：

1）如何寻找最优的悬架参数，主要通过建模仿真来实现。

2）研究渐变刚度弹簧和机械可变阻尼减振器，使悬架参数能在一定范围内适应不同的工况。

3）悬架导向机构的研究，这方面的重点是带有横向稳定杆的多连杆悬架。随着汽车工程技术的进步，决定乘坐舒适性和操纵稳定性的汽车悬架技术得到了广泛重视和深入研究，在汽车工业领域中，主动悬架日益受到广泛的重视，已成为悬架技术发展的主要趋势。

1.6.2　主动悬架

随着高速公路的发展，汽车车速有了很大的提高，传统被动悬架的缺点逐渐成为提高汽车性能的限制因素，为此人们开发了能同时提高舒适性和操纵稳定性的主动/半主动悬架。主动悬架的概念是1954年通用汽车公司在悬架设计中提出的。主动悬架能够根据悬架质量的振动加速度，利用电控部件主动地控制汽车的振动。主动悬架一般由隔振弹簧、控制器和作动器组成。

主动悬架不但能很好地隔离路面振动，而且能控制车身运动，比如起动和制动时的俯仰、转向时的侧倾等，另外还可以调节车身的高度，提高轿车在恶劣路面的通过性。不过主动悬架结构复杂，能耗大且成本很高，故目前主要应用于赛车和高级轿车。奔驰公司最新的主动悬架系统(简称ABC)则通过抑制车身在行驶时的起伏、倾斜及跳动来提高舒适性。

对主动悬架的研究目前主要集中在两个方面：一个是控制策略；另一个是作动器。最早的主动悬架控制策略是天棚原理，假设车身上方有一固定的惯性参考。在车身和惯性参考之间有一阻尼器，作动器模拟此阻尼器的作用力来衰减车身的振动。这种控制方法简单，在国外某些车型上已经得到了应用。随着现代控制理论的发展，主动悬架的最优控制方法被提出，它比天棚原理考虑了更多的变量，控制效果更好，目前最优控制规律有三种：线性最优控制、HQ最优控制和最优预见控制。实际悬架系统中有许多非线性的、时变的、高阶动力系统，使最优控制方法变得不稳定，为此又发展了自适应控制方法。自适应控制方法具有参数识别功能，能适应悬架载荷和元件特性的变化，自动调整控制参数，保持性能最优。自适应控制方法也有增益调度控制、模型参考自适应控制和自校正控制三类。德国大众汽车公司生产的汽车的底盘上就应用了自适应控制规律。目前发展最迅速的控制策略是智能控制(模糊控制和神经网络控制)。模糊控制方法具有制动调节输入变量的组合、隶属函数的参数和模糊规则数目等学习功能，计算机仿真结果表明该方法更有效。神经网络是一个由大量处理单元组成的高度并行的非线性动力系统，它能进行数据融合、学习适应性和并行处理，研究表明它比传统控制有更好的性能。作动器是实现控制目标的重要环节，因此作动器的研究也是主动悬架研究的重要内容。为保证主动悬架的良好性能，作动器必须具有灵敏、稳定、可靠、能耗低、成本低和总量低等特点。目前主动悬架上应用的作动器主要是液力式结构。日产公司则开发了蓄能式减振器，它将压力控制阀同小型蓄能器及液压缸结合起来，使路面不平度引起的振动被蓄能缸吸收，车身隔振由主动阻尼和被动阻尼共同完成，因而能耗有所降低。不过液压动力系统尚有许多不足之处，比如对工作环境有一定要求：元件制造精度要求高、成本难以下降；处理小信号的数字运算，误差的检测与放大、测试与补偿、自动化与实现远距离等功能不如电气系统灵活准确等。因此现在作动器的研究主要集中在直线伺服电动机、电磁蓄能器的方向。

电气动力系统中的直线伺服电动机具有较多的优点，永磁直流直线伺服电动机，其驱动性能优于液压系统，今后将会取代液压执行机构。运用电磁蓄能原理，结合参数估计自校正控制器，有望设计出高性能低功耗的电磁蓄能式自适应主动悬架。由于操纵稳定性与乘坐舒适性在汽车悬架结构设计上是很难获得统一的，悬架设计长期以来成为轿车设计中的难点。采用新型电控技术，研究和开发一类控制有效、能耗低、造价合理的汽车悬架系统具有较高的经济效益和社会效益。随着汽车工程技术的进步，决定乘坐舒适性和操纵稳定性的汽车悬架技术得到了广泛重视和深入研究，在汽车工业领域中主动悬架受到日益广泛的重视，已成为悬架技术发展的重要趋势。

1.6.3　半主动悬架

虽然通过主动悬架能获得比较理想的减振系统，但主动悬架能量消耗大、成本高、结构复杂，目前还难以在商业上得到大规模的推广和应用。为此 Crosby 和 Karnop 在 1974 年提出了基于天棚阻尼的半主动悬架的概念。半主动悬架是指悬架弹性元件的刚度或减振器的阻尼系数可以根据需要进行调节控制的悬架。由于弹簧刚度调节相对较难，半主动悬架主要通过调节减振器的阻尼系数实现。半主动悬架没有专门产生控制力的元件，它按照传感器传递的数据由控制器算出所需的控制力，然后通过调节减振器的阻尼来模拟控制力，以衰减车身的振动。

半主动悬架的研究同样集中在两个方面，一方面是执行器的研究，即阻尼可调减振器；另一方面是控制策略的研究。阻尼可调减振器主要有两种，一种是通过改变节流孔的大小调节阻尼，另一种是通过改变减振液的黏性调节阻尼。节流孔的大小一般通过电磁阀或步进电动机进行有级或无级调节，这种方法成本较高，结构复杂。通过改变减振液的黏性来改变阻尼系数，具有结构简单、成本不高、无噪声和冲击等特点，因此是目前发展的主要方向。在国外，改变减振液的黏性主要有电流变液体和磁流变液体两种类型，两者也都有了一些产品问世。

1.6.4　各种悬架比较

据分析和模型试验的结果，主动悬架的减振效果最好，同时还解决了平顺性和操纵稳定性的矛盾；半主动悬架的减振性能接近主动悬架，操纵稳定性优于被动悬架；被动悬架的性能相对最差。但是主动悬架的元件都比较昂贵，工作时又需要比较多的能量，同时主动悬架还使整车质量增加。因此主动悬架会大大增加成本和能量消耗，这也是主动悬架不能大规模批量生产的原因。半主动悬架以控制阻尼为主，因此成本和能耗比主动悬架要低得多。被动悬架的成本最低，也不需消耗能量。综合考虑性能和成本的因素，则半主动悬架的性价比是最高的，这也是半主动悬架商业应用多于主动悬架的原因。

◆ 1.7 汽车悬架技术趋势 ◆

被动悬架在一定的时间内仍将是应用最广泛的悬架系统，通过进一步优化悬架结构和参数可以继续提升悬架性能。主动悬架性能优越，但出于成本原因它还只能成为高级轿车和赛车的装备。它的研究重点在于高性能的作动器和基于神经网络的控制策略方面。半主动悬架性能优于被动悬架，成本比主动悬架低得多，应该是今后悬架系统的主要发展方向。研究性能可靠，调节方便的可调阻尼减振器和算法简单有效的控制策略将是半主动悬架走向大众的必经之路。

汽车悬架今后需要解决的技术如下：

（1）油气悬架技术　由油气部件和弹簧系统共同支撑车体，根据汽车变化的承载量，由油气部件调节悬架的水平位置，使弹簧保持正常的使用位置。

（2）阻尼可调节减振器　由传感器感知汽车行驶时的状况，包括载荷的大小、路面的不平、是否转向、是否加速或制动等，经电子控制单元分析判断，通过电磁阀液压系统，调节减振器的阻尼。此项技术又成为半主动悬架技术。

（3）全主动悬架技术　通过电液系统不仅调节阻尼，而且调节弹力、水平位置等。

针对悬架系统的非线性特点，研究适宜的悬架系统电控技术是汽车悬架系统振动性能改进的方向。悬架位于车身与轮胎之间，对车辆的运动性能、乘坐舒适性有重大的影响。按照路面行驶工况最优控制，悬架性能以确保车辆行驶性能与乘坐舒适性为优先条件，电子控制悬架将进一步向高性能方向发展。作为实现这种对悬架的优化控制的方式之一，是利用"预知传感器"进行预知控制的"预知控制悬架"。目前已提出了多种方案，期待这种新式传感器尽快出现。另一方面，从地球环境来考虑，为进一步节约能源，悬架控制向高压力化、高电压化、小型轻量化发展，在控制理论方面正在致力于模糊逻辑控制、神经网络控制等应用于悬架方面研究。

从外表上看似简单的悬架，包含了多种力的合作，它决定着轿车的稳定性、舒适性和安全性，是现代轿车十分关键的部件之一。随着汽车结构和功能的不断改进和完善，研究汽车振动，设计新型悬架电控系统，将振动控制到最低水平是提高现代汽车品质的重要措施。目前，汽车悬架系统已进入到利用电子控制器进行控制的时代，运用较优的控制方法，得到高性能的减振效果，且使能耗尽可能低，是汽车悬架系统发展的主要方向。

第2章

轮胎与车轮定位

● 学习提示 ●

　　轮胎是车辆上唯一与路面直接接触的部件。轮胎与路面直接接触，将车辆的驱动力和制动力传导至路面，从而控制起步、加速、减速、停车和转向，车辆本身也支撑在充有压力空气的轮胎上。车辆在不平路面行驶时会产生振动，轮胎可有效地减弱车身的振动。

　　轮胎与车轮定位有密切关系。轮胎在使用一段时间后，通过观察了解轮胎的磨损痕迹可判断出车轮定位问题所在，本章将就相关技巧和轮胎基本知识进行讲述。

　　需要强调的是车轮定位与车轮动平衡是两个范畴的技术问题，汽车在具体路试和检测中，这两个问题有时相互作用、相互干扰，本章会具体讲解。

◆　**2.1　轮胎结构**　◆

轮胎的基本结构由胎缘、胎壁、胎肩（或胎体）及胎面等部分组成，如图2-1所示。

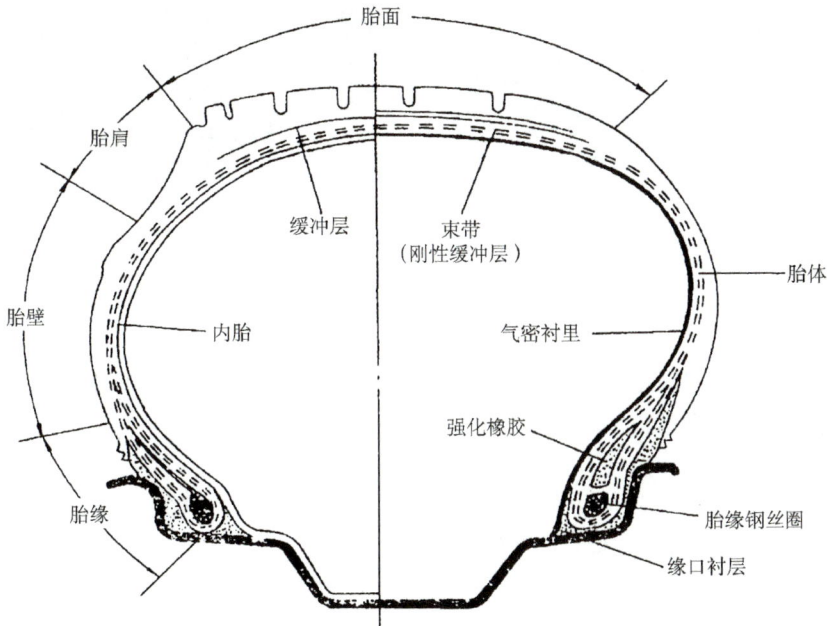

注：斜线轮胎有内胎；子午线轮胎无内胎

图2-1　斜线轮胎及子午线轮胎剖面图

1. 胎体（外胎）

胎体是轮胎的框架，必须既具有足够的刚性，以阻止高压空气外泄，又具有足够的弹性，以吸收载荷的变化和冲击，它由许多线层与橡胶粘接在一起的轮胎帘线（多股平行的高强度材料层）构成。大客车和货车轮胎中的帘线，一般用尼龙或钢丝制成，而轿车轮胎使用了聚酯或尼龙。根据其帘线方向，轮胎一般可分为子午线轮胎和斜交轮胎两种，如图2-2所示。

2. 胎面

胎面是外部橡胶层，保护胎体免受路面造成的磨损和外部损坏。胎面与路面直接接触，并产生摩擦阻力，使车辆驱动力和制动力得以传至路面。胎面花纹由压入胎面的模压沟槽构成，其设计目的在于帮助轮胎将驱动力和制动力更有效地传至路面。

3. 胎壁

胎壁由数层橡胶构成，覆盖轮胎两侧，并保护胎体免受外部损坏，是轮胎上面积最大、弹性最强的组成部分。胎壁在行驶过程中，不断地在载荷作用下弯曲变形。胎壁上标有厂家名称、轮胎尺寸和其他资料。

4. 缓冲层

缓冲层是夹在胎面和内胎之间的纤维层，可增强胎体与胎面的附着能力，同时也有助于

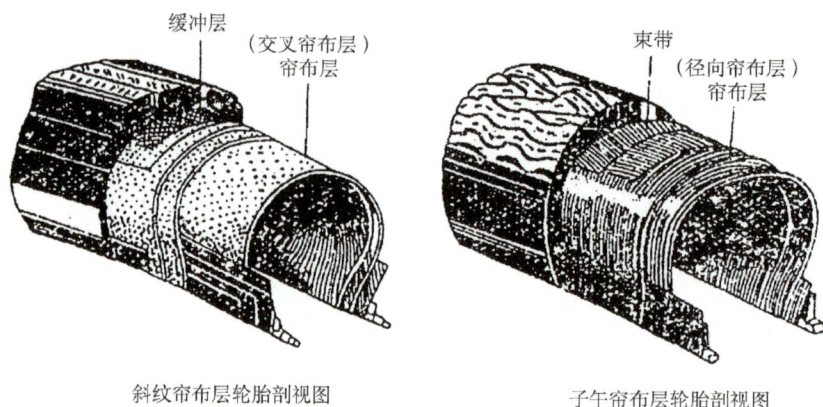

斜纹帘布层轮胎剖视图　　　　　子午帘布层轮胎剖视图

图 2-2　轮胎构造

减弱路面传至胎体的振动。缓冲层广泛用于斜线轮胎中。大客车、货车及轻型货车所用的轮胎都采用尼龙缓冲层，轿车所用的轮胎则采用聚酯缓冲层。

5. 束带（刚性缓冲层）

束带是一种用于子午线轮胎中的缓冲层。刚性缓冲层就像一条箍环夹在胎体与胎面橡胶之间，沿轮胎圆周放置，使胎体牢固定位。轿车的轮胎圆周放置，使胎体牢固定位。轿车的轮胎采用钢制或人造纤维聚酯帘线束带，而大客车、货车的轮胎则采用钢帘线的束带。

6. 胎缘

为防止各种施加在轮胎上的作用力扯开轮辋，轮胎上设有固定边缘，即各层侧边都缠绕有坚固的钢丝，称为胎缘钢丝网。轮胎内的加压空气迫使胎缘胀紧在轮辋边沿，使其牢固定位。一种称为缘口保护层的硬橡胶条保护住胎缘，使其免受轮辋撞伤所造成的损坏。

◆　2.2　轮胎的规格和种类　◆

要想了解轮胎，首先应该认识轮胎的标记。轮胎标记位于胎侧，内容包括轮胎类型、断面宽度、扁平率、结构类型、轮辋直径、承载能力和速度级别等。轮胎标记分米制标记和英制标记，米制标记以"P 175/60 R14"为例，说明各符号的含义，如图 2-3 所示。

P——轮胎类型（P 代表轿车，T 代表货车）；

175——轮胎断面宽度（单位 mm）；

60——扁平率（高宽比，即轮胎断面高度与断面宽度的比值×100%，在此意为60%），如图 2-4 所示；

R——轮胎结构类型（R 代表子午线轮胎，B 代表带束斜交轮胎，D 代表普通斜交轮胎）；

14——轮辋直径（单位 in）；

86——载荷指数，是指轮胎最大载荷的代号，见表 2-1；

H——速度级别，是指轮胎所能适应的最大速度，见表 2-2。

轮胎类型（轿车/货车）
断面宽度（以mm表示）
扁平率（以%表示）
结构类型（子午线轮胎）
轮辋直径（以英寸表示）

P175/60R14

有些轮胎在扁平率和结构类型之间写有其他数字字母，如 P175/60R14

图 2-3　轮胎标记示例

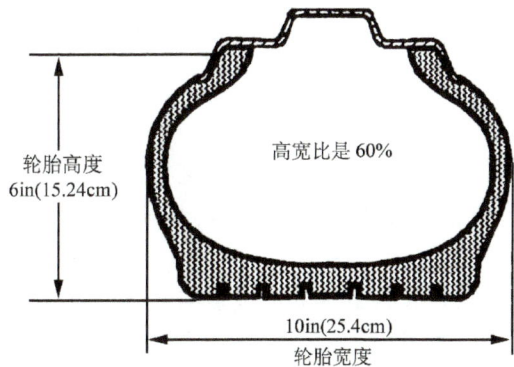

在此以 60 系列轮胎为例

轮胎高度
6in(15.24cm)

高宽比是 60%

10in(25.4cm)
轮胎宽度

图 2-4　轮胎扁平率

表 2-1　轮胎载荷指数表

载荷指数	最大载荷/kN
65	2.90
66	3.00
70	3.35
75	3.87
78	4.25
80	4.50
83	4.87
85	5.15
86	5.30
90	6.00
95	6.90
97	7.30

表 2-2　轮胎速度级别表

速度级别	最大速度/（km/h）
L	120
M	130
N	140
P	150
Q	160
RS	170/180
T	190
U	200
H	210
V	240

在使用米制标记法以前通常使用英制标记法，以"F78R-15"为例说明各符号的含义：
F——中等大小的轿车（D——轻型，G——标准型，H——大型，J——高级，L——跑

车或赛车）；

　　78——扁平率；

　　R——子午线轮胎；

　　15——轮辋直径。

> **特别提示：**
>
> 　　* 某一车型的轮胎规格，是由汽车生产厂家规定的，不能随意更换其他规格的轮胎，以免造成不必要的损失。

轮胎根据胎体帘布层结构的不同，可分为以下三种：

1. 斜交轮胎

这种轮胎结构的帘线是交叉排列且与轮胎中心线成 25°～45°，特点是帘布层较多，胎侧厚，侧向刚性大，但缓冲性能差。

2. 子午线轮胎

这种轮胎结构的帘布线与轮胎中心线成直角径向排列，而且通常采用钢丝帘布，特点是滚动阻力小，转向性能好，胎冠的使用寿命长，缓冲性能好，附着力好，但是这种轮胎的胎壁薄，侧向稳定性差。

3. 带束斜交轮胎

这种轮胎结构的性能介于普通斜交轮胎和子午线轮胎之间，它的耐磨性和寿命比普通斜交轮胎好，但不如子午线轮胎，仅侧向稳定性比子午线轮胎好，因此应用不广。

由于子午线轮胎的综合性能要优于其他轮胎，在轿车上使用的轮胎大部分是子午线轮胎，而且随着汽车性能的不断改进，低扁平率的子午线轮胎已成为一种时尚，原因就在于低扁平率轮胎的胎面宽，承载能力高，地面附着力大。但是低扁平率轮胎也有缺点，如转向阻力大、平顺性差、轮胎的滚动阻力大、油耗大。

◆　2.3　轮胎的使用和保养　◆

使用轮胎应注意以下几点：

1）轮胎气压要按照轮胎规定的气压充气。

2）汽车不要超载。

3）保证良好的四轮定位。

4）尽量减少急制动、急转向和急加速的操作次数。

5）注意定期进行轮胎换位。

其中轮胎的定期换位对轮胎的使用寿命有很重要的意义。汽车的每一个轮胎所承担的工作量是不相等的。前轮驱动的汽车，前轮的任务是繁重的，它要兼作驱动轮和转向轮，因此最容易磨损；而后轮仅起着支承车身的作用，也就不易磨损了。如果这种不平衡磨损长时间持续下去，必然会影响汽车的行驶性能，降低轮胎的使用寿命。为了使轮胎的磨损均匀，保持汽车良好的行驶性能，就需要定期更换轮胎的安装位置，对普通斜交轮胎和子午线轮胎一一般按图 2-5 所示的方法进行轮胎换位。

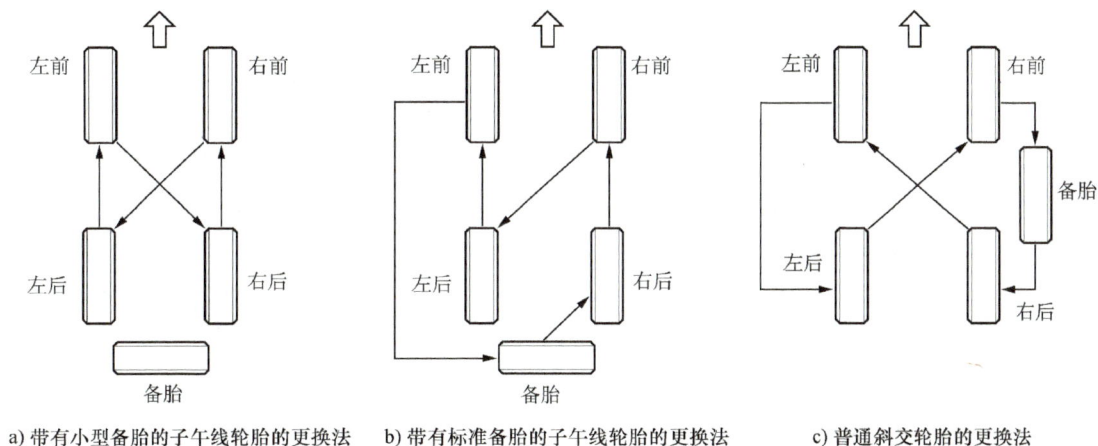

a) 带有小型备胎的子午线轮胎的更换法　　b) 带有标准备胎的子午线轮胎的更换法　　c) 普通斜交轮胎的更换法

图 2-5　轮胎换位

特别提示：

　　* 有的轮胎在胎面上已标明旋转方向，不能随意改变轮胎的旋转方向，更换轮胎位置时只能改变前后的安装位置。

◆ 2.4　车身振抖的故障分析与排除 ◆

汽车的振抖可分为车身抖动、转向摆振和转向颤振。

2.4.1　车身抖动

　　车身抖动是指车身和转向盘振动或横向振动，同时伴随着座椅的振动。造成车身抖动的主要原因是：传动系统不平衡或车轮总成（轮胎、盘式车轮及制动鼓或制动盘）不平衡，如图 2-6 所示。

2.4.2　转向摆振和转向颤振

　　转向摆振是指沿转向盘转动方向，一般车速为 20 ~ 60km/h 时出现的低频振动，常称为转向摆振。其主要原因是轮胎径向变动过大、盘式车轮及轮毂变形等。

图 2-6　车身抖动示意

转向颤振是指沿转向盘转动方向，一般在车速高于 80km/h 时出现的频率较摆振高的振动，其主要原因是车轮总成（轮胎、盘式车轮、制动鼓或制动盘、车轮装饰罩）以及转向杆系间隙过大，或车轮定位不当等，如图 2-7 所示。

关于转向振动故障的排除步骤如下：

步骤 1：向顾客了解故障症状。

步骤 2：通过试车诊断故障。

1）检查轮胎磨损情况。如果正常，进行下一步；如果不均匀，更换轮胎。

2）检查轮胎充气情况。如果正常，进行下一步；如果充气不足或过量，调整充气压力。

3）检查转向杆系。如果正常，进行下一步；如果磨损或间隙过大，需修理或更换相应部件。

图 2-7 转向摆振和转向颤振示意

4）检查转向球节和车轮轴承。如果正常，进行下一步；如果磨损，更换相应部件。

5）检查减振器。如果正常，进入"步骤 3"；如果损坏，更换减振器。

步骤 3：检查车轮定心。如果偏心量过大，重新定心。

步骤 4：检查轮胎偏摆。如果正常，进入"步骤 8"；如果偏摆过大，进入"步骤 5"。

步骤 5：检查车轮偏摆。如果正常，进入"步骤 7"；如果偏摆过大，进入"步骤 6"。

步骤 6：检查轮毂偏摆。如果偏摆过大，更换车轮或更换轮毂。如果更换轮毂，需重新进入"步骤 5"。

步骤 7：校正轮胎偏摆。

步骤 8：检查轮胎车下平衡（见"2.4.3 故障排除"）。如果正常，进入"步骤 9"；如果失去平衡，进行更换。

步骤 9：校正轮胎偏摆。

步骤 10：检查轮胎车上平衡（见"2.4.3 故障排除"）。如果正常，进入"步骤 11"；如果失去平衡，进行修理。

步骤 11：检查车轮定位，进行相应调整。

2.4.3 故障排除

1. 车轮定心检测方法

沿整个圆周检测间隙，其间隙值不能超过设计值（设计值最大 0.1mm）。

2. 轮毂偏摆检测方法

用百分表及磁性坐标来测定，如图 2-8 所示。设计值：径向偏摆（径向圆跳动）小于 0.05mm；横向偏摆（端面圆跳动）小于 0.05mm。

3. 车轮偏摆检测方法

用百分表及磁性坐标来测定，如图 2-9 所示。设计值：径向偏摆小于 0.05mm；横向偏摆小于 0.05mm。如果需轮胎与车轮相位匹配用雷达坐标做记录。

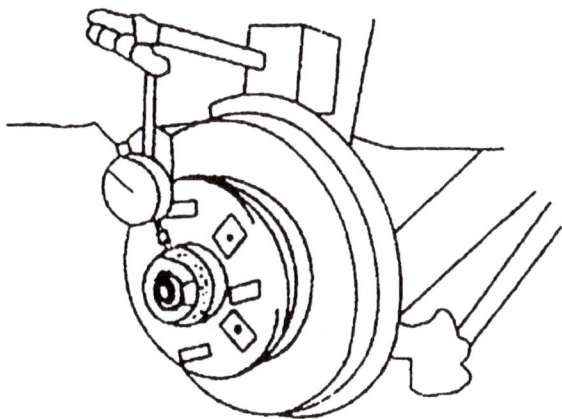

图 2-8　轮毂偏摆检测

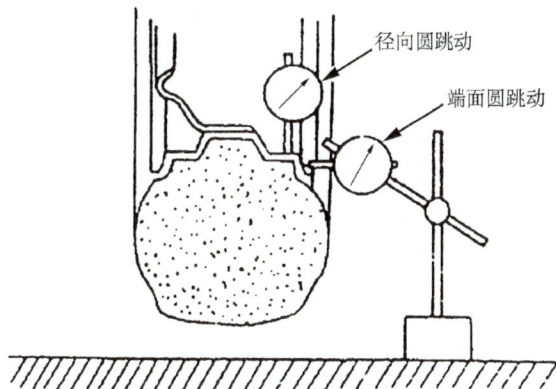

图 2-9　车轮偏摆检测

4. 轮胎偏摆检测方法

　　用百分表及磁性坐标来测定，如图 2-10 所示。设计值：径向偏摆小于 1.0mm；横向偏摆小于 1.2mm。

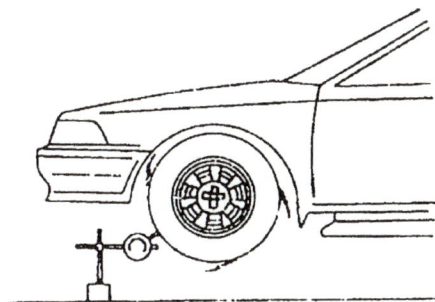

检测径向圆跳动

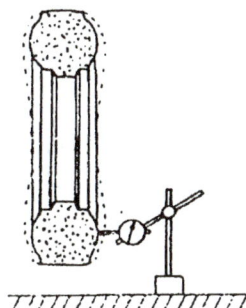

检测端面圆跳动

图 2-10　轮胎偏摆检测

　　如果新轮胎与新盘式车轮安装时，应按相位匹配，如图 2-11 所示。

　　盘式车轮上的白色点代表车轮最小径向偏摆点，轮胎上的红色点代表轮胎最大径向偏摆点，两者应对准安装。

　　轮胎上的黄色点代表轮胎最小质量，一般与气门嘴对准安装。

5. 轮胎径向偏摆超标的处理方法

　　首先，将轮胎及盘式车轮以气门嘴位置为起点分成 12 份，分别测出轮胎、盘式车轮的最大及最小的径向偏摆点，并用雷达图坐标列出，如图 2-12 所示。对轮胎偏摆各点（1～12）用直线顺次相连，对盘式车轮偏摆点

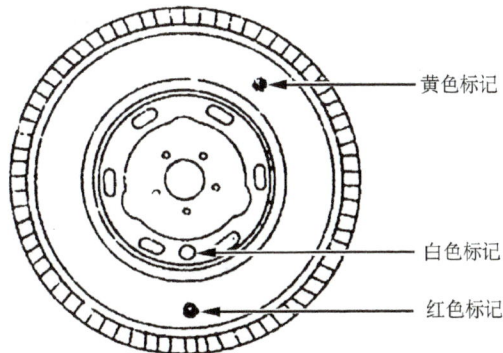

黄色标记

白色标记

红色标记

图 2-11　轮胎与轮辋相位匹配

（A～L）用直线顺次相连，再把各连线如 A1、B2 等进行长度比较。使具有最长连线的部分（即轮胎凸出部分）对准盘式车轮。

　　车轮（即轮胎及盘式车轮）用相位匹配法都不能使径向偏摆达到设计标准时（图 2-13），应采用轮胎磨削来修整轮胎进行校正。

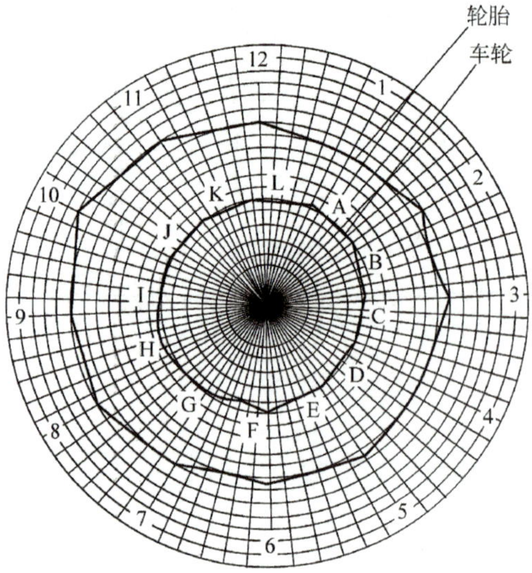

图 2-12　轮胎的径向偏摆

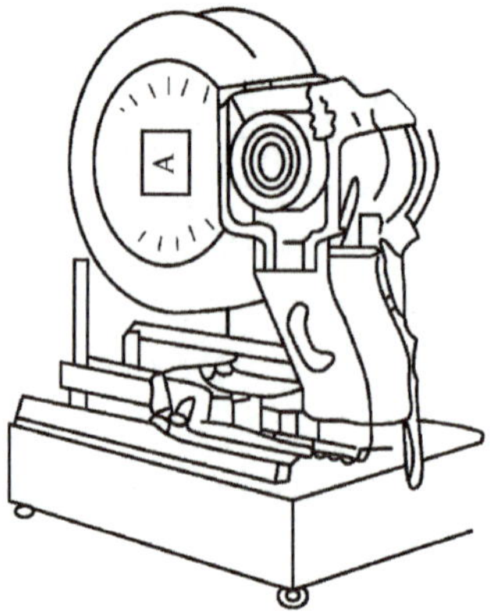

图 2-13　轮胎磨削

6. 车轮的车上平衡（就车式平衡）

　　车上平衡机除能平衡车轮外，还可平衡制动鼓或制动盘以及车轮法兰，具体操作参见有关车上平衡机（即就车式平衡机）的使用说明，如图 2-14 所示。

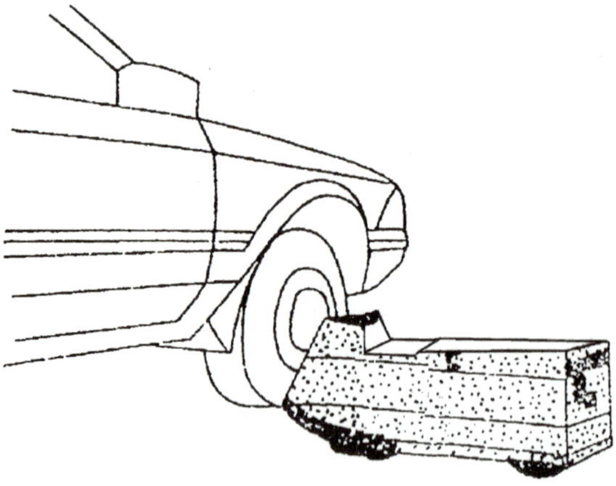

图 2-14　就车式车轮动平衡

7. 车轮的车下平衡

　　车下平衡是指将车轮拆卸下来，安装在平衡机上，对车轮进行单独平衡。车下平衡比车上平衡精度高。

◆　**2.5　轮胎磨损**　◆

2.5.1　轮胎磨损的影响因素

轮胎在路面上滑动时所产生的摩擦力，会使胎面和其他橡胶面遭受磨损或损坏，这就是轮胎磨损。轮胎磨损因充气压力、载荷、车速、制动、路面条件、温度及其他因素的不同而异。

1. 充气压力的影响

充气压力不足，会使胎面在与路面接触时产生过量挠曲，从而加速轮胎磨损，如图2-15所示。

2. 车速的影响

作用在轮胎上的驱动力和制动力、转向时的离心力以及其他作用力，与车速的平方成正比（图2-16），因此提高车速会使这些作用力急剧增大，同时也增大了胎面与路面的摩擦力，从而加速了轮胎磨损。除了上述因素之外，路面条件也对轮胎磨损有很大的影响，粗糙的路面比平坦的路面更磨损轮胎。

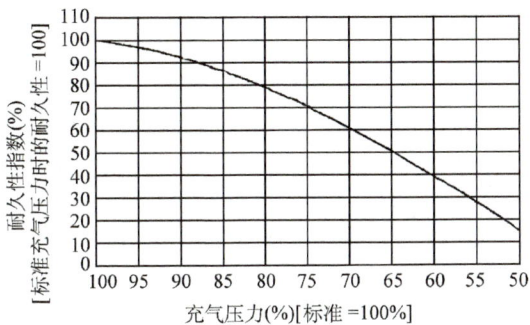

图 2-15　充气压力与轮胎磨损的关系

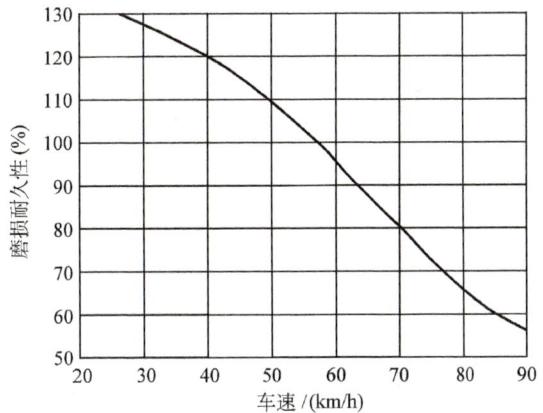

图 2-16　车速与轮胎磨损的关系

3. 载荷的影响

与充气压力的作用完全相同，较大的载荷也会加速轮胎磨损，如图 2-17 所示。在转向过程中，重载车辆也会使轮胎磨损加快。这是因为转向过程中，较大的离心力使车辆产生了较大的转向力，从而使轮胎与路面之间产生了较大的摩擦力。

4. 轮胎均匀性的影响

轮胎均匀性一般是指轮胎质量、尺寸及刚度的均匀性。

对于质量分配的均匀性，通过平衡车轮来解决，车轮平衡分为静平衡和动平衡。

如果尺寸不均匀，轮胎会出现偏摆。

当轮胎的刚度不均匀时，会出现径向偏摆和/或轴向偏摆。

2.5.2 车轮的平衡

由于发动机、操纵系统、制动性能以及车身空气动力学方面不断改善，使汽车车速得以不断提高。高速行驶时，不平衡的车轮总成（盘式车轮加上轮胎）会产生振动，并通过悬架部件将这一振动传至车身，从而使驾驶人和乘客感到不适，如图2-18所示。所以，要正确地平衡车轮总成，以消除这种振动。

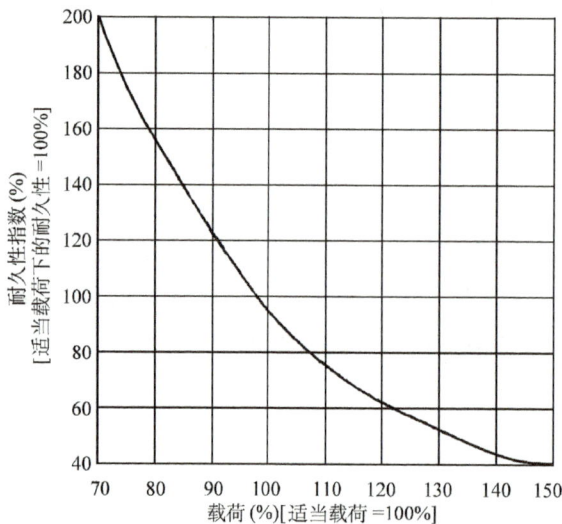

图2-17 载荷与轮胎磨损的关系

图2-18 动平衡不良造成振动的示意

1. 静平衡

将质量分布均匀的车轮总成安装在轴颈上，如果轮胎质量绕车轮轴线均匀分布，车轮上某一特定点便可在任何位置上处于静止状态。在这种情况下，便可以认为车轮总成已静态平衡，如图2-19所示。静平衡指的是静止状态下的径向质量平衡。

2. 动平衡

动平衡则是指在车轮转动的轴向质量平衡，如图2-20所示。其中，A和B是轮胎上的两个重块。假设：G_0为轮轴中心；G_1为重块A的重心；G_2为重块B的重心；F_1为重块A的作用力；F_2为重块B的作用力；F_A为重块A的切向力；F_B为重块B的切向力。据此分析，车轮总成处于静止状态下，没有动态不平衡。

2.5.3 偏摆

偏摆是指轮胎转动时轮胎尺寸的波动，它包括径向和轴向偏摆，如图2-21所示。

2.5.4 均匀性

轮胎受到载荷作用就会出现挠曲，其表现与弹簧相似。由于胎面、胎体、束带以及橡胶等构成轮胎的材料，不是绕轮胎圆周均匀分布的，故轮胎的刚度也不均匀。

当轮胎转动时，在其挠曲方向产生微小的波动，会使轮胎从路面接受到的作用力产生周期性变化，其应力分解为三个分力，如图2-22所示。

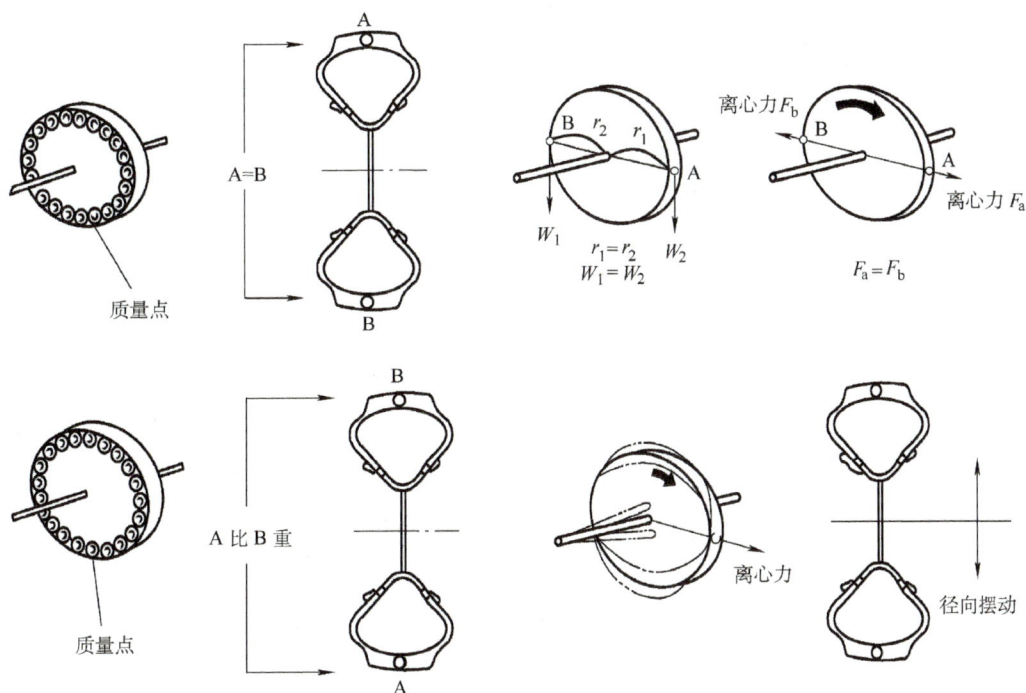

图 2-19　轮胎静平衡示意

1）径向力的变化（RFV）：向上作用在轮胎中心的垂直作用力的波动（与轮胎半径平行）。

2）横向力的变化（LFV）：平行作用在轮胎轴上的水平力的波动。

3）牵引力的变化（TFV）：平行作用在轮胎运动方向上的水平力的波动。

在上述作用力中，RFV 最为重要。实际上，汽车使用有高 RFV 的轮胎时，垂直作用的径向力变化将会施加在车桥上，从而导致车辆高速行驶时有过大振动。

轮胎均匀性，一般用均匀性测试器测量。当轮胎慢慢转动时载荷通过圆筒作用在轮胎上，圆筒轴线与轮胎轴线之间的距离保持不变。测试器测试出轮胎均匀性的变化，从而导致载荷量改变（以千克为单位），载荷量的变化越小，则均匀性越好，如图 2-23 所示。

2.5.5　轮胎的故障分析及排除

轮胎的不正常磨损主要分为如下几种情况：

1. 胎肩或胎面中间磨损

集中在胎肩上或胎面中间的磨损，主要是由于未能正确保持气压所致。如果轮胎气压低，轮胎的中间便会凹入，将载荷移到胎肩上，使胎肩磨损快于胎面中间，如图 2-24 所示。

另一方面，如果充气压力过高，轮胎中间便凸起，承受较大的载荷，使轮胎中间磨损快于胎肩。

故障排除步骤如下：

1）检查驾驶条件。如果超载，向车主提出建议；如果不超载，进行下一步。

2）检查充气压力，如果充气压力不当（过大或过小），调整充气压力；如果充气压力

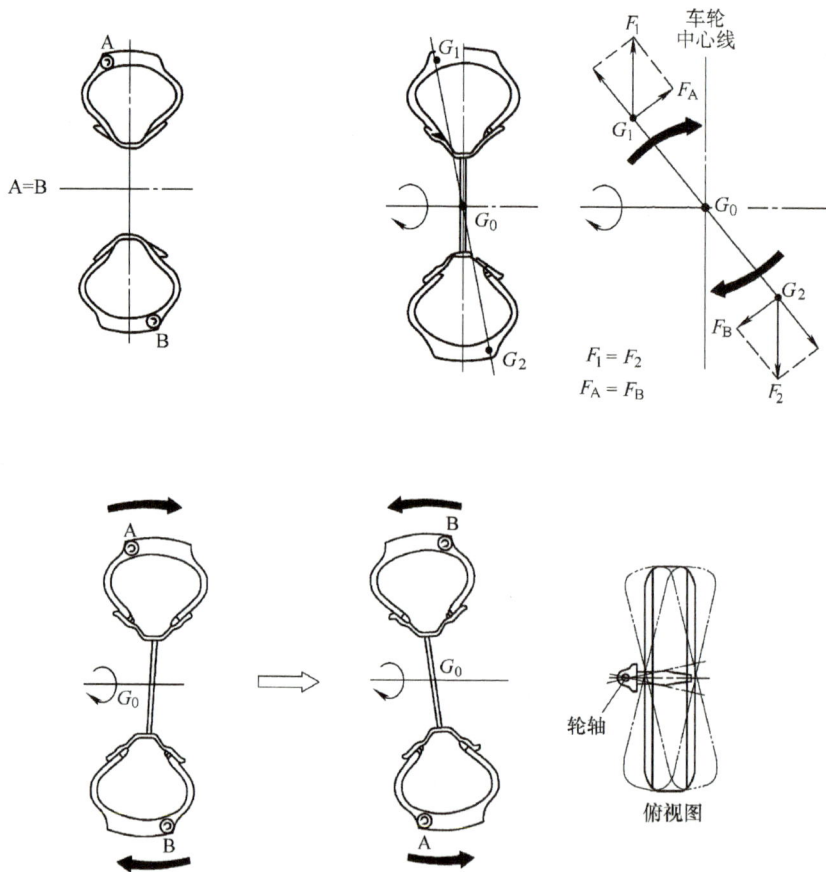

图 2-20　轮胎动平衡示意

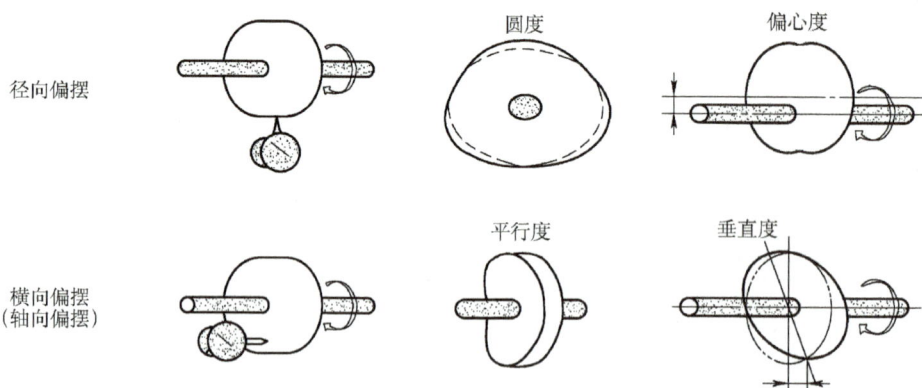

图 2-21　轮胎偏摆示意

正常，进行下一步。

3）进行轮胎换位。

2. 内侧磨损或外侧磨损

形成内侧磨损或外侧磨损的可能原因有外倾角不正确、悬架部件变形间隙过大、急转向等，如图 2-25 所示。

轮胎可视为一个弹簧压缩体

横向力的变化

牵引力的变化

径向力的变化

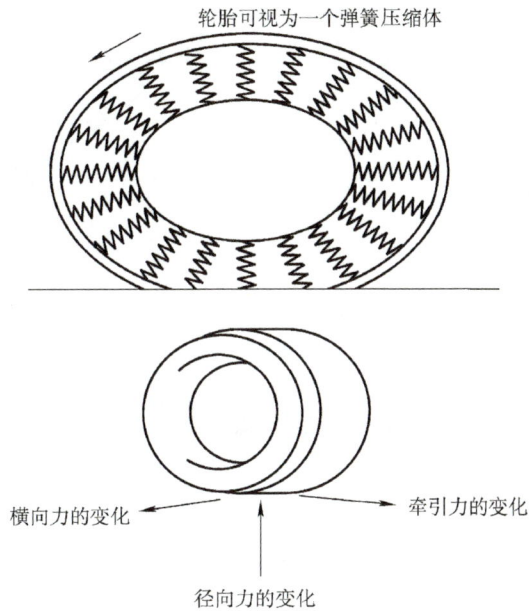

图 2-22 轮胎转动时的力学分析

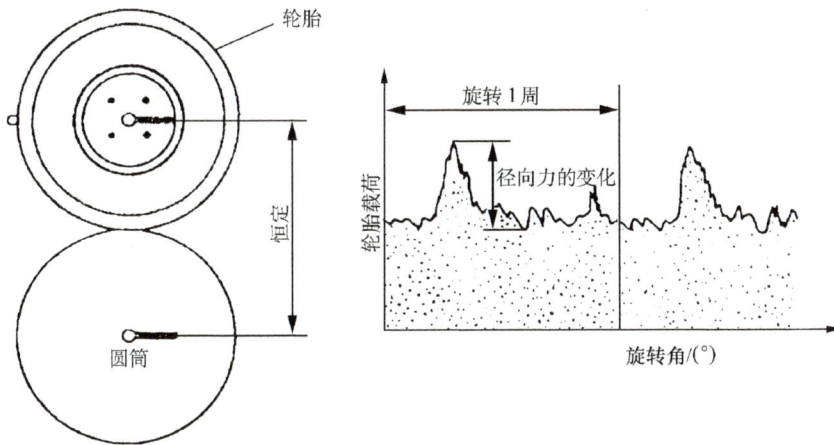

轮胎

恒定

圆筒

旋转 1 周

径向力的变化

轮胎载荷

旋转角/(°)

图 2-23 轮胎的均匀性

故障排除步骤:

1)检查驾驶条件。必要时,向车主提出建议。

2)检查悬架部件。如果变形或磨损,进行修理或更换;如果发现部件松动,按规定力矩将其紧固。

3)检查外倾角。如果不正确,校正相应外倾角。

4)进行轮胎换位。

3. 前束磨损(羽状磨损)

轮胎胎面羽状磨损的原因有不正确的前束、路面长距离凸起或凹陷等,如图 2-26 所示。

羽状磨损的故障排除步骤如下:

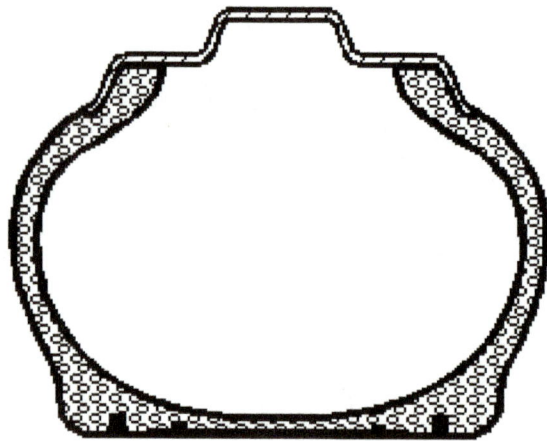

胎面中间磨损

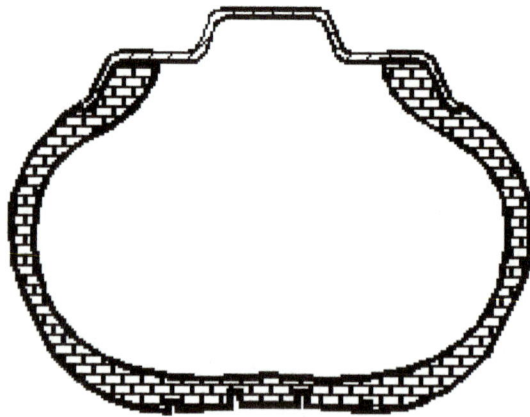

胎肩磨损

图 2-24　轮胎胎肩及胎面中间磨损

外侧胎肩磨损

转弯磨损　　　　内侧磨损　　　　外侧磨损

内侧　　　　内侧

图 2-25　轮胎单侧磨损

1）检查前束。如果前束过大或过小，需按标准校正；如果前束正确，进行下一步。

2）进行轮胎换位。

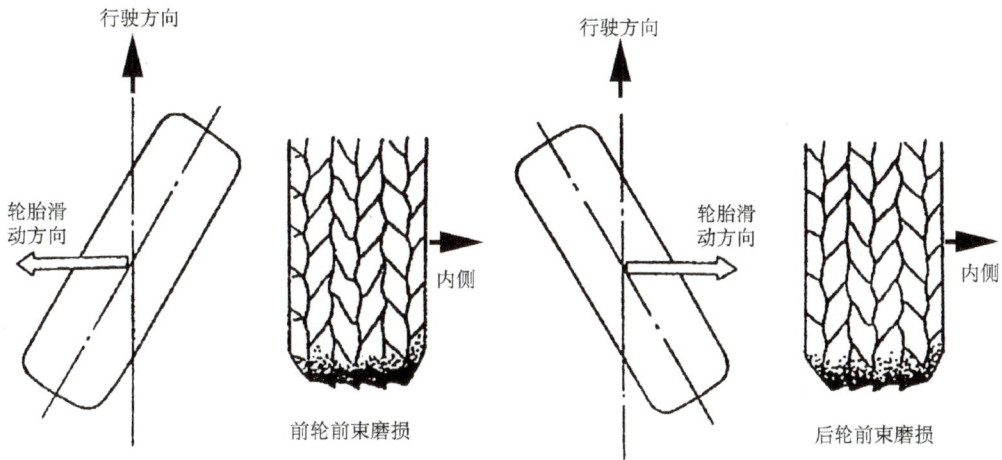

图 2-26　轮胎羽状磨损

> **特别提示：**
>
> ＊ 如果两侧的轮胎都出现这类磨损，则表示前轮定位不当。如果只有一只轮胎出现这类磨损，则可能是转向节臂弯曲所致。转向节臂弯曲会使某一车轮的前束或后束大于另一车轮的前束或后束。

4. 前端和后端磨损

轮胎的前端和后端磨损是一种局部磨损，常常出现在具有横向花纹和纵向折线花纹的轮胎上。后端磨损的原因是，当制动时，非动力车轮发生短距离滑动而形成的；前端磨损的原因是，动力轮在驱动力作用下所形成的，如图 2-27 所示。

轮胎前后端磨损的故障排除步骤如下：

1）检查充气压力。如果充气不足，充气到规范值；如果胎压正常，进行下一步。

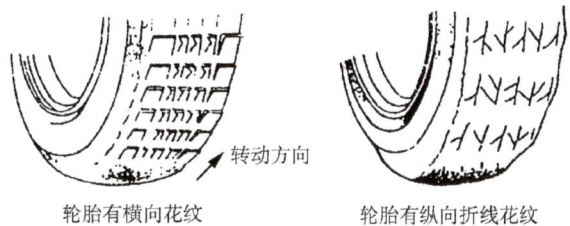

图 2-27　轮胎前后端磨损

2）检查车轮轴承。如果出现磨损或松动，进行调整或修理，或更换轴承；如果轴承正常，进行下一步。

3）检查外倾角和前束。如果外倾角或前束不正确，按规范进行校正。

4）检查轴颈或悬架部件。如果发生损坏，进行修理或更换；如果没有问题，进行下一步。

5）进行轮胎换位。

5. 斑状磨损（环状槽形磨损）

斑状磨损是由于车辆在高速行驶时，车轮发生摆振造成的。斑状磨损可能出现一处或多处，如图 2-28 所示。导致车轮摆振的因素有车轮轴承、球节、横拉杆、直拉杆等部件的间隙过大或轴颈弯曲。

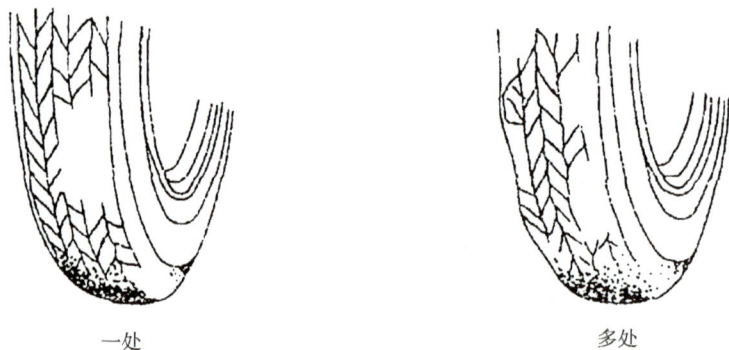

一处　　　　　　　　　　　　　　多处

图 2-28　轮胎斑状磨损

特别提示：

* 为了修补扎破的轮胎面而粘上的帆布补片或由于轮胎各胶层出现分离，也会导致轮胎斑状磨损。
* 突然地起动、制动、转向，也会导致斑状磨损。
* 车轮总成过分不平衡，也会导致斑状磨损。

轮胎斑状磨损的故障排除步骤如下：

1）检查车轮轴承。如果发现有磨损或松动，进行调整或更换；如果轴承良好，进行下一步。

2）检查球节和转向横拉杆球头。如果磨损，进行相应更换；如果没有问题，进行下一步。

3）检查制动器。如果有拖滞现象，进行维修或更换；如果良好，进行下一步。

4）检查车轮定位。如果有问题，需做车轮定位检测及调整；如果没有问题，进行下一步。

5）检查车轮平衡。如果有问题，进行静平衡和动平衡调整；如果良好，进行下一步。

6）检查车轮偏摆。如果车轮偏摆过大，校正或更换轮胎或车轮。

◆　2.6　轮胎检查与车轮定位　◆

轮胎的状态与车轮定位有着密切关系。通过检查车辆所使用轮胎的状态，可分析判断出车轮定位的故障原因。

车轮定位正确、轮胎充气正常时，轮胎没有异常磨损，如图 2-29 所示。

彻底检查轮胎有助于诊断某些四轮定位问题。轮胎磨损状态与外倾角和前束密切相关。单侧磨损有可能是外倾角或前束问题所致。如果诊断出后轮胎有横向台阶磨损，意味着后轮外倾角和/或前束需要校正。

　　轮胎磨痕状态也有助于诊断其他问题。中央胎面磨损通常表明胎压过高，如图 2-30 所示；轮胎双肩磨损通常表明胎压低或转向部件松旷，如图 2-31 所示；羽状磨损或齿状磨损通常表明前轮有严重的前束问题，如图 2-32 所示；单肩磨损可能是车轮动平衡问题和/或减振器或其他悬架部件损坏，如图 2-33 所示。

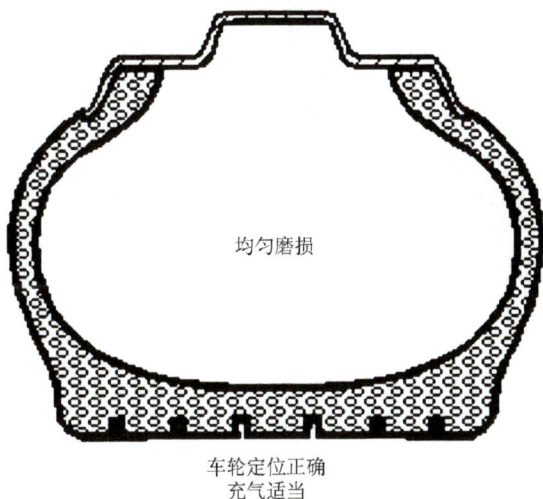

均匀磨损

车轮定位正确
充气适当

图 2-29　正确定位和充气的轮胎

中央磨损

充气过度

图 2-30　充气过度的轮胎

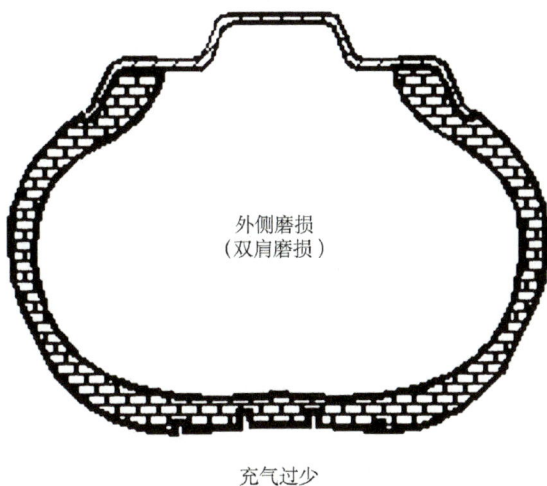

外侧磨损
（双肩磨损）

充气过少

图 2-31　充气过少的轮胎

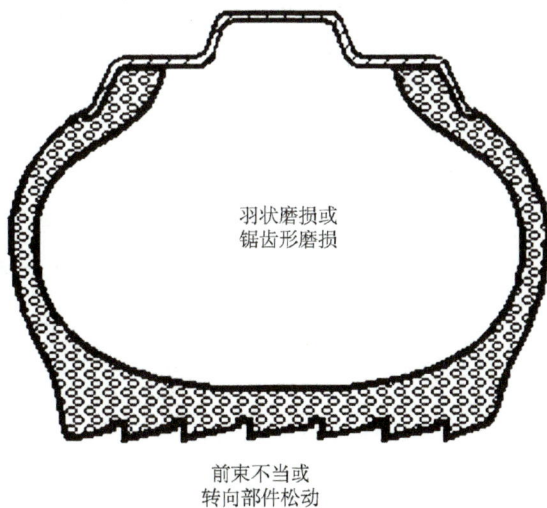

羽状磨损或
锯齿形磨损

前束不当或
转向部件松动

图 2-32　有前束问题的轮胎

　　最好需要检查轮胎的一些不明显情况，检查内容如下：

1. 检查轮胎尺寸

　　车辆上所有轮胎高度应一致。轮胎应按制造商的推荐值进行充气，参考轮胎说明或标有正确充气压力的车辆标签。车辆标签可能在发动机舱盖下、车门立柱上或汽车仪表板隔板上。这些标签可能也标有正确的轮胎尺寸。

单肩磨损

外倾角问题

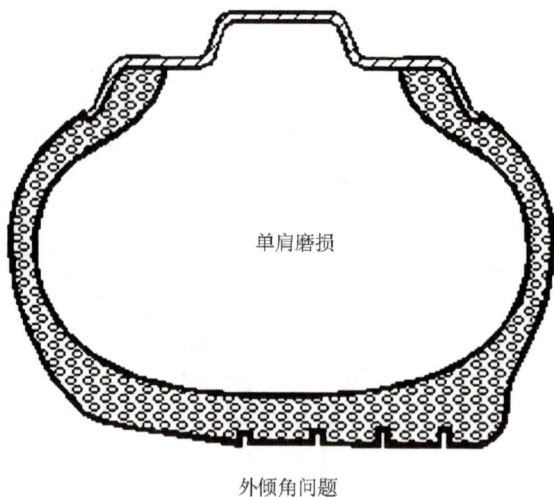

图 2-33　有外倾角问题的轮胎

2. 检查轮胎损坏

检查所有通用型轮胎胎面状态。

3. 检查轮胎品牌

如果轮胎品牌不同，这会引起方向跑偏（车轮定位不正确）。

4. 测量每侧轮胎高度

确保没有被遗漏的轮胎问题。如果驾驶人抱怨有振动问题，请检查每个轮胎不平衡量，如果需要，对轮胎做动平衡。

特别提示：

* 在做车轮定位之前，应该解决所有与轮胎有关的问题。

第3章

四轮定位基础知识

━━━━━━━━━━━━━━━ ■ 学习提示 ■ ━━━━━━━━━━━━━━━

　　汽车定位技术不断更新变化,本章旨在给您打下一个坚实的基础知识,而不是在此"教会您一切"。本章重点讲解车轮定位常识、车轮定位角度的基本信息,告诉您它们有什么作用,如果其调整不当会导致什么问题。

◆━━━━━━ **3.1 车轮定位常识** ◆━━━━━━

3.1.1 什么是四轮定位

现代汽车中，为了使汽车直线行驶、转向轻便、操控性好，减少轮胎非正常磨损及相关部件的磨损，在轮胎和前、后轮的悬架系统均设置车轮定位角度，也就是四轮定位参数。四轮定位对于保证车辆的舒适性和安全性至关重要，然而由于更换轮胎或减振器、机械的磨损、机件在剧烈颠簸中疲劳变形，或车架和机件在碰撞后变形，都会导致四轮定位参数发生变化。因此，一般新车在驾驶三个月后就应做四轮定位检测，以后每行驶16000km，或更换轮胎及减振器时，或发生碰撞后，都应及时做"四轮定位"，检测其是否符合原车标准，并及时进行维修与调校。

四轮定位是指以后轮平均的推进方向为定位基准，来测量及校正四轮相关的定位角度，使车辆在行驶时，车轮、悬架系统元件以及转向系统元件能保持适当的几何关系，使驾驶人能正确地、舒适地驾驶车辆，保证汽车行驶的稳定性和安全性，减少汽车的磨损和油耗，延长轮胎及底盘相关零件的使用寿命。

3.1.2 为什么要做四轮定位

车辆在出厂时，其悬架定位角度都是根据设计要求预先设定好的，用来保证车辆驾驶的舒适性和安全性。车辆在使用中，这些定位角度会由于悬架系统零件的磨损、路面颠簸、交通事故、更换相关零件以及更换轮胎等原因而发生变化。改变定位角度，就有可能产生轮胎异常磨损、油耗增加、转向沉重、转向盘不正或抖动、行车漂浮、偏向行驶等现象。良好的四轮定位能够使车辆保持相对稳定的直线行驶，并且使转向轻便，减少轮胎与转向机构的磨损，降低油耗，增加车辆的高速稳定性能、操纵性能，减少驾驶疲劳，提高驾驶安全性能。在汽车维修领域，四轮定位是非常重要的维修手段。

汽车为什么要做四轮定位？

我们要从汽车的构造说起。就以最为常见的轿车为例，轿车的转向车轮、转向节和前轴三者之间的安装具有一定的相对位置，这种具有一定相对位置的安装叫作转向车轮定位，也称前轮定位。前轮定位包括主销后倾（角）、主销内倾（角）、前轮外倾（角）和前轮前束（角）等四个主要基本定位角度，这是对于两个转向前轮而言。对于两个后轮来说也同样存在与后轴之间安装的相对位置，称后轮定位。后轮定位包括车轮外倾（角）和后轮前束（角）等两个主要基本定位角度。前轮定位和后轮定位总称起来就叫四轮定位。

特别提示：

　＊ 汽车定位测量分为两大类：一是动态测量，二是静态测量。动态测量主要应用在汽车总装生产线上，动态定位测量设备昂贵。维修时，绝大多数采用的是静态测量方式。

那么汽车在设计时为什么要预先设定车轮定位角度呢？实际上，在绝大多数维修厂做四轮定位测量时采用的是静态测量方式。也就是说，在测量时汽车车体处于相对静止状态。由于汽车的自重、载重范围、用途、使用区域不同，各汽车悬架系统构造和软硬程度也有所不同。为了行驶的安全性、轮胎磨损最小化，汽车在运动（直行和转向）时，要保证车轮平面与车辆行进方向一致（直行时平行，转向时同心），且车轮相对于地面处于垂直状态，如图3-1和图3-2所示。汽车在设计时，通过对样车的行进状态进行反复测算，计算出车辆在静态时的各个定位角度值区间，即我们所说的汽车四轮定位规范值。

由于车辆设计不同，有的车轮定位角度可调，有的车轮定位角度不可调。做四轮定位就是通过四轮定位仪，检测出被测车辆的各车轮定位角度值是否符合原厂标准。如果不符合规范，可作随机调整。只有车辆的定位数据准确，它的操控性能、稳定性能才能达到最佳状态，轮胎的寿命才能达到最长。四轮定位的作用就是要使汽车保持稳定的直线行驶和转向轻便，并减少汽车在行驶中轮胎和转向机件的磨损。

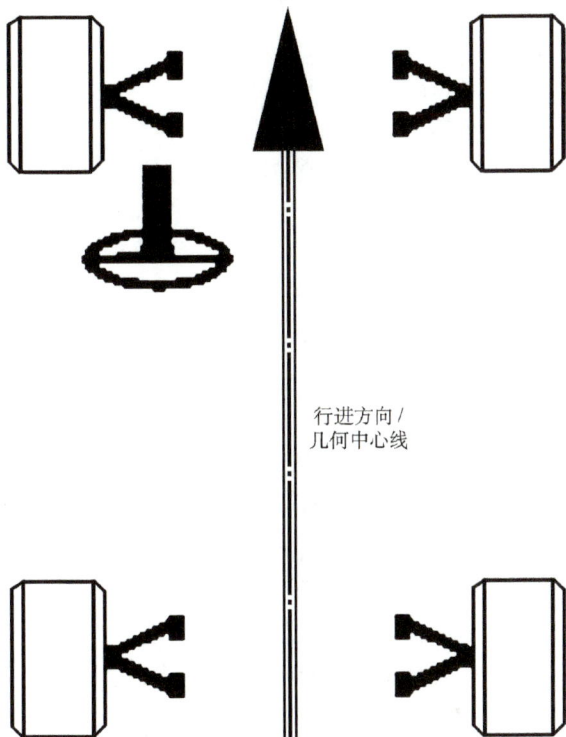

行进方向 /
几何中心线

图 3-1　汽车直行时俯视图

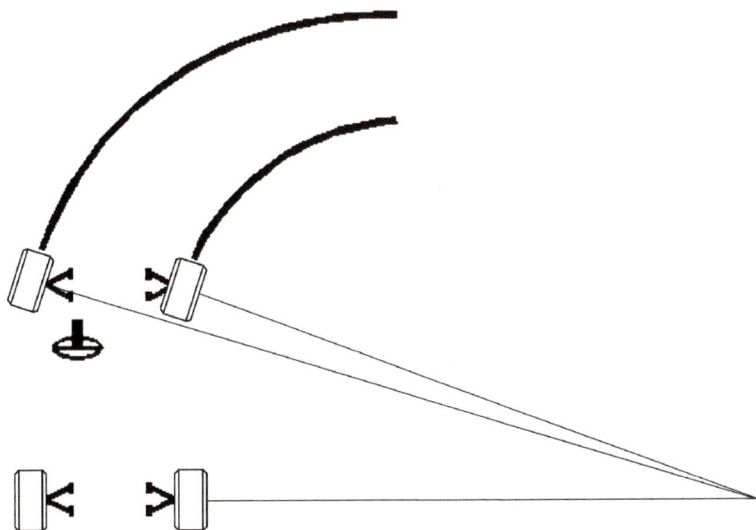

图 3-2　汽车转向时俯视图

也就是说，当驾驶人感到转向沉重、转向盘发抖、车辆跑偏、转向盘不正、转向轮不能自动回正，或发现轮胎有单边磨损、羽状磨损、块状磨损、偏磨等不正常磨损，以及车感飘浮、振颤、摇摆等不正常的驾驶感觉时，就应考虑做四轮定位了。

简要地讲，对汽车做四轮定位会有如下益处：

1）增加行驶安全。
2）直行时保持转向盘正直。
3）转向后转向盘自动回正。
4）减少燃油（或燃料）消耗。
5）减少轮胎磨损。
6）维持直线行车。
7）增加驾驶控制感。
8）降低悬架部件磨损。

3.1.3 检查车辆四轮定位的时机

通常当出现以下情况时，应考虑进行四轮定位参数的检测并适时调整：

1）新车使用3000km以后，每行驶16000km。
2）更换新轮胎或轮胎出现异常磨损。
3）直行时转向盘不正、抖动或出现偏向行驶。
4）车身出现蛇行、漂浮或摇摆。
5）更换悬架或转向系统的新零件。
6）车辆发生碰撞事故。
7）转向时出现异常手感。
8）经过过度颠簸与冲击的路况行驶。

特别提示：

＊很多技术人员对四轮定位仪的使用都存在一些模糊的认识，在操作中存在一些误区，甚至不清楚车辆完全修好的严格标准，在此针对四轮定位仪的使用，谈谈如何用好四轮定位仪。具体内容参见"3.1.4"至"3.1.7"。

3.1.4 科学的四轮定位作业流程

如何进行四轮定位才能保证测量准确呢？

四轮定位的主要作业流程如下：与客户一起进行路试，再现并确认故障现象；检查车身高度、检查轮胎、检查与故障现象相关的悬架零件与组件的磨损状况（如车辆偏向行驶，需检查制动系统及车辆的滑行情况），必要时进行更换或修复；进行四轮定位检测与调整；与客户一起进行路试并共同确认故障现象是否消除。

3.1.5 引起测量误差的几个原因

评价一次四轮定位的结果究竟如何，首先就是看测试准确度。要做好测量工作，必须充分保证测试准确度，这就必须高度重视可能出现误差的地方。一个好的技术人员必须清楚地认识到可能出现误差的地方，并懂得如何最大限度地减小误差。四轮定位仪在测量中可能出现误差的地方有以下三个：

1. 由设备元件出现的误差

四轮定位仪有自检的软件和检查测量准确度的功能，以及将传感器调节到准确位置的操作指导。如果对测量设备进行非规范操作或不完善的维护，将会出现测量误差。

2. 由测量平台引起的误差

有些厂家的四轮定位仪具有平面校准功能，对于测量平台的微小误差可以通过校正程序自动进行校正，但是如果四轮定位仪没有这一功能，就要对因测量平台引起的误差加以重视了。四轮定位仪要求有很高的精度，因此以重力为参考基准的定位仪对测量平台提出了较高的要求：

1）测量平台应在车间安置好，以使汽车能直线行驶上去。

2）在选择测量用四柱举升机时要考虑到：在四个支柱的测量板上，能通过两个甚至三个工作高度的调节使汽车行驶轨道能被准确地校准，以得到良好的稳定性。

3. 尽量减小操作误差

为避免操作误差，很多四轮定位仪提供了一个帮助文本。有的四轮定位仪对每一步测量可以通过"?"或"确认/取消"键来求得帮助。以避免操作不当对定位产生影响。操作误差总是存在的，误差是不可避免的，但是可以尽量减小。四轮定位是一个非常严谨而又复杂的检测过程，只有将系统的专业理论同丰富的定位实践相结合，四轮定位仪才能为汽车做好"定位"。

3.1.6　避免进入日常使用误区

目前，国内维修技术人员在四轮定位仪使用过程中尚存在许多误区，除了缺乏足够的专业理论知识之外，很多情况是对四轮定位操作常识缺乏必要的了解，主要表现在以下几个方面：

1）定位操作过程中忽视对基本情况的检查。

2）在对四轮驱动的越野车辆、加长型车辆进行测试时，往往不对汽车或设备重新进行调试。

3）四轮定位时只做两个前轮、调整外倾角，不用外倾角专用调整器，后倾角几乎不调整。

4）调整顺序不当导致定位不准。

3.1.7　定期校准四轮定位仪

为了保持四轮定位仪的长期准确可靠性，对以重力为参考基准的四轮定位仪需要定期（可分为三个月、六个月或一年不等）校准。

3.2　定位角度入门

多年来，汽车制造商了解到他们的产品在使用一段时间后会老化和磨损，如：弹簧老化，开始变形；悬架部件和转向部件磨损、松旷；车架弯曲或轻度变形。所有这些情况都会使驾驶失去乐趣。这也使油耗变得更高，加速部件磨损，加剧轮胎磨损。

　　为了减少这些问题，汽车制造商设计了一种调整悬架和转向系统的方法。这些调整允许技术人员补偿相应变化所产生的磨损。针对特定车型，汽车制造商制定出一套带有容许公差的车轮定位规范，用以检测车辆，并将测量值与规范值进行比较。那些不在公差范围内的测量值必须调整。正像任何检测参数（如制动蹄厚度或火花塞间隙）一样，必须使用一个可靠、准确的检测设备。依照推荐值来检测和调整后，这些定位角度应能恢复车辆原始设计的驾驶性能、车身高度和轮胎寿命。

◆ 3.3　主要定位参数及其作用 ◆

　　《汽车和挂车的术语及其定义》（GB/T 3730.3—1992）规定了关于车轮定位有关参数的定义，考虑了有些汽车车桥无主销的结构，注意到有关零件和几何要素（面、线、点）相对位置的空间性，淡化了前束、外倾、后倾等参数的单一方向性，明确了前束测量的具体位置。随着汽车技术的发展，前轮定位的作用和取值范围也有较大的变化。

　　从行车的设计上汽车有两个重要的旋转轴：

　　1）汽车转向车轮转动时假想的转向轴线，即主销。

　　2）车轮在滚动时的滚动轴，即轮轴。

　　主销后倾角和主销内倾角都是转向轴线的两度空间角度；外倾角和前束都是车轮滚动轴线的两度空间角度。

　　有关四轮定位各角度的定义及其功能，是比较容易理解的，但在四轮定位、底盘维修具体应用时往往很难将遇到的问题孤立考虑，其原因在于车体底盘的结构，所有四轮定位角度都是通过底盘的机械构件相连接的。具体讲，如下：

　　1）改变前束角会变动外倾角。由于改变前束角时车轮会沿着转向轴转动，因此外倾角会变动。后倾角越大其外倾角改变越大。

　　2）调整后倾角会改变车轮偏角。当后倾角加大或减小时，由于转向轴上支点、下支点随之向前或向后移动，加大或减小后倾角时会使前轮向前或向后滑动，因而改变了车轴偏角。为使前轮前后自由滑动，使用的转盘也必须具有前后滑动的功能。

　　3）改变外倾角同时改变了内倾角，改变内倾角会造成外倾角改变。不同的悬架结构有不同的外倾角调整方法。如果向左右移动上支点或移动下支点，则不但外倾角改变，其内倾角也会随之改变。因此即使外倾角被调标准了，但由于内倾角的变化，车辆行驶仍不平顺。这样解决了一个问题，同时又制造了另一个问题。

　　4）后轮前束角改变会影响前轮单侧前束角。高级四轮定位是以推进线定位方法来确定前轮前束。而后轮前束角决定后轮推进角，因此改变了后轮前束角会造成推进线改变。虽然前轮总前束并没有改变，但由于前轮单侧前束的基准线（推进线）变动了，因此单侧前束也会跟着变动，如图3-3所示。

3.3.1　外倾角

1. 外倾角的定义

从汽车正前方看，汽车车轮的顶端向内或向外倾斜一个角度，称为车轮的外倾。车轮平

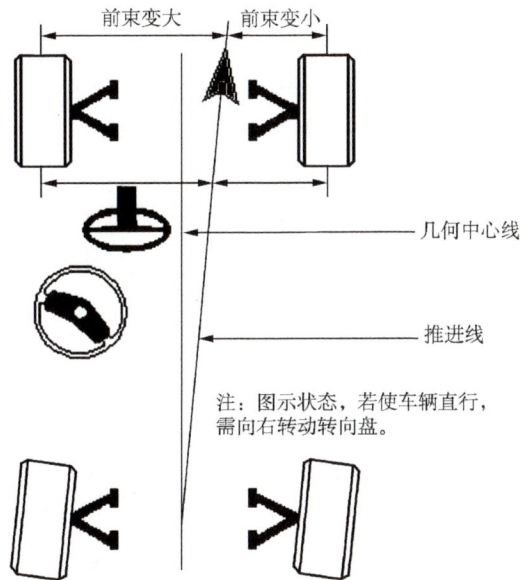

图 3-3　推进角对前轮前束的影响

分面偏离铅垂线所形成的夹角，称为外倾角。

如果轮胎上端向车辆外侧倾斜，外倾角是正值（即向"外"为正），以正号（＋）表示；如果轮胎上端向车辆内侧倾斜，外倾角是负值（即向"内"为负），以负号（－）表示；轮胎竖直时，外倾角是零（0），如图 3-4 所示。

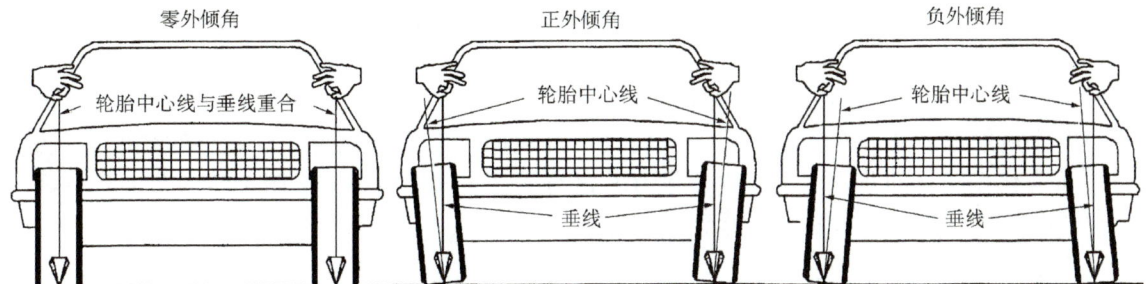

图 3-4　车轮外倾角定义

特别提示：

＊ 如果得到的定位读数是"0"，不意味着没有外倾角读数。它是外倾角的实际测量值，且通常是规范值。

所测量的正负外倾角值是相对于竖直位置（铅垂线）的角度值。外倾角测量是以度数表示的。"＋1°"读数意指轮胎相对于竖直位置向车辆外侧倾斜1°。有些外倾角规范值以度和分数表示，如"＋3/4°"；有些外倾角规范值以十进制的度数表示，如"＋0.75°"；有些外倾角规范值以度和分表示，如读数" +0.45′"，意为0°45′，或3/4°。

2. 外倾角的作用

（1）概述 轮胎是车辆上惟一与道路接触的部件，车体重量通过轮胎传到路面。每个轮胎必须支撑车重的1/4。如果以人的身体作类比，轮胎是脚，每只脚支撑体重的一半。以脚外侧走路时，好比汽车正的外倾角。如果像这样行走数千公里，你的鞋会怎样呢？鞋的外侧会磨损。另外，你或许会注意到外脚踝疼痛和肿胀。那是因为你的体重直接通过外脚踝，而不是通过两个脚踝之间。对于汽车，脚踝就是车轮轴承，过大的外倾角会引起轴承早期磨损，尤其对正外倾角情况和外侧车轮轴承磨损更为严重。

（2）零外倾角的作用 不管采用正外倾角或负外倾角，由于车轮内侧和外侧转动的半径不一致，而车轮转速相同，必然造成车轮内、外磨损不均。所以采用零外倾角的主要原因，是防止轮胎不均匀磨损，如图3-5所示。

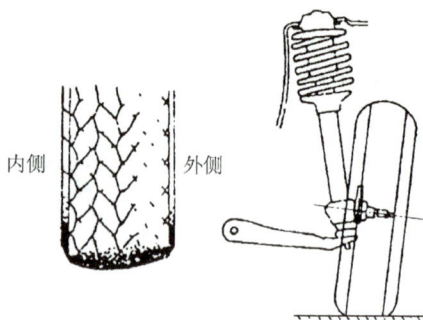

内侧　外侧

图3-5　零外倾角的作用

（3）设置外倾角的作用 外倾角设置必须正确，有如下原因：

1）优化轮胎面，与路面保持接触。

2）有助于确定悬架的最佳负荷点。

3）如果外倾角不正确，可能引起车辆跑偏或侧倾。

4）与其他角度共同来诊断弯曲悬架部件。

外倾角的作用就是增加汽车直线行驶的安全性。当有外倾角时，可使车轮在转向时偏移量减小，所以能减小转向力；另外，由于主销内倾，在垂直载荷作用下产生一施加于轴心上的分力，使车轮向内压在轴承上，以防止车轮滑脱。外倾角的作用具体如下：

作用1：减小作用于转向节上的负载。

当外倾角为零时，负载力 F' 作用在转向节与轮胎中心线交点上，而正外倾角时，负载力 F' 垂直作用于转向节头上，变成负载力 F' 的分力 F。这样减小了作用于转向节上的负载，防止转向节产生弯曲，如图3-6所示。

作用2：防止车轮滑脱。

路面的反作用力 F 与车辆的负荷大小相等，垂直作用在车轮上。F 可以分解为 F_1 和 F_2 两个力。F_1 垂直于轮轴轴线，F_2 与轴径的轴线平行，F_2 迫使车轮向内靠拢，有助于防止车轮从轮轴上滑脱。为承受这一载荷，车轮内轴承的尺寸大于外轴承，如图3-7所示。

作用3：防止因载荷作用而引起不必要的外倾角。

由于载荷作用在车辆上，悬架部件和相关衬套将产生变形，使车轮顶部会向内侧倾斜，而正外倾角有助于防止这一现象发生，如图3-8所示。

作用4：减小转向操纵力。

车辆转向就是使车轮以转向轴线为中心，借助摩擦半径，向左右转动。当轮胎的滚动阻力一定时，较大的摩擦半径会产生较大的转向力矩，也就是需要增加操纵力来实现转向。为尽可能减小转向时所需的操纵力，故通过设置外倾角可减小摩擦半径，如图3-9所示。

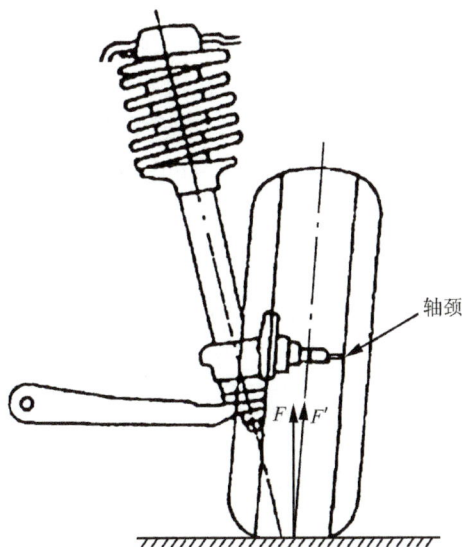

图 3-6　外倾角可减小作用在转向节上的负载

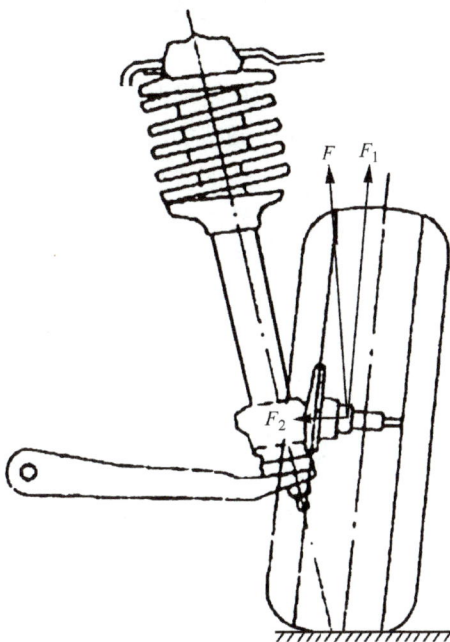

图 3-7　外倾角可防止车轮滑脱

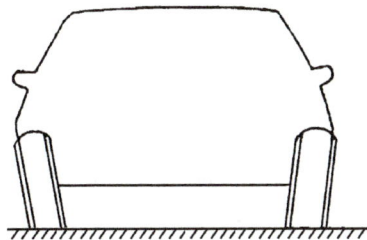

轻载时车轮的状态

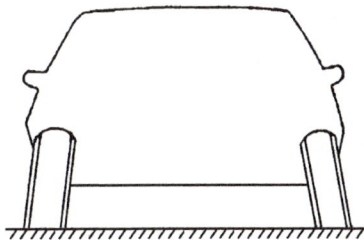

重载时车轮的状态

图 3-8　载荷对外倾角的影响

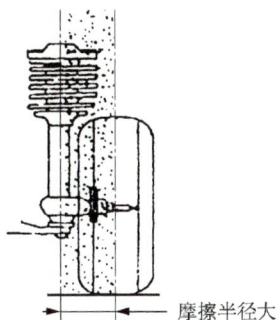

摩擦半径大

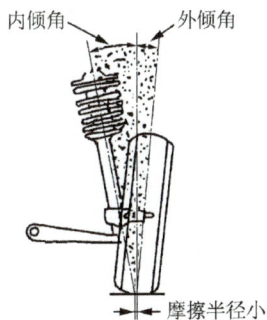

内倾角　外倾角

摩擦半径小

图 3-9　外倾角可减小转向操纵力

作用 5：减小轮胎磨损。

　　为改善前桥的稳定性，早期汽车的车轮采用正外倾角，使车辆在重载时轮胎的胎面与路面完全接触，减少轮胎的磨损。现代汽车中，由于悬架和车桥比过去坚固，加上路面平坦，采用正外倾角的车辆越来越少，而采用零外倾角或负外倾角的车越来越多，这样可以改善转向时的稳定性和行驶时的平顺性。

负外倾角的车辆在转向时外侧角减小，车辆倾斜程度也相应减小。轿车高速转向时，离心力增大，车身向外倾斜加大，产生了更大的正外倾，使外侧悬架超负载，加剧了外侧轮胎的变形。外侧轮胎与地面接触处的内外滚动半径不同（外侧小于内侧），这不仅加剧了轮胎的磨损，也会使转向性能降低。因此，现代轿车车轮外倾角减小甚至设置为负值（内倾），为的是使内外侧滚动半径近似相等，使轮胎的内外侧磨损均匀，提高车身的横向稳定性，如图3-10所示。

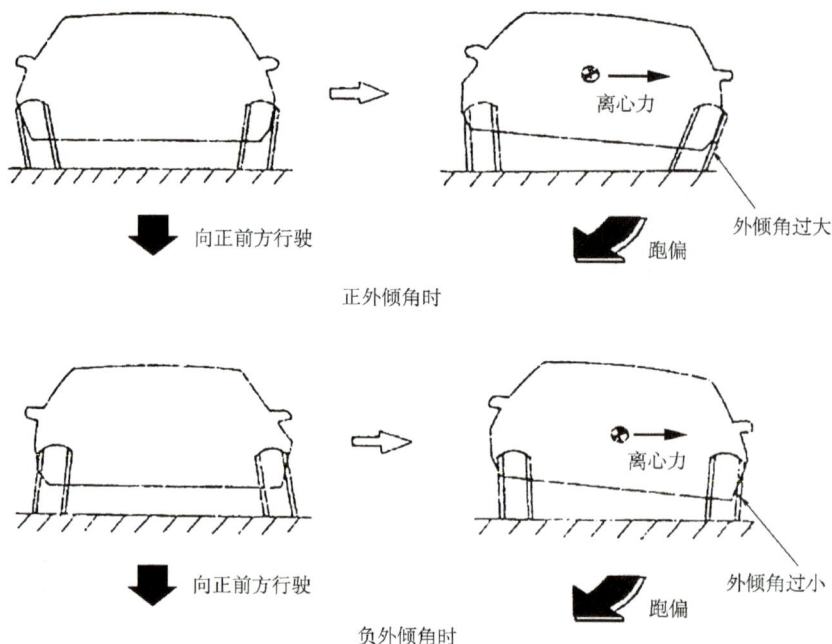

图3-10 外倾角可减小轮胎磨损

3. 外倾角的调整

对于车轮外倾角不正确的汽车（图3-11），需要进行规范调整。

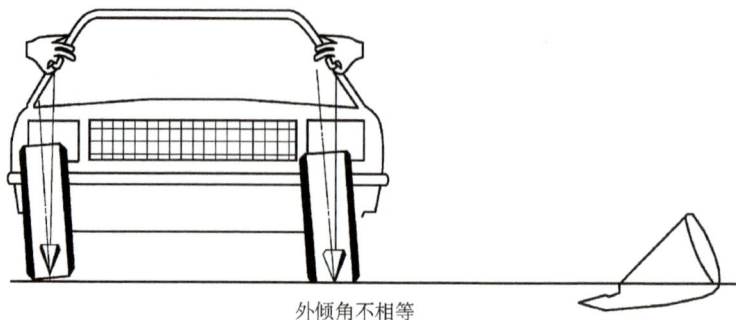

图3-11 存在明显外倾角的汽车

如果稍微倾斜轮胎，而后滚动轮胎，轮胎会直线行驶吗？会发生什么呢？

轮胎将向轮胎倾斜的方向滚动。正因如此，请记住车辆会有一个跑偏趋势或向最大正外倾角一侧偏转。两侧外倾角读数差值不应超过0.75°，除非制造商有特别说明。

通常，外倾角定位规范以如下格式标出：

最小值　　最佳值　　最大值

这些值告诉技术人员正确值（最佳值）会在最小值与最大值之间，且两侧差值要在规定值内。

举例如下：

最小值	最佳值	最大值
+0.25°	+1°	+1.75°

这些规范可指示出正确值是+1°，变化区间在+0.25°到+1.75°之间。因此我们可能会使用如下参数，两侧差值最大是0.75°：

左侧轮胎	右侧轮胎
+0.25°	+1°
+0.5°	+1.25°
+0.75°	+1.5°
+1°	+1.75°

这些值都是正确值，应该不会引起轮胎磨损或驾驶性问题。可是，如果我们以下列值设置车辆时：

左侧轮胎	右侧轮胎
+0.25°	+1.25°

尽管这些值仍在规范值内（最大值与最小值之间），但是两侧差值超出0.75°。对于该车，轮胎可能不会磨损，但可能会向右跑偏，因为右车轮有更大的正外倾角。

外倾角的调整根据各车型各有不同，调整方法也不同，主要调整方法有调整垫片、调整大梁槽孔、调整不同心凸轮、调整偏心球头、调整上控制臂、调整下控制臂等。

（1）车架与控制臂之间加减垫片　外倾角调整方法很多，较为常用的方法之一是在车架与控制臂轴之间加装调整垫片，如图3-12所示，具体调整实例如图3-13所示。当加装或拆除垫片时，控制臂向内或向外移动，因此轮胎顶部向内或向外移动。如果垫片在车架内侧，加装垫片将使控制臂向内移动，产生一个负的外倾角变化。如果垫片位于车架外侧，加装垫片将使控制臂向外移动，导致一个负的外倾角变化。当只改变外倾角时，在轴螺栓前后端垫片移动量一定相等。

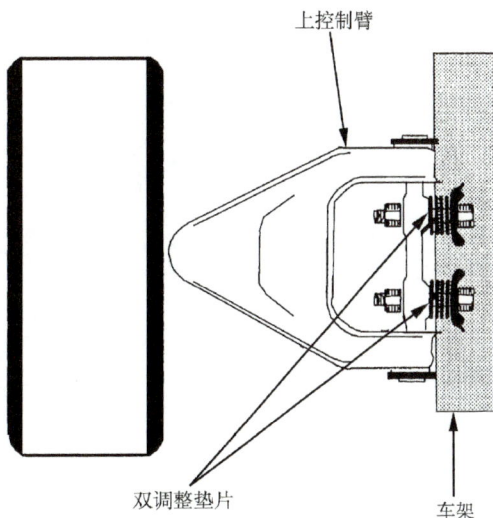

图3-12　通过垫片调整外倾角（1/2）

（2）大梁槽孔的调整　对于用车轴装配螺栓通过长孔连接到车架上的车辆，改变其外倾角是通过在长孔处等值地移动控制臂前后端来实现，如图3-14所示。

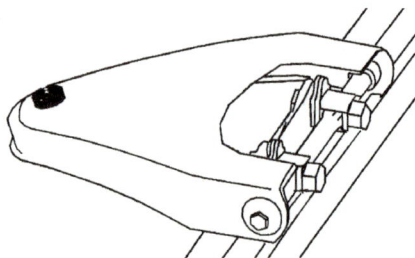

图 3-13　通过垫片调整外倾角（2/2）

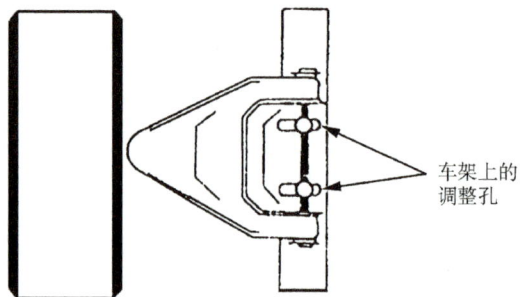

图 3-14　通过大梁槽孔调整外倾角

（3）同轴凸轮的调整　克莱斯勒汽车通常在控制臂每个支脚处使用一个偏心螺栓。以等值、同向转动每个凸轮螺栓来调整外倾角，如图 3-15 所示。

> **特别提示：**
>
> ＊有些情况下，控制臂设计成非对称式。
> 请注意：相对于另一个支脚，控制臂其中一个支脚与球节直接相连。一个支脚用于调整外倾角，另一个支脚用于调整主销后倾角。

（4）偏心球头的调整　还有一种设计，几何角度控制臂的设计是不对称的，一边是调整后倾角，另一边是调整外倾角，见图 3-16。

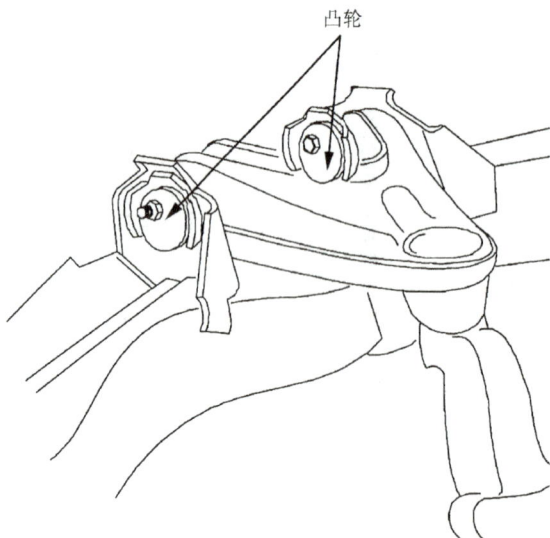

图 3-15　通过同轴凸轮调整外倾角

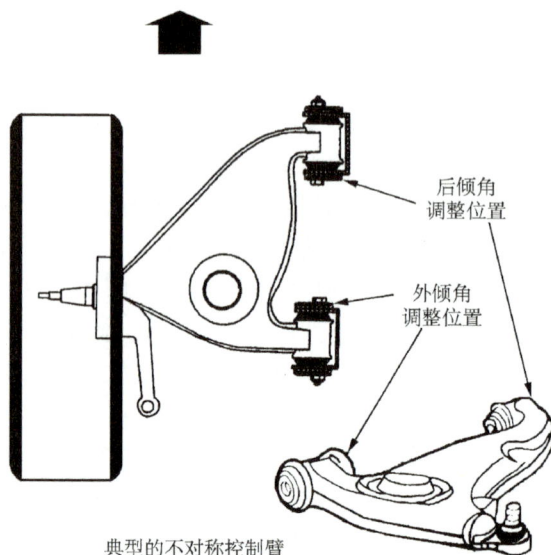

图 3-16　通过偏心球头调整外倾角

（5）减振器上支柱的调整　在减振器滑柱上方所使用的支座是由橡胶和钢板组成，称为滑柱上支座。滑柱上支座与车架相连，将减振器上支柱向内（发动机内侧）或向外移动可改变外倾角的大小，如图 3-17 所示。

（6）减振器下部的调整　有的悬架在减振器下部直接与转向节相连，在此处可通过调整（或加装）偏心螺栓来调整外倾角，如图3-18所示。

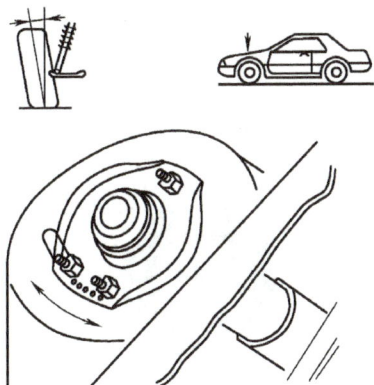

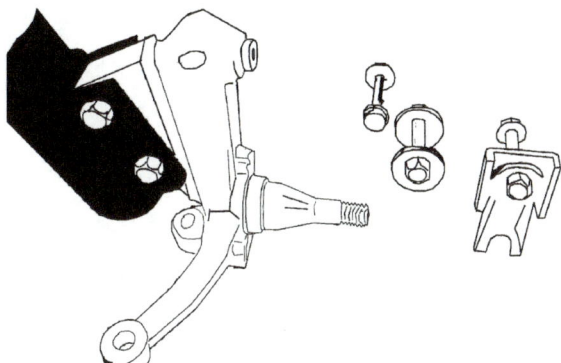

图3-17　通过减振器上支柱调整外倾角　　　图3-18　通过减振器下部调整外倾角

（7）转向节的调整　通过调整转向节的主销轴上下端，也可调整外倾角，如图3-19所示。

3.3.2　主销后倾角

1. 主销后倾角的定义

从车辆的侧面观察，上球头或支柱顶端与下球头的连线（假设的转向轴线）向前或向后倾斜，即转向轴线与地面的垂线之间的夹角为主销后倾角。主销后倾角分为正后倾角、负后倾角、零后倾角等三种。

（1）正后倾角　从车辆的侧面观察，上球头或支柱顶端与下球头的连线（假设的转向轴线）向后倾斜，即转向轴线与地面的垂线之间的夹角是正主销后倾角（即"向后为正"），如图3-20所示。过度后倾，转向困难。

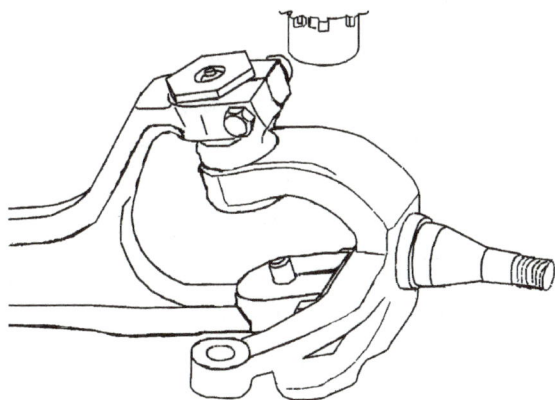

图3-19　通过转向节调整外倾角　　　　图3-20　正主销后倾角定义

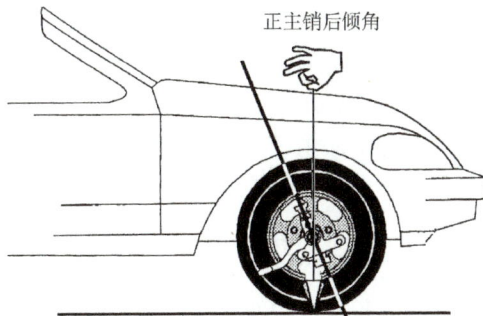

（2）负后倾角　从车辆的侧面观察，上球头或支柱顶端与下球头的连线（假设的转向轴线）向前倾斜，即转向轴线与地面的垂线之间的夹角是负主销后倾角（即"向前为负"），

如图 3-21 所示。过度前倾, 方向不稳。后倾角过小, 车易跑偏。

　　(3) 零后倾角　从车辆的侧面观察, 上球头或支柱顶端与下球头的连线 (假设的转向轴线) 不倾斜, 即转向轴线与地面的垂线重合为零主销后倾角, 如图 3-22 所示。

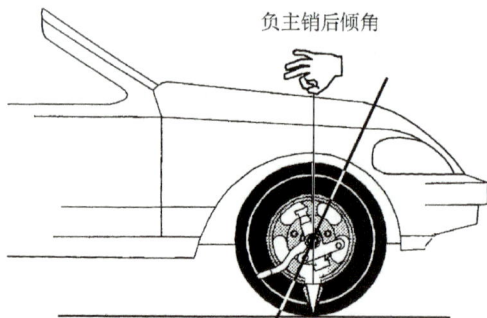

图 3-21　负主销后倾角定义　　　　　　　图 3-22　零主销后倾角定义

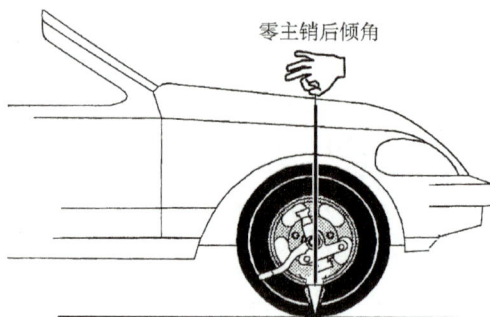

2. 后倾角的作用和影响

　　主销后倾角有助于保证正确的转向稳定性。后倾角是通过向前或向后倾斜车辆转向支点 (轴) 来实现该功能的。从车辆侧面观察, 该轴是一个通过上、下转向支点的假想线。对于 SALA 悬架系统, 这些支点可能是上、下球节。对于装备传统滑柱的车辆, 它们是下球节和上轴承板; 对于装有中心销的车辆, 中心销相当于支点。

　　通常汽车行驶过程中, 主销后倾角应为正值。主销后倾角的获得一般是在安装时, 通过悬架元件相互位置来保证的。主销后倾的作用是当汽车直线行驶偶然受外力作用而稍有偏转时, 主销后倾将产生车轮转向反方向的力矩使车轮自动回正, 可保证汽车直线行驶的稳定性。后倾角越大、车速越高, 稳定力矩越大, 但后倾角不宜过大, 否则在转向时会导致转向沉重。主销后倾角是在前桥连同悬架安装到车架时形成的。

　　主销后倾角主要功能 (方向操控稳定性) 是通过轮轴负载来实现的。如果主销后倾角是正值, 当转动前轮时, 内侧转向轮轮轴将稍微向下移动, 同时外侧转向轮轮轴将稍微向上移动。由于轮胎和车轮处在轮轴与路面之间, 轮轴不可能向下移动。结果是轮轴试图向下移动将使底盘上升, 三个力增加了轮轴负荷。由于轮轴寻求相等负荷, 如果两侧主销后倾角相等, 车辆自动趋于转向正直位置。该趋势使底盘恢复到最低位置 (正直位置), 使转向盘回正。该位置被认为是最稳定位置。增大正主销后倾角, 将提高方向稳定性, 并提高转向效果; 减小主销后倾角, 将降低方向稳定性, 并减弱转向效果。

　　一般来说, 主销后倾角不是轮胎磨损角度, 该角度有助于稳定车辆, 使转向偏离正直位置更容易或更难。如果车辆配装的是手动转向, 通常主销后倾角会很小 (可能甚至是小的负后倾角), 使转向更容易。可是, 如果车辆装有助力转向, 通常主销后倾角设计成更大的正值, 给驾驶人以更 "有手感" 的转向。增加正后倾角, 转向时需要向动力转向系统提供更大的力, 并因此提高稳定性。

　　设置主销后倾角的目的是使汽车在行驶中若偶遇外力作用而产生方向偏离时, 能产生回正力矩, 使车轮自动回复到原来中间的位置, 如图 3-23 所示。作用在车轮的地面垂直反作用力 F_z 与主销轴线在空间相错, 设距离为 b。将 F_z 按图 3-23b 所示分解为 F_z' 和 F_z'', 其中 F_z' 与主销轴线平行, F_z'' 与 F_z' 相垂直, 则 F_z'' 将产生促使车轮绕主销转动的力矩 M_y。左轮产生

的转动力矩 $M_{yl} = F''_{zl}b$，右轮产生的转动力矩 $M_{yr} = F_{zr}b$，如图 3-23c 所示，M_{yl} 有使左轮绕主销向右偏转的趋势，M_{yr} 有使右轮绕主销向左偏转的趋势。显然，由于左、右转向轮是通过转向梯形机构相互联系的，若 M_{yl} 与 M_{yr} 大小相等，则两者相互抵消，行驶方向不会产生偏离；若 $M_{yl} > M_{yr}$ 行驶方向将向右偏离；若 $M_{yl} < M_{yr}$，行驶方向将向左偏离。

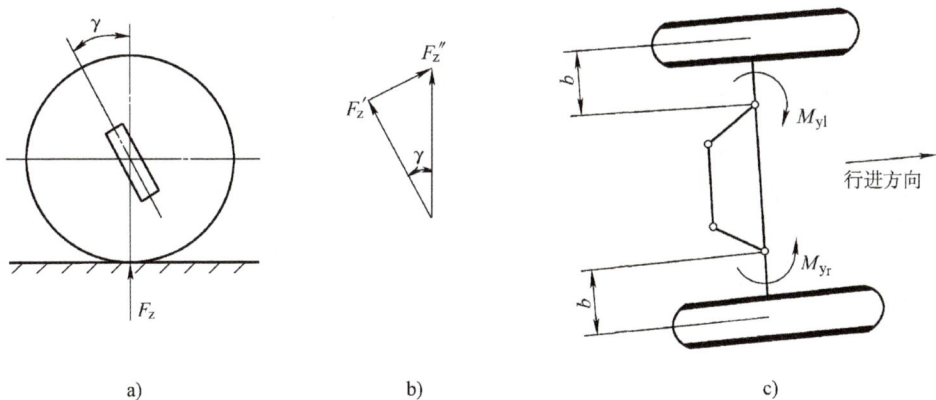

图 3-23 后倾角产生稳定力矩

3. 后倾角的调整

主销后倾角调整有多种方法，应根据车型不同，首先进行分析判断，然后进行调整，其调整方法有下列几种：调整垫片、调整不同心凸轮轴、调整偏心球头、调整大梁槽孔、调整平衡杆等。

（1）车架与控制臂之间加减垫片 如果在车辆的控制臂上有垫片，在前支点上加装垫片并从后支点上拆下等厚的垫片，来改变后倾角，将不会影响外倾角，如图 3-24 所示。

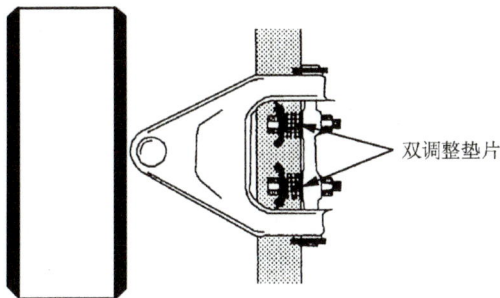

图 3-24 通过垫片调整后倾角

特别提示：

 * 要先调整后倾角再调整外倾角。如果调整外倾角后再调整后倾角，外倾角大小将发生变化。

（2）大梁槽孔的调整 如果控制臂安装在长孔上，按相反方向移动控制臂的前后支点来调整后倾角，将不改变外倾角，如图 3-25 所示。

（3）偏心凸轮螺栓的调整 同样地，对于那些有偏心凸轮螺栓的控制臂，按相反方向对等地转动两个凸轮来改变主销后倾角，也不影响外倾角，如图 3-26 所示。

（4）滑柱杆的调整 早些时候，滑柱杆经常用作后倾角调整器。滑柱杆前、后被连接到车架上。如果连接到前端（通过调整螺母延长连杆），向汽车后部移动下球节，结果减少主销后倾角。缩短连杆，将向正向改变主销后倾角，如图 3-27 和图 3-28 所示。

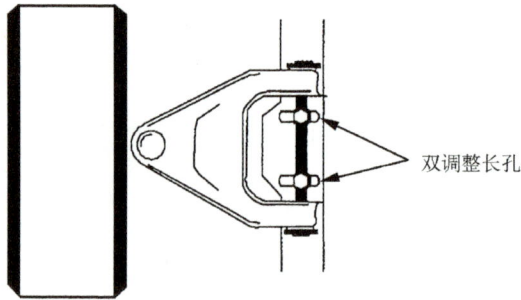

图 3-25　通过大梁槽孔调整后倾角

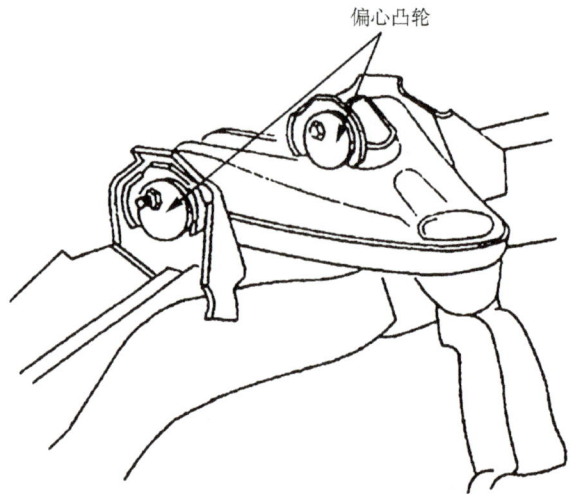

图 3-26　通过偏心凸轮调整后倾角

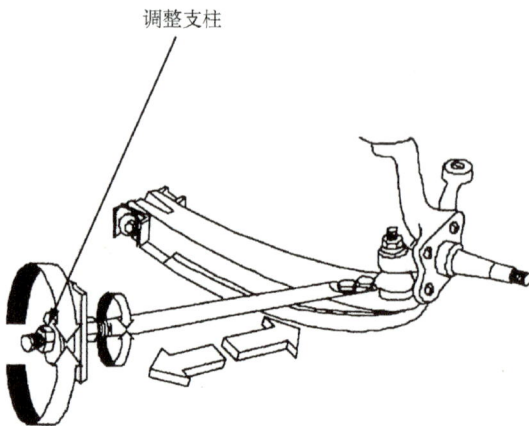

图 3-27　通过滑柱杆调整后倾角（1/2）

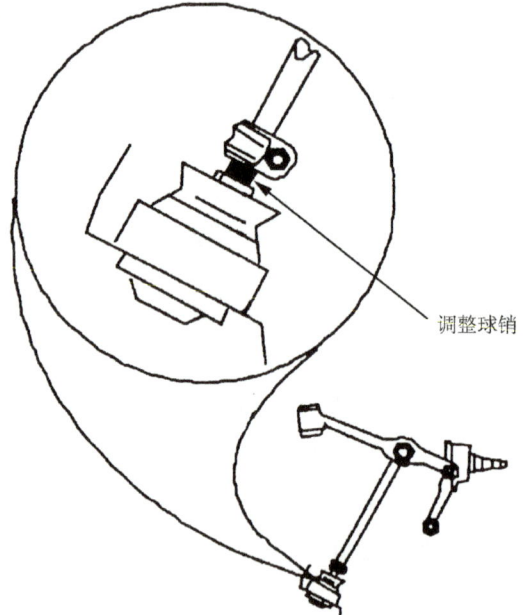

图 3-28　通过滑柱杆调整后倾角（2/2）

（5）不对称控制臂的调整　在不对称控制臂的调整中，通过调整长控制臂一边可调整后倾角，通过调整短控制臂一边可调整外倾角，如图 3-29 所示。

4. 同时调整后倾角和外倾角

前面所介绍的都是改变后倾角和外倾角其中的一个角度，而另一个角度不会受影响。如果外倾角和后倾角同时需要调整，则应先调整后倾角，再调整外倾角。

以控制臂来调整外倾角和后倾角时，一般使用"经验法"，见图 3-30 和表 3-1，可根据垫片规格表来调整后倾角和外倾角。也就是说在一个控制臂的末端改变 3.175mm 垫片，则将会改变外倾角 0.5°和后倾角 1°，如果在前后控制臂上同时增加或减少 3.175mm 的垫片，将会改变外倾角 0.5°；同样，一端加 3.175mm 垫片，另一端减少 3.175mm 垫片将改变后倾角 2°。

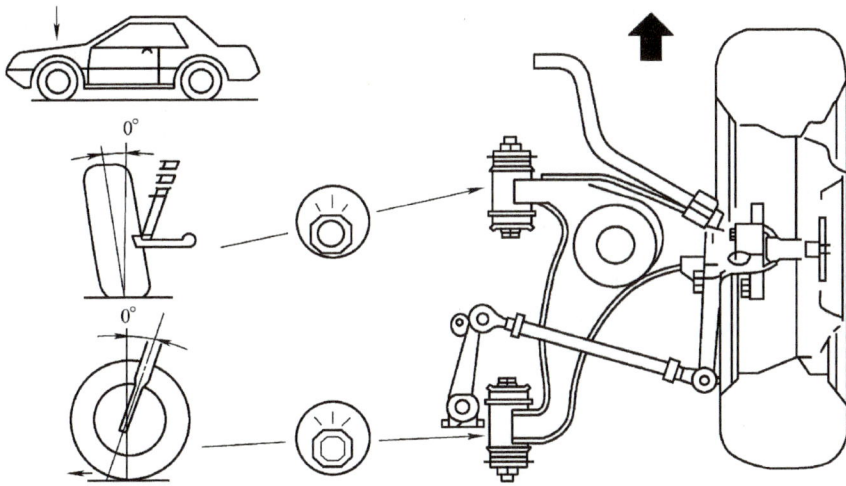

图 3-29 通过不对称臂调整后倾角

表 3-1 垫片规格表

垫片尺寸	外倾角变化	后倾角变化
3.175mm（1/8in）	0.5°	1°
1.59mm（1/16in）	0.25°	0.5°
0.79mm（1/32in）	0.125°	0.25°
0.4mm（1/64in）	0.0625°	/

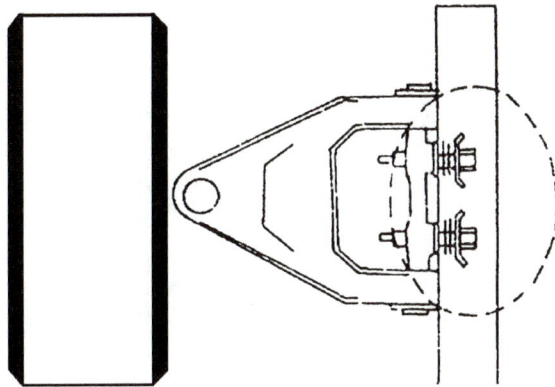

图 3-30 通过垫片同时调整后倾角和外倾角 （1/2）

特别提示：

  ＊调整时根据实际情况而定，看是单独调整一个角度还是同时调整外倾角和后倾角。这种"经验法"只是非常接近实际的调整数值，这种调整根据控制臂的大小和形状而定。实际上这种方法存在40%的误差，换而言之，调整的正确性只有60%。

（1）只改变外倾角而不改变后倾角 如果只改变外倾角而不改变后倾角，则在控制臂的前、后端同时加或减垫片即可，见表3-2。

表3-2　只改变外倾角时垫片使用表

	外倾角	后倾角
测量结果	0.5°	3.5°
标准值	0	3.5°
变化量	−0.5°	0
垫片规格	3.175mm	0
垫片组合及加装位置①		
前：减3.175mm（＝外倾角＋后倾角）	减3.175mm	0
后：减3.175mm（＝外倾角＋后倾角）	减3.175mm	0

① 垫片加装位置如图3-31所示。

（2）只调整后倾角　如果只调整后倾角，将改变垫片尺寸，平均分成两份，一份加在一端，另一端取下相同的数量（表3-3）。

表3-3　只改变后倾角时垫片使用表

	外倾角	后倾角
测量结果	0.5°	3.5°
标准值	0.5°	2.5°
变化量	0	−1°
垫片规格	0	3.175mm
垫片组合及加装位置①		
前：减1.59mm（＝外倾角＋后倾角）	0	减1.59mm
后：加1.59mm（＝外倾角＋后倾角）	0	加1.59mm

① 垫片加装位置如图3-31所示。

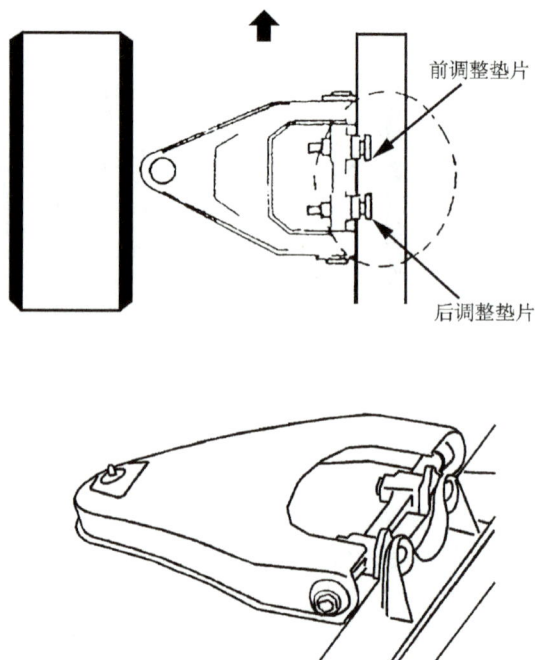

图3-31　通过垫片同时调整后倾角和外倾角（2/2）

（3）外倾角和内倾角一起调整　如果外倾角和内倾角一起调整，那么增加或减少垫片数量是调整前后垫片之和。下列数据是改变后倾角和外倾角的调整数据，见表3-4。

表3-4　外倾角和内倾角一起调整时垫片使用表

	外倾角	后倾角
测量结果	0.5°	3.5°
标准值	0	2.5°
变化量	-0.5°	-1°
垫片规格	3.175mm	3.175mm
垫片组合及加装位置[①]		
前：减4.76mm（＝外倾角＋后倾角）..减3.175mm		减1.59mm
后：减1.59mm（＝外倾角＋后倾角）..减3.175mm		加1.59mm

① 垫片加装位置如图3-31所示。

3.3.3　主销内倾角

1. 内倾角的定义

前文曾提到"当从车辆侧面观看两个车轮支点（球节）之间的连线，称之为主销"，实际中这根连线就是减振器上支承轴承和下悬臂球节之间的假想直线。当从汽车正前方（而不是侧面）观看通过转向支点这条直线，可看到直线顶端向内倾斜，靠近中心线，该线与垂线所形成的夹角称之为主销内倾角（SAI），如图3-32所示。

主销内倾角也称为转向轴线内倾角或转向节主销角。主销后倾角和主销内倾角都是转向轴线的两度空间角度。

对于不同悬架的车辆，其转向轴线也不同，具体主要有如下几种：

1）整体式悬架：转向主销轴线就是转向轴线。

2）双叉式悬架：上、下球节之间的连线，就是转向轴线。

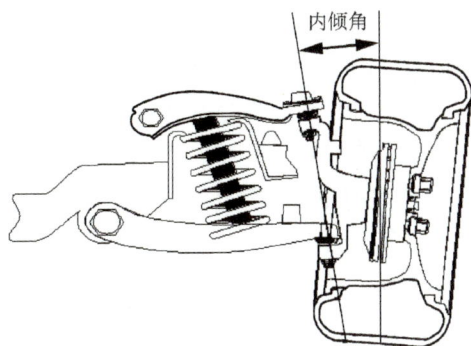

图3-32　主销内倾角定义

2. 内倾角的作用

主销内倾角的作用是使车轮在受外力偏离直线行驶时，使前轮会自动回正。另外，主销内倾还可减少前轮传至转向机构上的冲击，并使转向轻便。但内倾角不宜过大，否则在转向时，会使轮胎磨损加快，主销内倾角一般在前轴制造时形成。

1）减少转向操纵力。由于转向轴线内倾角以及外倾角的共同作用，偏置距离被尽可能地减到最少，也就是将轮胎转动所需力矩减到最少，从而减少转向操纵力。

2）减少回跳和跑偏现象。如果偏置越大，该反作用力的力矩越大。如果车轮遇到障碍物时，车轮将被拉向反作用力矩较大的一侧，这样会造成方向回跳和车辆跑偏现象，反之，减少偏置也就减少回跳和跑偏现象。

例如：在前置发动机前轮驱动的车辆中，偏置一般保持在很小（0或负值）的范围，以防制动或碰到障碍物时，车轮所产生的振动传至转向盘，并将快速起步或急加速时驱动力所产生的绕转向轴线的力矩减至最小。

3）有助于提供动态稳定性（当车辆运动时）和转向盘回正。通过改变主销内倾角，改变了摩擦半径，使车辆操控性更适合驾驶人需要。

转向轴线的内倾角同转向轴线的后倾角一样，具有改善车辆直线行驶稳定性的作用。

你可能注意到：转动转向盘后，松开转向盘，汽车的轮胎回到正直位置。当转动转向盘时，也许车辆会一侧升起而另一侧下降。所有这些都是因为主销内倾角和主销后倾角影响了轮轴弧线，如图3-33所示。

如果车辆主销内倾角和后倾角均是零，两个支点上下正对。对于零主销内倾角和后倾角，转动转向节时，轮轴在水平面上转动；如果主销内倾角是倾斜的，轮轴在弧面上转动。弧的高点是在车轮处在正直状态时。转动车轮时，轮轴试图沿着弧下降。由于有轮胎连接在轮轴上，轮胎已接触到地面，轮轴不可能下降，反而将转向节向上推动。这会引起下控制臂推动弹簧，依次将车身向上推。实际上，这会引起车辆重心也升高。重力不愿让物体升高，因此它试图将车辆拉回降至稳定位置。哪里是稳定位置呢？在弧心上，是当车辆正直时的位置。该弧可与任一后倾角复合。零后倾角时，弧是简单的，车辆正确摆正时通过弧的中点。如果后倾角是正值时，弧是倾斜的，这样车辆摆正时不再在弧的中点。当车轮转向时，一侧在弧下部，而另一侧在弧上部。这就是为什么在转向时会产生车身"倾斜"效果的原因。车辆设计以适当值的主销内倾角、主销后倾角和外倾角。在转向时，由于车辆一侧下降，后倾角和内倾角引起外倾角，连同弹簧压缩的变化。这会形成一个对车辆的"举升"效果，有助于转向时的稳定性。后倾角和内倾角有助于在转向后将轮胎拉回正直位置，如图3-34所示。

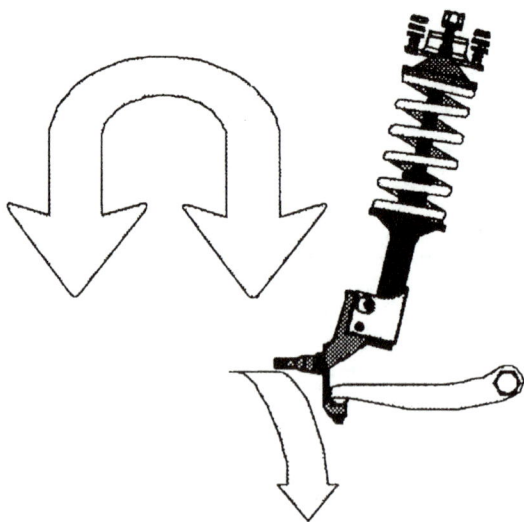

图3-33 主销内倾角和后倾角影响轮轴弧线

特别提示：

* 如果有跑偏或驾驶操控问题，要非常仔细地检查主销后倾角定位是否正确。检查这一角度时，重要的前提是确保尽可能首先调整外倾角。

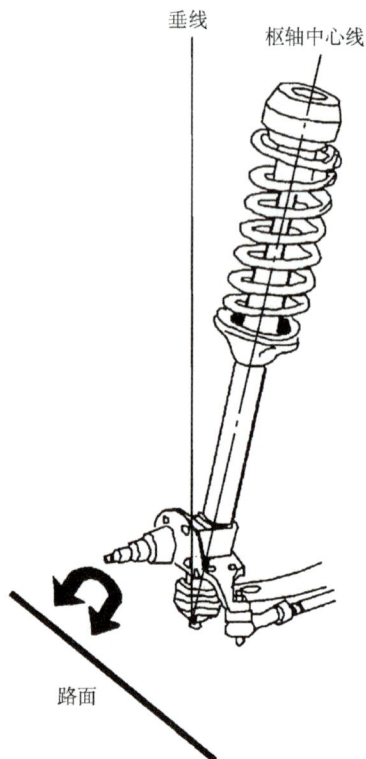

图3-34 后倾角和内倾角的回正作用

3.3.4　前束

前面我们说过，主销内倾角有助于确定摩擦半径。其他悬架数据信息可使技术人员确定车辆前束规范。

1. 前束的定义

从汽车的正上方向下看，轮胎的中心线与汽车几何中心线之间的夹角称为前束角。轮胎中心线前端向内收缩的角度为正前束角（即"向内为正"），反之为负前束角（即"向外为负"）。总前束值等于两个车轮的单侧前束值之和，即两个车轮轴线之间的夹角。

如图3-35所示，如果测量一只轮胎的前端到另一只轮胎的前端，会得到尺寸 A，测量这两个车轮的后端，会得到尺寸 B。如果 A 比 B 小，则前束向内；如果 B 比 A 小，则前束向外，如图3-36所示。

四轮定位仪能检测出车辆几何中心线，而后计算出两个轮胎距几何中心线前、后端的距离。这样得到每个轮胎的读数，称之为单侧前束（图3-37）。将两个轮胎的单侧前束加在一起，我们得到一个值，称之为总前束。这是汽车维修手册中的规范。如果总前束（最佳值）是3.175mm（1/8in），那么轮胎单侧前束就是1.59mm（1/16in）。

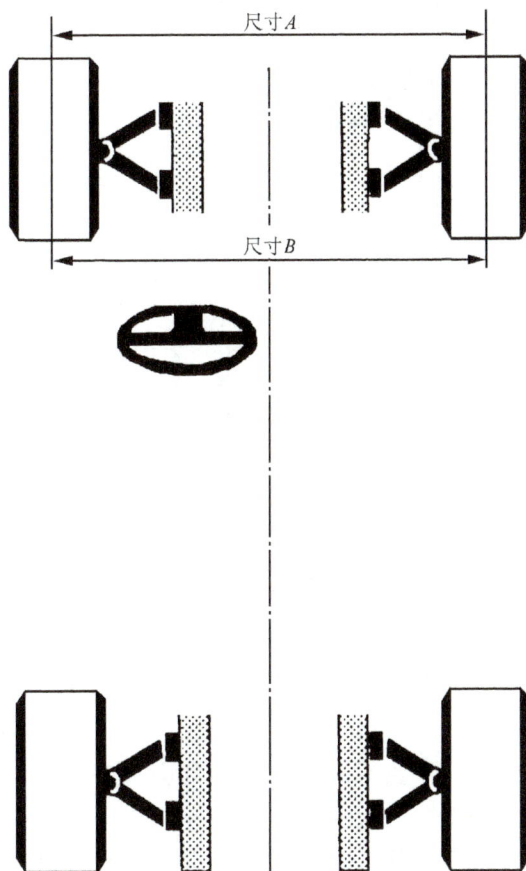

图3-35　前束的原始定义

2. 前束的作用

车辆被驱动时，正常的动态驱动力试图转动车轮偏离正直位置。它们所转动的方向取决于摩擦半径和悬架设计。前束向内或向外（偏离正直位置）是用以补偿动态力、转向和悬架部件的正常间隙。

设计前束参数是为了补偿轮胎转离正直位置的偏差。如果调整前束不正确，轮胎将转向不足或转向过度。对于任何一种情况，轮胎将不再直线行驶。如果轮胎不直线行驶，轮胎将被"摩擦"或与路面刮擦。这会引起轮胎磨损。经验表明：对于只有3.175mm的不正确前束，结果可导致每行驶1km轮胎向侧面拖滑8.5m。

前束的作用就是要消除车轮外倾造成的不良后果。车轮外倾使前轮有向两侧张开的趋势，由于受车桥约束，不能向外滚开，导致车轮边滚边滑（图3-38），增加了磨损。有了前束后可使车轮在每瞬间的滚动方向都接近于正前方，减轻了轮毂外轴承的压力和轮胎的磨损。

3. 影响前束的因素

（1）轮胎类型对前束角的影响　斜线轮胎的胎面和胎肩容易产生较大变形，从而产生较大的外倾推进，因此斜线轮胎采用的车轮前束值大于子午线轮胎所采用的车轮前束值。

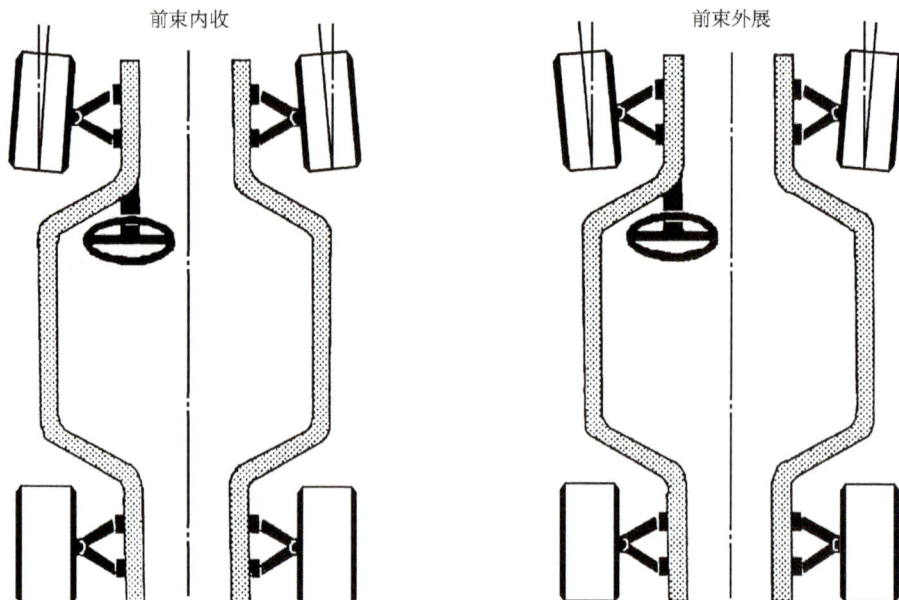

图 3-36　前束的内收与外展

（2）刚性悬架与摆动角的关系　车辆在行驶过程中，来自不同方向的作用力均施加在悬架上，使车轮产生后束，为防止这一现象，某些车型当外倾角为零时，也需要较小的正前束。

4. 前束的影响

就像人走路时脚朝向一侧鞋会有磨损一样，如果轮胎前束向内，轮胎外缘比轮胎其他部分磨损得快。在胎面花纹上也会有些许羽状或锯齿状磨损。磨损花纹毛边会指明前束问题。前束向内时，毛边指向内侧；如果前束向外时，毛边正好相反，如图 3-39 所示。这样要比用尺子测量轮胎更容易。

正前束过大时，轮胎外侧磨损，会有正外倾角过大所形成的磨损状态，胎纹磨损形式为羽毛状。当用手从内侧向外侧抚摸，胎纹外缘有锐利的刺手感觉。

负前束太大时，轮胎内侧磨损会有负外倾角太大所形成的磨损形态，胎纹磨损形式为羽毛状。当用手从外侧向内侧抚摸，胎纹外缘有锐利的刺手感觉。

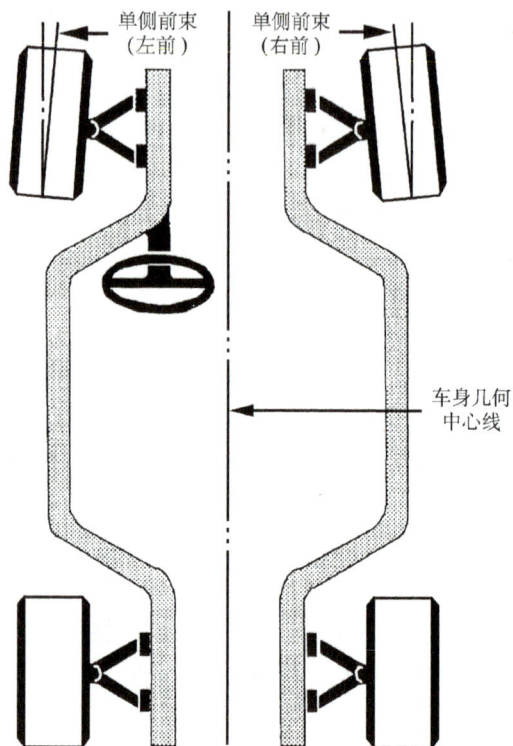

图 3-37　单侧前束定义

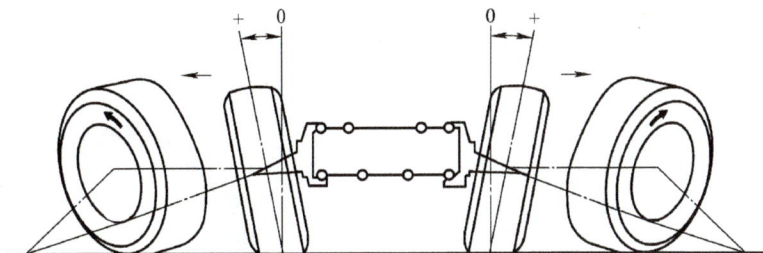

图 3-38　外倾角产生侧滑现象

5. 前束的调整

当车辆在路面上行驶时，每个轮胎必须与对应的轮胎平行，并且与车辆的几何中心线平行，也就是说，运动时前束接近于零。

调整前束时，转动横拉杆球头上的调整杆（图3-40）。转动调整轴时，横拉杆总成伸长或缩短。如果转向机构在轮轴中心线后方（相对于汽车后部），伸长横拉杆总成将增加前束向内。

羽状或锯齿状
磨损花纹

锐边指向前束问题方向
（前束内收时指向内/前束外展时指向外）

图 3-39　前束的影响

特别提示：

＊在校正单侧前束之前，对正转向盘并安装转向盘固定器。对于装有动力转向的车辆，对正转向盘时必须运转发动机。

＊当校正前束时，观察所显示的单侧前束读数。如果定位举升机转盘能自由转动，转动一侧调整轴会影响对面一侧的读数。如果校正过程中对面一侧的读数变化，要检查转向盘对正，并重新调整前束。

校正前轮单侧前束时，要参考所测得的车辆几何中心线或推进角。如果后轴与车辆中心线位置关系不当，参考车辆中心线可能会导致转向盘不正，如图3-41所示。

特别提示：

＊一般来讲，参考车辆推进线可增加转向盘不正的几率。如果后轮前束是可调整的，在前轮校正之前总是先进行后轮前束校正，除非汽车制造商另有说明。

横拉杆与转向臂连接，转向臂是转向节的部件之一，以螺栓与转向节连接在一起。外倾角或后倾角有任何变化将改变转向臂的位置，因此也将改变前束参数。正因如此，前束调整总是在外倾角和后倾角调整后进行。

调整前束一般在四轮定位仪上进行，但也有利用侧滑板进行调整的。调整前轮前束时，应先将后轮前束调整好。前轮前束的调整方法如下：

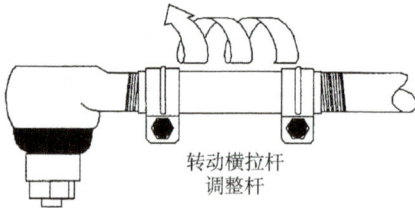

图 3-40　前束调整

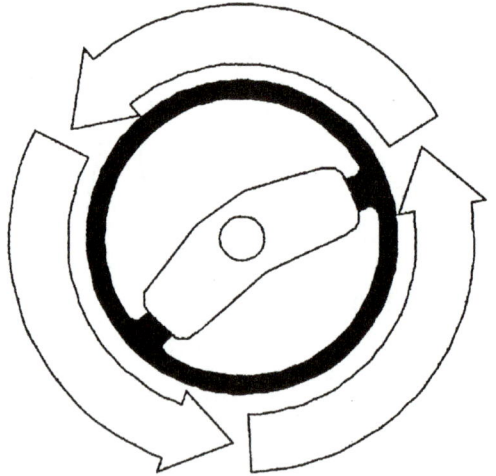

图 3-41　依据推进线调整转向盘可能不正

调整可调式拉杆即可实现前轮前束的调整。在调整前先将左、右两边球头锁止螺栓松开，将转向盘锁紧在正中位置，再根据定位仪显示值进行同步调整。如果原来的转向盘是在正中位置，调整前束时转向盘不可转动，直至前束调整到规范数值，然后路试看其是否有变动。

特别提示：

　　＊　正确的前轮前束调整后，转向盘在直行时是正的。反对利用试车时摘下斜的转向盘再将它装正。更要杜绝将这种方法用在转向盘装有安全气囊的汽车上，否则将造成转向盘螺旋电缆的损坏。

6. 前束角与度数的换算

1）前束角以毫米值换算为百分度：

总束角 = 2.257（系数）× δ（束角毫米值）÷ d（车轮辋的英寸数值）。

前束角以毫米值换算为百分度，见表3-5。

表 3-5　前束角以毫米换算为百分度表

轮辋直径	束角毫米值	总前束
12in		
	0.1	0.02°
	0.2	0.04°
	0.3	0.06°
	0.4	0.08°
	0.5	0.09°
	0.6	0.11°
	0.7	0.13°
	0.8	0.15°
	0.9	0.17°
	1.	0.19°
	2.	0.38°
	3.	0.56°

（续）

轮辋直径	束角毫米值	总前束
12in		
	4	0.75°
	5	0.94°
	6	1.13°
	7	1.32°
	8	1.50°
	9	1.69°
	10	1.88°
13in		
	0.1	0.02°
	0.2	0.03°
	0.3	0.05°
	0.4	0.07°
	0.5	0.09°
	0.6	0.10°
	0.7	0.10°
	0.8	0.14°
	0.9	0.16°
	1	0.17°
	2	0.35°
	3	0.52°
	4	0.69°
	5	0.87°
	6	1.04°
	7	1.22°
	8	1.39°
	9	1.56°
	10	1.74°
14in		
	0.1	0.02°
	0.2	0.03°
	0.3	0.05°
	0.4	0.06°
	0.5	0.08°
	0.6	0.10°
	0.7	0.11°
	0.8	0.13°
	0.9	0.15°
	1	0.16°
	2	0.32°
	3	0.48°
	4	0.64°
	5	0.81°
	6	0.97°
	7	1.13°
	8	1.29°
	9	1.45°
	10	1.61°
15in		
	0.1	0.02°
	0.2	0.03°
	0.3	0.05°
	0.4	0.06°
	0.5	0.08°
	0.6	0.09°

（续）

轮辋直径	束角毫米值	总前束
12in		
	0.7	0.11°
	0.8	0.12°
	0.9	0.14°
	1	0.15°
	2	0.30°
	3	0.45°
	4	0.60°
	5	0.75°
	6	0.90°
	7	1.05°
	8	1.20°
	9	1.35°
	10	1.50°
16in		
	0.1	0.01°
	0.2	0.03°
	0.3	0.04°
	0.4	0.06°
	0.5	0.07°
	0.6	0.08°
	0.7	0.10°
	0.8	0.11°
	0.9	0.13°
	1	0.14°
	2	0.28°
	3	0.42°
	4	0.56°
	5	0.71°
	6	0.85°
	7	0.99°
	8	1.13°
	9	1.27°
	10	1.41°

2）"度与分"表示的数值（如$1°3'$）转换为百分度表示时（如$1.50°$），用分数值乘以0.0167系数（比如：$30' \times 0.0167 = 0.50°$），再加上"度"与"分"中的度数（如：$1° + 0.50° = 1.50°$），见表3-6。

表3-6　度与分的换算表

度	分
0.1°	6'
0.2°	12'
0.3°	18'
0.4°	24'
0.5°	30'
0.6°	36'
0.7°	42'
0.8°	48'
0.9°	54'
1°	60'

3.4　相关定位参数及其作用

3.4.1　包容角和摩擦半径

1. 包容角定义

从汽车正前看，主销轴线和车轮轴线之间的夹角称为包容角(Included angle)。它在数值上等于主销内倾角和轮胎外倾角之和，如图 3-42 所示。

如果外倾角是正值，我们需要加上外倾角；如果外倾角是负值，就要减去外倾角。例如，如果主销内倾角(SAI)是 13.0°，外倾角是 +0.5°，则包容角是 13.5°；如果 SAI 是 12.0°，外倾角是 −1.25°，则包容角是 10.75°。

包容角是一个非常重要的车轮定位诊断参数，可用来诊断悬架系统结构定位失准或悬架组件变形。

2. 摩擦半径定义

从汽车正前看，以地平面为基准，主销轴线与地面会有一个交点，轮胎中心线与地面也会有个交点，这两点的距离称之为摩擦半径(图 3-42)。当摩擦半径在轮胎中心线内侧，车辆有正的摩擦半径；当摩擦半径在轮胎面外侧，车辆有负的摩擦半径。

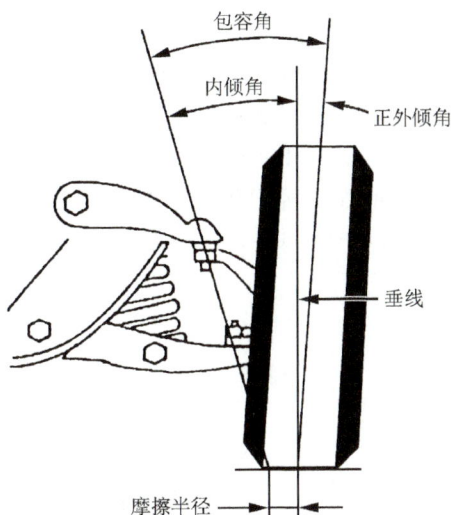

图 3-42　包容角定义

通过改变主销内倾角，也就改变了摩擦半径，使车辆操控性更适合驾驶人需要。汽车工程师利用这些角度设计出"具有驾驶感的"车辆，可以弥补小巧紧凑的汽车、厚重华美的汽车、性能优越的汽车或任何其他风格汽车的不足。

特别提示：

＊ 当诊断与操控感觉相关的用户报修时，应检查车轮和轮胎尺寸。宽胎和扁平胎可能增加摩擦半径，因此改变了驾驶感觉。这些变化能够改变车辆的驾驶特性，当遇到不好路况时会引起方向不稳或摆动。

3. 转向节系统的诊断

主销内倾角、车轮外倾角和包容角可用来诊断转向节系统，以确认损坏的零件或定位问题。通过包容角可诊断出支柱是否损坏，通过主销内倾角则可诊断底盘定位是否良好。

对于 SALA 悬架系统上的转向节，有三个重要连接点：上球节连接孔、下球节连接孔、连接轮胎的轮轴。两个球节孔关系到主销内倾角，轮轴关系到车轮外倾角。如果用直线连接这些点，会得到一个角，该角即包容角，因为它们包括了主销内倾角和车轮外倾角在一起。

如果转动转向节，或以任何方式移动转向节，三角形会改变形状吗？只要转向节是好的，包容角会是正确的。轮轴损坏或弯曲又会怎样？会改变三角形状吗？转向节上下部分弯曲时会引起什么问题？SALA 悬架的转向节或轮轴弯曲会引起包容角不正确。

第一种情况：外倾角 OK，内倾角 OK，包容角 OK，轮轴 OK。

如果外倾角、内倾角和包容角均良好，说明轮轴状态良好，如图 3-43 所示，转向节是良好的。

第二种情况：外倾角过大，内倾角过小，包容角 OK，轮轴 OK。

假如在一次事故中下控制臂弯曲，会改变主销内倾角吗？由于下控制臂球节向内移动，主销内倾角变小。由于转向节随同球节一同移动，轮轴向下倾斜。假如球节移动 2°，如果假设原主销内倾角是 8°，原外倾角是 1°，则原包容角为 9°（8°＋1°）。向外移动 2°，主销内倾角变为 6°。由于轮轴向下移动，外倾角将正向移动 2°，总外倾角变为 3°。主销内倾角 6° 加上外倾角 3° 等于 9°。这样包容角是正确的，也就是说转向节是好的，但主销内倾角比规范值小，而外倾角比规范值大，如图 3-44 所示。

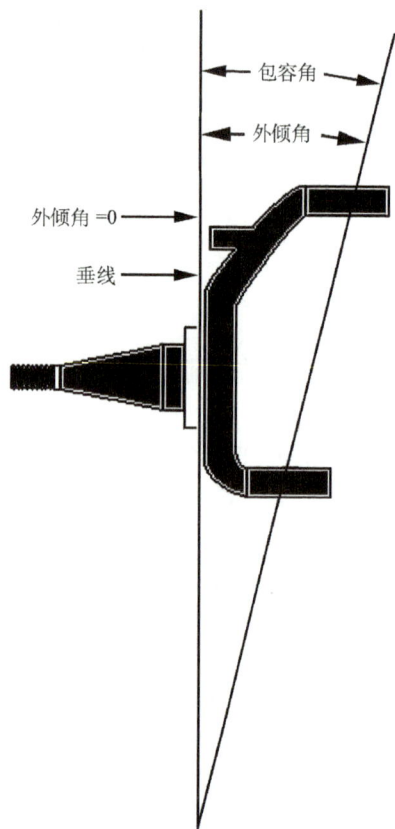

图 3-43　转向节系统诊断（1/6）

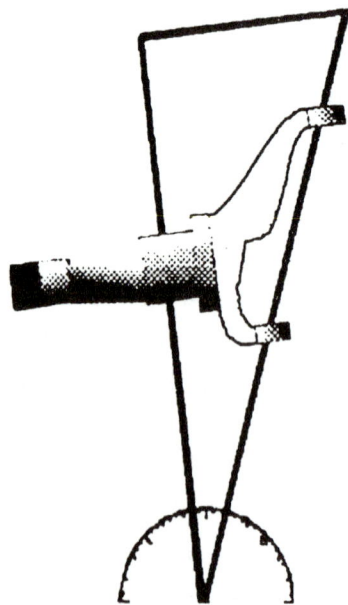

外倾角变大，内倾角减小，包容角不变

图 3-44　转向节系统诊断（2/6）

第三种情况：外倾角过小，内倾角过大，包容角 OK，轮轴 OK。

外倾角过小，内倾角过大，包容角良好，轮轴良好，即转向节没有变形，如图 3-45 所示。

第四种情况：外倾角过小、内倾角 OK，包容角减少，轮轴上翘。

外倾角过小、内倾角良好，包容角减少，轮轴上翘，即转向节变形，如图 3-46 所示。

第五种情况：外倾角OK，内倾角过大，包容角过大，轮轴变形。

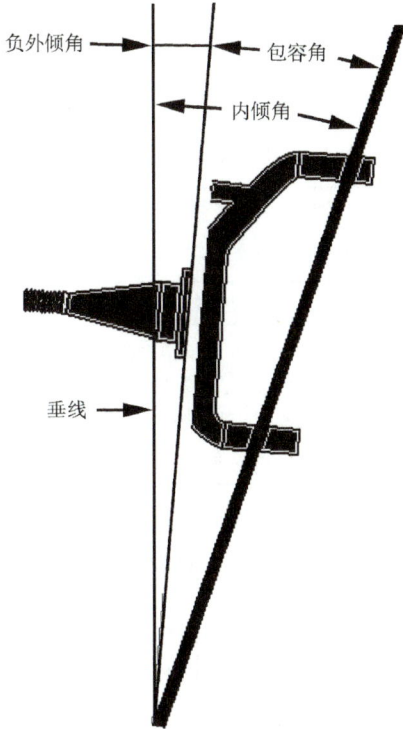

图 3-45　转向节系统诊断(3/6)

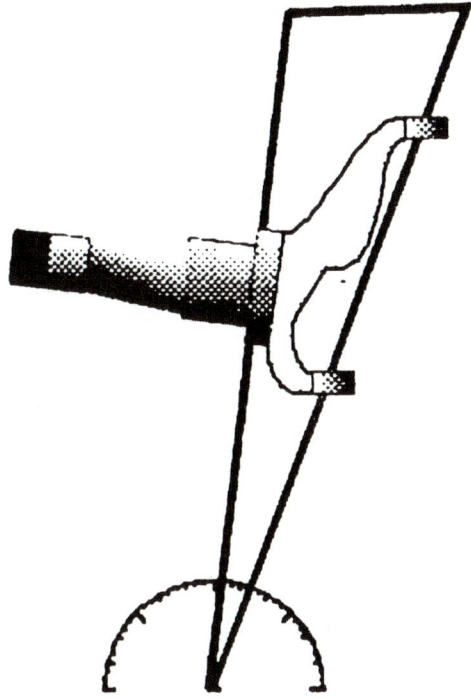

外倾角变小，内倾角不变，包容角变小

图 3-46　转向节系统诊断(4/6)

外倾角良好，内倾角过大，包容角过大，轮轴变形，如图 3-47 所示。

第六种情况：外倾角 OK，内倾角过小，包容角过小，轮轴变形。

外倾角良好，内倾角过小，包容角过小，轮轴变形，如图 3-48 所示。

我们发现主销内倾角值变小，外倾角变大，包容角却是正确的。那么什么会引起这一状态呢？请看下面的主销内倾角诊断对照表(表 3-7 ~ 表 3-9)。

表 3-7　短臂长臂悬架系统主销内倾角诊断对照表

主销内倾角	外倾角	包容角	可能原因
正确	变小	变小	转向节弯曲
变小	变大	正确	下控制臂弯曲
变大	变小	正确	上控制臂弯曲
变小	变大	变大	转向节弯曲

表 3-8　麦弗逊滑柱悬架系统主销内倾角诊断对照表

主销内倾角	外倾角	包容角	可 能 原 因
正确	变小	变小	转向节弯曲和/或滑柱弯曲
正确	变大	变大	转向节弯曲和/或滑柱弯曲
变小	变大	正确	控制臂弯曲或滑柱塔(顶部向外)
变大	变小	正确	滑柱塔(顶部向内)
变大	变大	变大	滑柱塔(顶部向内)，轮轴和/或滑柱弯曲

（续）

主销内倾角	外倾角	包容角	可能原因
变小	变大	变大	控制臂弯曲或滑柱塔（顶部向外），加上转向节弯曲和/或滑柱弯曲
变小	变小	变小	滑柱塔（顶部向外），转向节和/或滑柱弯曲，或控制臂弯曲

表 3-9　双 I 形梁悬架系统主销内倾角诊断对照表

主销内倾角	外倾角	包容角	可 能 原 因
正确	变大	变大	转向节弯曲
变大	变小	正确	I 形梁弯曲
变小	变大	正确	I 形梁弯曲
变小	变大	变大	转向节弯曲

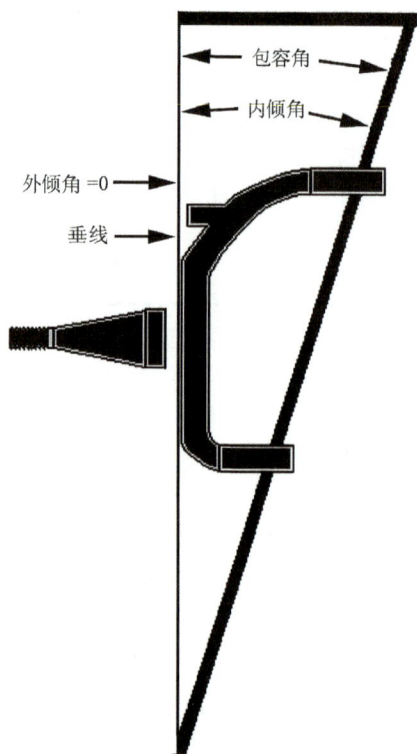

图 3-47　转向节系统诊断(5/6)

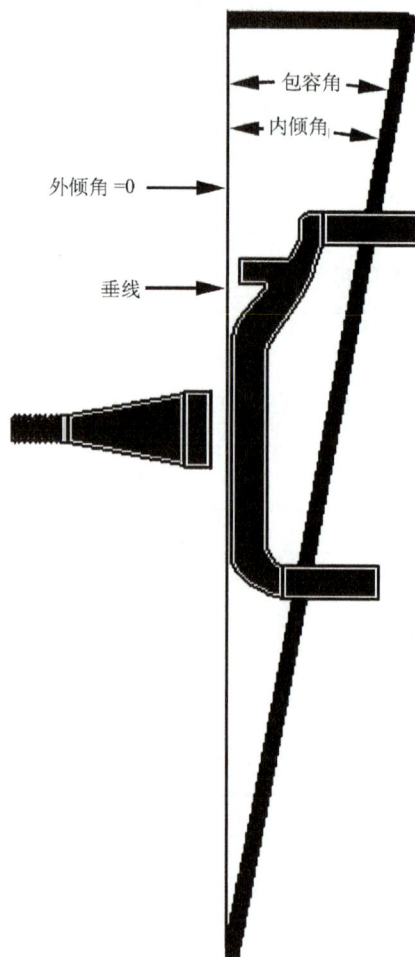

图 3-48　转向节系统诊断(6/6)

特别提示：

＊ 通过该诊断表，正确测量主销内倾角和包容角，可以解决许多陷入定位困境的问题，也可判断出所用配件和劳务成本。使用该表前，要彻底进行车下检查，更换损坏或有缺陷部件，而后再使用该表诊断弯曲或损坏部件。

---

4. 实际应用

一般来说，内倾角和摩擦半径是不可调整的角度，但是调整外倾角或更换悬架件可能会改变内倾角及摩擦半径。例如：

1）通过移动支柱上支臂来调整外倾角，同时内倾角会发生改变。

2）更换轮胎时，如果改变了轮胎的中心点，也将改变摩擦半径。改变轮毂的规格将改变摩擦半径的大小，如图3-49所示。如果加大轮毂内侧的尺寸，轮胎的中心点将改变，摩擦半径变大；如果加大轮毂外侧的尺寸，轮胎的中心点将改变，摩擦半径变小。

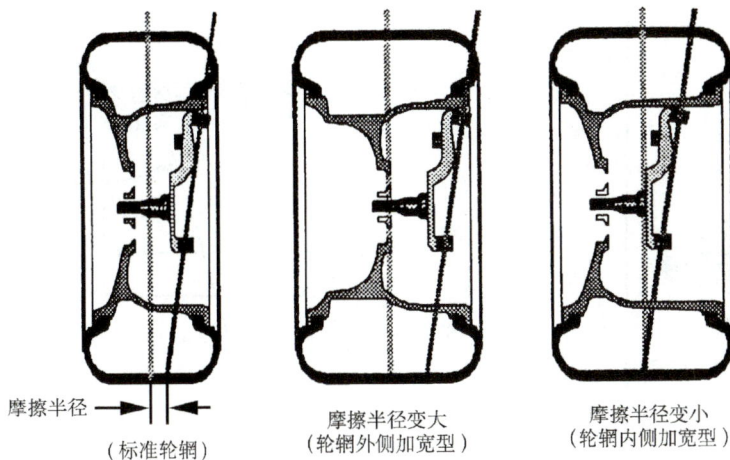

摩擦半径 →
（标准轮辋）

摩擦半径变大
（轮辋外侧加宽型）

摩擦半径变小
（轮辋内侧加宽型）

图3-49 宽胎效应

3.4.2 推进线和推进角

1. 推进线(Thrust line)和推进角(Thrust angle)定义

此前，我们讨论过前轮单侧前束。检查所有车辆后轮，发现当车辆行驶时后轮与车辆几何中心线平行。就像前车轮一样，后车轮规范已考虑到车辆运动时的预变化量了。

特别提示：

＊ 测量后轮单侧前束与测量前轮一样，定位系统会计算和显示读数。测量后轮前束之前，前轮转至等前束值，这相当重要。

如果后轮前束不能调整到规范值时，我们讨论过的前轮前束磨损条件同样适用于后轮。

除轮胎磨损之外，后轮决定车辆行进方向。如果不正确调整行进方向，可能会引起车辆跑偏（车轮与车辆中心线不平行）。车辆行进方向是车辆推进线。测量后轮单侧前束时，是参考车辆中心线（几何中心线）来测量。通过后轮单侧前束平分点做一直线与后轮中心相交，确定推进线，即汽车后轮总前束角的平分线，为汽车的推进线。推进线与车辆几何中心线之间的夹角，叫作推进角，如图3-50所示。

2. 推进线的作用

推进线是车辆在路上直线行驶时的实际方向。如果推进线与几何中心线不共线，驾驶人必须转向以使车辆直线行驶，这将导致在推进线方向上转向盘不正。后轮定位不准也与车辆几何中心线有关，它会引起车辆轨迹偏差（后轮与前轮行进在不同的轨迹上），如图3-51所示，一般称这种情况为"跑偏"。

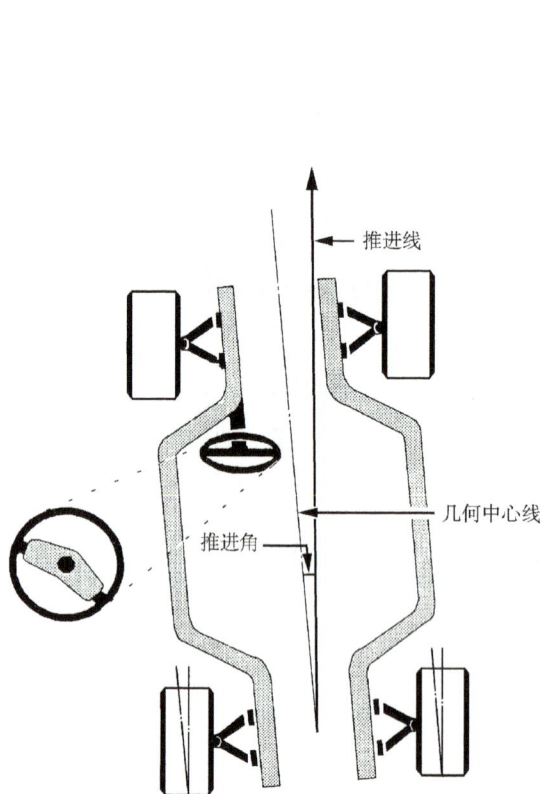

图3-50 推进线及推进角定义

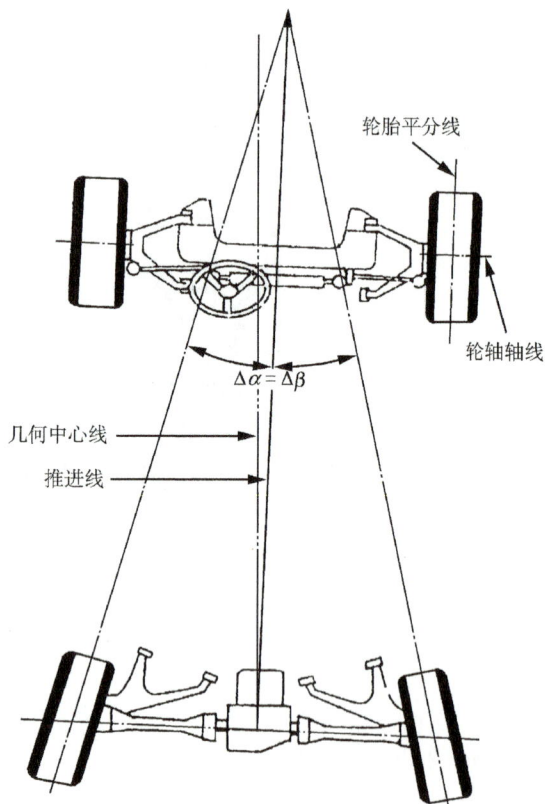

图3-51 推进角的作用

高级四轮定位测量是以推进线为基准的。理论上讲，车辆推进线应该与车辆几何中心线共线。如果后轮前束是标准的，其实际行驶方向（推进线）应该和车辆几何中心线共线。如果后轮前束不标准，并且无法调整到标准值，其后轮的实际行驶方向（推进线）和车辆几何中心线不重合，形成夹角，造成汽车行驶跑偏。

3. 推进角的调整

如果前轮前束不在标准范围内会引起轮胎的不正常磨损。前轮的左右单侧前束角允许有一个预期的变化差值，如果差值过大会影响车辆的行驶方向。假设后轮前束没有调整到标准规范值，则后轮同样会产生与前轮胎纹磨损相同的情况。除轮胎磨损之外，后轮前束也会影响车辆的行驶方向，假如调整不当，将会导致车辆的行驶方向无法与车辆的几何中心线平行。车辆的行进方向也称为推进线，执行后轮单侧前束测量时，必须以车辆的几何中心线为参考，而高级四轮定位在测量前轮的单侧前束时，是以推进线为定位基准来测量的，定位系统会计算并显示读数，在测量后轮前束之前，要先将前轮转正（左右前束的指示值相同），这是一个非常重要的步骤，然后计算出后轮单侧前束差值的平均值。

推进角应总是接近于零。根据车规手册中制造商的推荐，调整推进角，即调整后轮单侧前束。

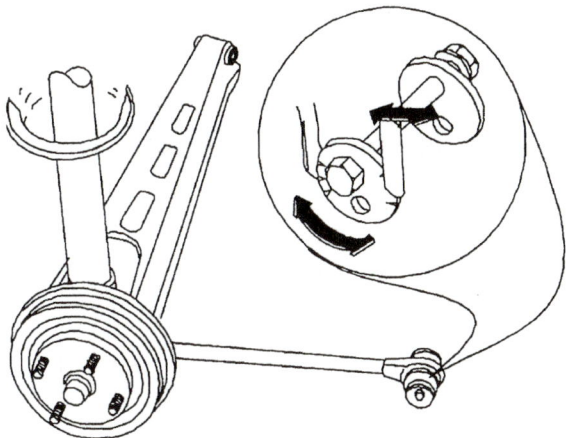

图3-52 推进角调整(1/3)

多数车辆既可以使用所安装的调整装置（图3-52），也可以使用配件市场上的调整件（图3-53）。对于装用固定式后桥或不可调整的独立式后桥，检查磨损或损坏的部件，包括后车轴本身。磨损的后弹簧安装座可能引起后轴发生位移。后控制臂轴套可能引起磨损，导致后轴位移。

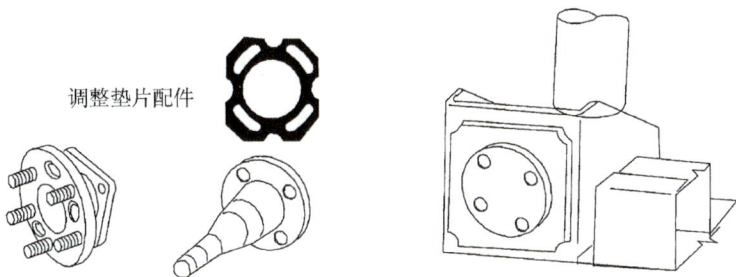

调整垫片配件

图3-53 推进角调整(2/3)

如果没有发现磨损或损坏的部件，调整前轮单侧前束时要利用推进线作为参考。这样可以弥补推进线不良的情况，使车辆在路面直线行驶时，转向盘是正的，如图3-54所示。

3.4.3 转向角

车辆在转向时，前轮的相对位置，称为转向角。当车辆直线行驶时，各车轮应保持在相互平行的位置，否则会造成轮胎磨损、行驶阻力过大；当车辆进入弯道时，如果左右车轮的转动量相同时，则两前车轮的转动中心不在一个交点上，这时会造成轮胎的磨损及车辆转向时不平衡。

如何实现：当车辆直线行驶时，各车轮相互保

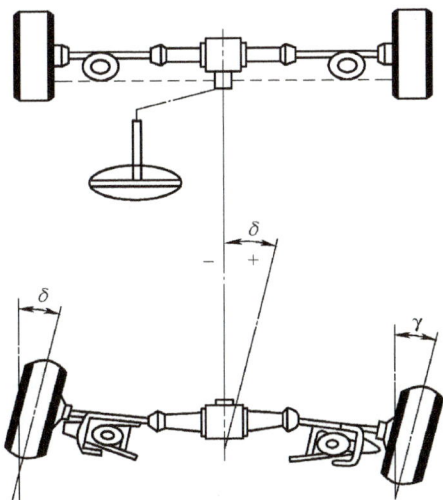

图3-54 推进角调整(3/3)

持平行；当进入弯道时各车轮绕同一转动中心转动呢？实际上，车辆转向机构经过改进，使左右前轮获得独自的转向角，以取得所需的转向半径。

转向机构的工作原理如图 3-55 所示。转向横拉杆移动量为 L，当转向横拉杆向左移动 L 时，左侧车轮的转向角为 α，而右侧车轮的转向角为 β，尽管移动量同样为 L，但转向角 $\beta > \alpha$。

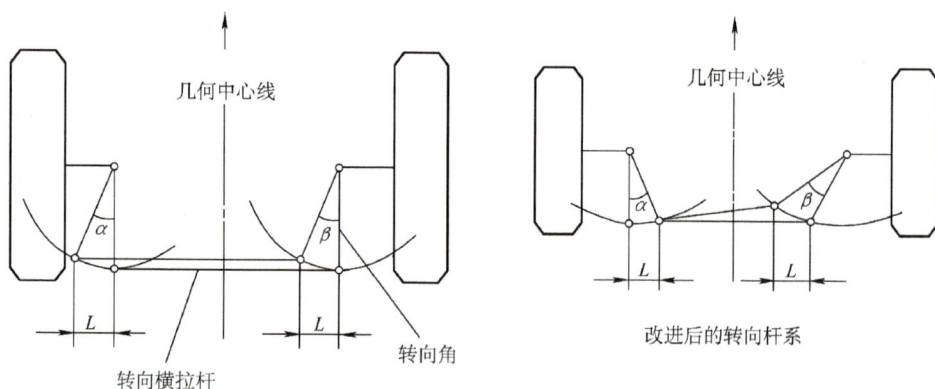

图 3-55　转向机构的工作原理

对于转向机构经过改进的车辆，当其进入弯道行驶时，各车轮绕同一转动中心转动，使车辆转向平稳，车轮不会出现侧滑磨损，如图 3-56 所示。

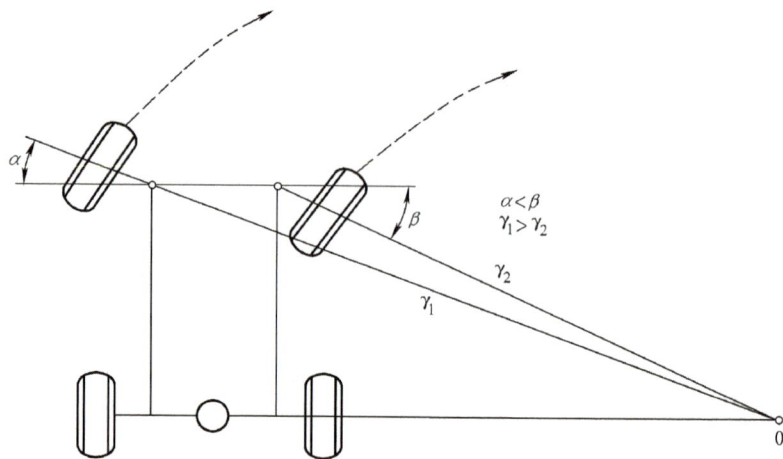

图 3-56　车轮转向同心性

3.4.4　转向前展

当车辆转向时，车辆一侧轮胎所经过的弧线与另一侧轮胎所经过的弧线一定不同。车辆绕着一个共同的中心转动。如图 3-57 所示，两前轮轮轴中心线相交，且与两后轮轴中心线相交于一点，该点是共同的中心。其中一个前轮与另一个前轮必须以不同的角度转向，这导致两轮前束相对外展，外展值的效果由转向臂角度确定。

如果我们看一下转向臂，你会发现两转向臂向内成角。如果我们在每个转向臂中心画一条线，并延伸这两条线，我们会发现它们交叉于后轮轴中心上（或是汽车独立后悬架轮轴上），这两条线形成的夹角（称为 ACKERMAN 角）使转向臂处于相似弧形的不同部分。转向时，我们会发现每个臂在弧上的移动量是不相等的。转向过程中，内侧转向臂所经过的弧长更大，这样形成了想要的前束外展效果。

定位规范手册中有一列转向前展角（转向角）。你会发现两个值不同：一个针对内侧车轮，一个针对外侧车轮。测量前展角时，以左侧轮开始，向左侧转动至规定角度。利用转角盘上的转向标尺测量转向角度。当达到规定角度值后，有人会告诉你对应车轮的读数。左右误差规范值应在 1.5°以内。

为校正转向半径，弯曲的转向臂必须更换。

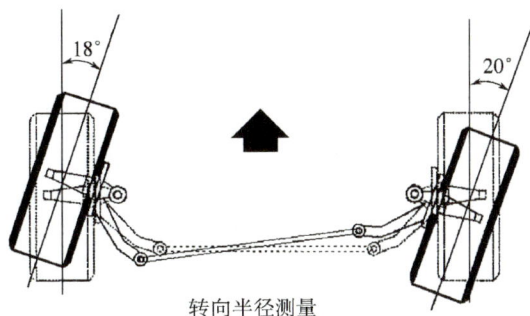

转向半径测量

图 3-57 转向前展测量

特别提示：

 * 就像主销内倾角和包容角一样，转向前展角是主要的诊断角度。当客户报修转向时轮胎有尖叫声，或当轮胎羽状磨损很明显而前束值是正确时，就要检查该角。

对于一些车辆（特别是亚洲车辆），有一个略有不同的检查前展角的方法。对于 1986～1988 年的 Hyundai Excel，内侧轮的转向角规范是 35.8125°，外侧轮的转向角规范是29.25°。该车装有可调全锁止式转向系统。调整步骤如下：向某一方向转动转向盘，当转向盘不能再转时，读内侧车轮转过的值。如果它不符合规范，在车下调整转向挡块，直至达到规范值。如果外侧车轮不在规定的 1.5°以内，则更换转向臂。

特别提示：

 * 测量前展角时，重要的是要在开始前将两转向标尺归零，且前束参数应该是正确的。还要确认转角标尺大于 35°。许多老式转角盘只能达到 35°，必须使用新款。

3.4.5 退缩角（车轴偏角）

在这里要讲的是退缩角（车轴偏角），它也是一个诊断角度。它表示同一个车轴上的一个车轮相对于另一个车轮稍微向后的程度，如图 3-58 所示。有些车辆有向前的退缩角是制造误差和主销后倾角参数引起的。如果两侧主销后倾角不相等，则主销后倾角更大的一侧会有退缩角。如果主销后倾角是通过移动下控制臂来调整的，那么较小后倾角一侧将有退缩角。

不管使用什么样的四轮定位仪，测量退缩角时要将车轮夹具垂直安装，确保前束值是正确的，不正确安装定位测量头会引起不正常的退缩角。测量退缩角时，要严格遵守定位仪操作指导。

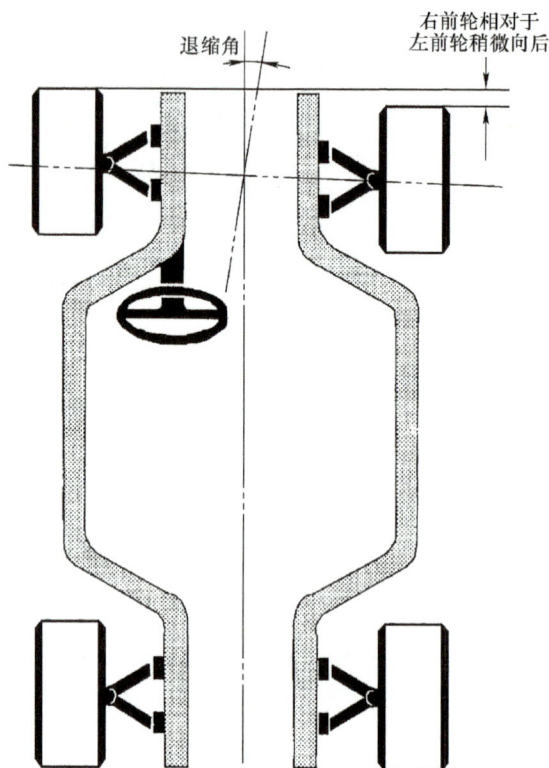

图 3-58　退缩角定义

```
┌─────────────────────────────────────────────────────────────┐
│                                                               │
│     特别提示：                                                 │
│                                                               │
│      * 如果是被撞击所引起的车轴偏角，应先进行校正修复，使车轴偏角不超 │
│   过 1°。                                                      │
│                                                               │
└─────────────────────────────────────────────────────────────┘
```

1. 前退缩角（Front Set Back）

两前轮中心的连线与推进线的垂线之间的夹角，称为前退缩角。当右前轮在左前轮后面时，此状态下规定汽车的前退缩角为正值；当右前轮在左前轮前面时，此状态下规定汽车的前退缩角为负值。如果在汽车的规范值中，汽车的前轮距已知，则前退缩角既可以用角度值来表示，也可以转换成长度值来表示。

2. 后退缩角（Rear Set Back）

两后轮中心连线的垂线与推进线之间的夹角，称为后退缩角。当右后轮在左后轮后面时，此状态下规定汽车的后退缩角为正值；当右后轮在左后轮前面时，此状态下规定汽车的后退缩角为负值。如果在汽车的规范值中，汽车的后轮距已经知道，则后退缩角既可以用角度值来表示，也可以转换成长度值来表示。

3.4.6 横向偏置角

1. 左横向偏置角

左侧前后轮中心连线与推进线之间的夹角称为左横向偏置角。当左后轮比左前轮更向外偏时,此状态下规定左横向偏置为正值;当左前轮比左后轮更向外偏时,此状态下规定左横向偏置为负值。如果汽车的规范值中,已知汽车的前后轴距,则左横向偏置既可以用角度值来表示,也可以转换成长度值来表示。

2. 右横向偏置角

右侧前后轮中心连线与推进线之间的夹角称为右横向偏置角。当右后轮比右前轮更向外偏时,此状态下规定右横向偏置为正值;当右前轮比右后轮更向外偏时,此状态下规定右横向偏置为负值。如果汽车的规范值中,已知汽车的前后轴距,则右横向偏置既可以用角度值来表示,也可以转换成长度值来表示。

3.4.7 轮距差

左侧前后轮中心连线与右侧前后轮中心连线之间的夹角称为轮距差(Track Width Difference)。当后轮距宽度比前轮距宽度大时,此状态下规定轮距差为正值;当后轮距宽度比前轮距宽度小时,此状态下规定轮距差为负值。如果在汽车的规范值中,已知汽车的前后轴距,则轮距差既可以用角度值来表示,也可以转换成长度值来表示。

3.4.8 轴向偏置角

轮距差角的平分线与推进线之间的夹角称为汽车轴向偏置角(Axle Offset)。当汽车的后轮轴向右偏时,此状态下规定轴向偏置为正值;当汽车的后轮轴向左偏时,此状态下规定轴向偏置为负值。如果在汽车的规范值中,已知汽车的前后轮距,则轴向偏置既可以用角度值来表示,也可以转换成长度值来表示。

第4章

科学四轮定位

· 学习提示 ·

科学四轮定位是相对于四轮定位实践中普遍存在的不正确认识和不规范行为而言的。若要科学有效地解决四轮定位问题，需要有科学的态度和科学的手段，走出误区。

4.1 何时需做车轮定位检查

如果出现下列情况必须检查车轮定位：

1）不能正常行驶。

2）更换零件或车辆肇事。

3）拆卸车桥部件，见表4-1。

4）轮胎偏磨。

表4-1 拆卸车桥部件定位要求表

部件更换	定位要求
前桥部件更换	
下控制臂	需做车轮定位
车轮轴承座	需做车轮定位
转向拉杆/转向拉杆端	需做车轮定位
转向器	需做车轮定位
副车架	需做车轮定位
减振器	需做车轮定位
后桥部件更换	
减振器	不需做车轮定位
螺旋弹簧	不需做车轮定位
整体力矩梁	需做车轮定位
副车架	需做车轮定位
下横向连接/上横向连接	需做车轮定位
控制臂	需做车轮定位

4.2 询问车况并做好记录

接车时，先要聆听和分析驾驶人的描述和症状测试。仔细倾听驾驶人的描述是非常重要的。如有可能要进行试车，检查振动、跑偏和其他可能引起驾驶舒适性的症状。有些车轮定位问题是可以通过目测检查就可以发现的（如吃胎）；有些则不能直观发现。如果检测出跑偏，则检查跑偏是否发生在制动时。路试可以帮助维修人员了解车况，且可进一步确定可能存在缺陷的大致区域，并对故障产生的可能原因做出大致判断。

特别提示：

＊试车工作要由专业人士来完成。

4.3 车辆顶升和举升位置

按阴影区所显示的支撑点升起汽车，如图4-1所示。支撑点用来承受汽车千斤顶，当用千斤顶、举升机或支座来举升或支撑汽车时，应使用该点小心地升起和降下汽车以防损坏车身外壳。

图 4-1 千斤顶和举升机支撑点的位置

特别提示：

* 图中所注区域仅作为举升车辆的参考点，并不代表每个汽车车架、车身底部或车身轮廓的精确结构。

◆ 4.4 定位前检查 ◆

特别提示：

* 做四轮定位的前提条件是车辆悬架和底盘部件是良好的。

在进行车轮定位前，要做一个完整的车辆检查，见表4-2～表4-4。

表4-2 定位前检查项目表

标　记	检 查 项 目	标　记	检 查 项 目
☐	排气管及吊架	☐	消声器
☐	后轮减振器/滑柱(漏油、支架、衬套)	☐	排气管
☐	后轮弹簧(破损、下垂)	☐	前U形接头(松旷、油封上的红记)
☐	燃油泄漏	☐	变速器(支架、油液渗漏)
☐	后轮纵臂(裂纹、衬套、锈蚀)	☐	排气歧管(裂缝、垫圈漏气)
☐	后桥(漏油、损坏、锈蚀)	☐	前发动机支架(多数在左侧)
☐	后轮制动液泄漏	☐	前轮胎尺寸
☐	后车轮尺寸	☐	前轮胎磨损
☐	后车轮磨损	☐	前轮胎损坏
☐	后车轮损坏	☐	前轮胎磨痕样式
☐	后车轮磨痕样式	☐	前轮胎轮胎气压
☐	后车轮轮胎气压	☐	发动机油液渗漏
☐	后U形接头(松旷、油封上的红记)	☐	前弹簧(损坏、下沉)
☐	驻车制动拉索(检查余量)		

表4-3 全驻车检查项目表①

标　记	检 查 项 目	标　记	检 查 项 目
☐	横拉杆球头	☐	转向机构(自由量)
☐	齿条齿轮机构	☐	摆动杆(连接杆、车架衬套)
☐	中心线	☐	滑柱轴衬
☐	惰性臂	☐	万向节磨损指示
☐	转向摇臂		

① 车轮停放的转角盘上安装锁销。

表 4-4　升起车辆检查项目表

标　记	检 查 项 目	标　记	检 查 项 目
☐	万向节（除磨损指示式万向节）	☐	滑柱支架
☐	控制臂轴衬	☐	前轮和后轮轴承

当将车辆停置于举升机上之前，进行目测。如果检查出车辆有明显的下沉或倾斜，这可能意味着弹簧疲劳或损坏。如果存在这些情况，就不能做四轮定位。

举升起车辆，从车辆后部开始检查。

特别提示：

＊ 以下项目与车轮定位直接相关，在进行车轮定位之前一定要认真检查如下项目。另外，以下项目因车型配置不同而异。

一定要重视所有需要修理的项目。与驾驶人讨论所需维修项目。维修要在做定位之前进行。

特别提示：

＊ 做任何其他车轮定位校准之前，必须检查或纠正车身高度。

车身高度是用以确定所有其他定位角度的首项测量内容，也称车饰高度或控制高度，如图 4-2 所示。该参数用于确定正确的悬架高度，以便测量所有其他定位角度。通常，不正确的车身高度说明弹簧老化或失效。车身高度不正确，可能引起驾驶和轮胎磨损问题。这是因为悬架是以不同或不正确的几何关系来工作的。在制造商的车轮定位规范中，一般都能够找到车身高度规范值。如果车身高度不在制造商的允许公差范围内，调整量将会很小。有些情况下调整是不可能的。

图 4-2　车身高度测量

如果车辆装有电子车身控制系统，系统必须工作正常以获得正确的定位参数。有些系统可能要求，在做车轮定位之前先解除电子车身控制系统功能（如 Land Rover Discovery Ⅲ）。参考车辆维修手册中有关于电子车身控制装置的规范细节。

◆ **4.5 人性化检查** ◆

4.5.1 转向系统和悬架系统的目测检查

在仔细询问和试车工作完成后,下一步要对车辆的转向系统和悬架系统进行目测检查。四轮定位检测本身并不足以消除转向系统故障和轮胎磨损问题,还有其他一些影响因素必须考虑。因此在进行四轮定位之前,应检查转向系统和悬架系统的所有零部件,以便能彻底、快捷、准确分析和判断并掌握故障产生的真正原因。

4.5.2 车辆跑偏故障的定位前准备

如果驾驶人所描述的症状和工作人员检查的结果一致,都是车辆跑偏,则在进行定位前首先确定此种跑偏是否由侧滑引起。具体方法如下:

1) 如果是子午线胎(真空胎),将前轮左右两车轮进行互换对调,然后试车。如果车轮左右对调后跑偏方向朝向对调前的相反方向,可以确定前轮侧滑是影响因素(往往是主要因素)之一。解决的办法有两个:

① 四车轮全面对调,直至找到消除跑偏的组合。

② 将前轴两车轮中任一车轮的轮胎拆下,翻面180°后再装上。轮胎翻面后大多数情况下可以大幅度降低侧滑引起的跑偏。如果效果不明显则建议驾驶人全换新轮胎。

2) 如果前面左右两车轮对调后跑偏方向没有改变,则对后面左右两车轮重复上述相同操作。如果后轮对调后跑偏方向仍没有改变,可以确定跑偏不是由侧滑造成的,则必须用四轮定位专用检测仪器进行四轮定位测量以进一步找出跑偏故障原因。

4.5.3 轮胎检查项目

在进行四轮定位检测之前,应进行轮胎检查,轮胎检查项目见表4-5。

> **特别提示:**
>
> * 以下项目间接反映出车轮定位状态,在进行车轮定位之前一定要对每个车轮认真检查如下项目。

表4-5 轮胎检查项目表

标 记	检 查 项 目	标 记	检 查 项 目
☐	是否新轮胎	☐	是否中央磨损
☐	是否均匀磨损	☐	是否块状磨损
☐	是否内缘磨损	☐	是否损坏
☐	是否外缘磨损	☐	备用轮胎状况
☐	是否双缘磨损		

4.5.4　制动系统检查项目

在进行四轮定位检测之前，应进行制动系统检查，制动系统检查项目见表4-6。

> **特别提示：**
>
> ＊一般来讲，以下项目属于汽车保养范畴。车轮定位作为汽车维修服务工作有一整套的检查项目，一个完整的车轮定位服务工作应考虑到表4-6中这些项目。另外，以下项目因车型配置不同而异。

表4-6　制动系统检查项目表

标记	检查项目	标记	检查项目
☐	检查制动液	☐	制动片
☐	制动液状态	☐	车轮制动分泵
☐	制动感觉	☐	制动鼓
☐	制动泵测试	☐	制动蹄
☐	电源调压器	☐	制动部件
☐	复合阀	☐	制动系统管路
☐	驻车制动器	☐	制动软管
☐	驻车制动器拉索	☐	防滑型制动系统
☐	制动夹	☐	制动液不足警告
☐	制动盘	☐	制动灯

4.5.5　发动机室内检查项目

在进行四轮定位检测之前，要进行发动机室内检查，发动机室内检查项目见表4-7。

> **特别提示：**
>
> ＊一般来讲，以下项目属于汽车保养范畴。车轮定位作为汽车维修服务工作有一整套的检查项目，一个完整的车轮定位服务工作应考虑到表4-7中的这些项目。另外，以下项目因车型配置不同而异。

表4-7　发动机室内检查项目表

标记	检查项目	标记	检查项目
☐	冷却液	☐	风窗玻璃清洗液
☐	冷却液回收系统	☐	真空管路
☐	冷却液循环软管	☐	PCV阀
☐	传动带	☐	油压
☐	机油注满程度	☐	冷却液温度
☐	转向油注满程度	☐	制动液不足警告
☐	转向油循环软管	☐	空气滤清器
☐	制动液注满程度	☐	空调控制系统
☐	制动液品质	☐	发动机阻尼器/传动带

4.5.6 底盘检查项目

在进行四轮定位检测之前，应进行底盘检查，底盘检查项目见表4-8。

特别提示：

* 一般来讲，以下项目属于汽车保养范畴。车轮定位作为汽车维修服务工作有一整套的检查项目，一个完整的车轮定位服务工作应考虑到表4-8中这些项目。另外，以下项目因车型配置不同而异。

表4-8 底盘检查项目表

标 记	检查项目	标 记	检查项目
☐	液体泄漏	☐	夹紧/焊接
☐	排气集合管	☐	CV 联结/保护罩
☐	排气管紧固件	☐	万向节
☐	排气垫片	☐	中心支撑轴承
☐	排气管	☐	发动机支架
☐	防热罩	☐	变速器支架
☐	催化转化器	☐	弹簧底座螺栓
☐	消声器	☐	减振器
☐	挂钩	☐	振动阻尼器

4.5.7 人性化检查项目

在进行四轮定位检测之前，还应进行人性化检查，人性化检查项目见表4-9。

特别提示：

* 一般来讲，以下项目属于汽车保养范畴。车轮定位作为汽车维修服务工作有一整套的检查项目，一个完整的车轮定位服务工作应考虑到表4-9中这些项目。另外，以下项目因车型配置不同而异。

表4-9 人性化检查项目表

标 记	检 查 项 目	标 记	检 查 项 目
☐	医药急救包	☐	反光镜
☐	灭火器	☐	风窗玻璃/车窗
☐	示警反光镜	☐	风窗玻璃刮水器
☐	手电筒	☐	前照灯/驻车灯
☐	备用熔丝	☐	转向灯/警告灯
☐	起动电缆	☐	倒车警告灯
☐	拖车绳	☐	仪表板照明灯
☐	备用千斤顶	☐	发动机舱盖/车门是否关紧
☐	座椅安全带状况	☐	蜂鸣器
☐	座椅安全带操作		

◆─────── **4.6　车轮定位测量** ◆───────

> **特别提示：**
>
> ＊　随着汽车工业的飞速发展，四轮定位检测仪的发展也很快，各厂家生产的四轮定位仪的测量方法和操作步骤不尽相同，没有一个统一的模式，但操作流程是基本相同的。

1）选取适当的正确车型。

2）进行轮圈补偿或滚动测量。

① 对于以重力为基准的定位仪（车轮夹具上装有测量传感器，内有倾角传感器），必需做轮圈补偿（ROC）。在目前的工作实践中，轮圈补偿是十分重要的一环，但有些服务商往往省略了这一比较关键的步骤。忠劝一句，在省略这一步骤时应非常小心。首先必须确认车辆轮圈的状况良好，其次必须仔细检查并确认传感器夹具完全安装到位，否则忽略轮圈补偿可能会造成0.1°~0.2°的误差，在某些场合下这是一个很大的误差。必要时做前轮转测。

② 对于三维成像定位仪，需要前后移动车辆做滚动测量，必要时做前轮转测。

3）读取定位数据。

4）主要定位角度调整。应先调整后轮，再调整前轮。对于后轮，应先调整车轮外倾角，后调整前束角；对于前轮，应先调整主销后倾角，后调整车轮外倾角，再调整前束角。

5）打印定位测试及调整结果。

◆─────── **4.7　汽车定位故障快速诊断** ◆───────

四轮定位的技术参数主要由主销后倾角、主销内倾角、车轮外倾角和前束角四项内容组成。但在轿车常规的数据修正与调整中，常以主销后倾、车轮外倾与前束角作为主要的调整对象。

事实上，四轮定位故障并不一定均由上述参数的变化而引起，车身、转向制动与悬架系统的某些组件的故障也有可能产生某些相同的故障现象。

因四轮定位参数变化而引起的可能故障现象，其对应关系见表4-10。

表4-10　四轮定位参数与可能的故障现象对照表

四轮定位参数变化	可能的故障现象
后倾角	
太大	转向时转向盘太重
太小	直线时转向盘摇摆不定、转向后转向盘不能自动归正
不等	车辆往较小后倾角的一侧跑偏
外倾角	
太大	轮胎外侧磨损、悬架零件磨损
太小	轮胎内侧磨损、悬架零件磨损

（续）

四轮定位参数变化	可能的故障现象
不等 ……………………………………	车辆往较大外倾角的一侧跑偏
前束角	
太大 ……………………………………	轮胎外侧羽毛状磨损、轮胎内侧快速磨损、转向盘漂浮不定
太小 ……………………………………	轮胎内侧羽毛状磨损、轮胎外侧快速磨损、转向盘漂浮不定

在车辆正常使用的条件下，因四轮定位参数的漂移和由此引发的故障现象是基本能够对应的，这也是维修人员对路试后的车辆进行快速诊断的方法之一。四轮定位故障现象与可能的故障部位及原因对照，见表4-11。

表4-11　四轮定位故障现象与可能的故障部位及原因对照表

故障现象	可能的故障部位或原因
转向盘太重 …………	后倾角过大、轮胎气压不足、转向系统故障或麦弗逊式减振器故障
转向盘发抖 …………	轮胎动平衡不良、轮胎或轮毂变形、车轮轴承松旷、制动盘磨损或变形、轮胎气压不足
转向盘不正 …………	前束不良或转向系统故障
偏向行驶 ……………	车身两侧高度不等、两侧后倾角或外倾角差异过大、转向系统故障或制动分泵回位不良、左右轮胎规格差异或气压不等、减振器故障
轮胎单侧磨损 ………	外倾角不良或前束不良
轮胎块状磨损 ………	轮胎动平衡不良或后轮前束不良
轮胎羽毛状磨损 ……	前束不良
轮胎波状磨损 ………	轮胎动平衡不良或后轮前束不良

特别提示：

＊ 更为详细的车轮定位故障参见本书第6章。

◆　4.8　车轮定位参数的专项调整　◆

4.8.1　同时调整后倾角和外倾角

对于有些车辆，如果需要同时调整外倾角和后倾角，需要先调整后倾角再调整外倾角。

以控制臂来调整外倾角和后倾角时，一般使用"经验法"，见图4-3和表4-12，可根据垫片规格表来调整后倾角和外倾角，也就是说在一个控制臂的末端改变3.175mm垫片，则将会改变外倾角0.5°和后倾角1°，如果在前后控制臂上同时增加或减少3.175mm的垫片，将会改变外倾角 0.5°；同样，一端加 3.175mm 垫片，另一端减少 3.175mm 垫片将改变后倾角 2°。

表 4-12 垫片规格表

垫片尺寸	外倾角变化	后倾角变化
3.175mm	0.5°	1°
1.59mm	0.25°	0.5°
0.8mm	0.125°	0.25°
0.4mm	0.0625°	/

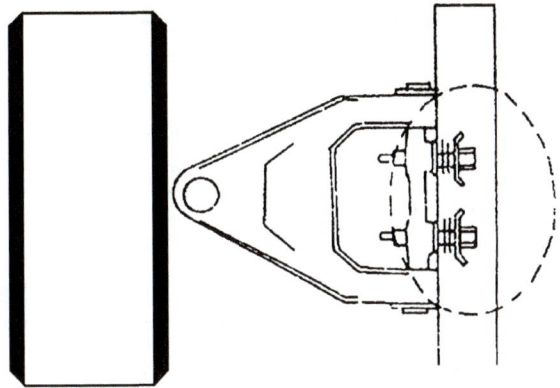

图 4-3 同时调整后倾角和外倾角

特别提示：

 * 调整时根据实际情况而定，看是单独调整一个角度还是同时调整外倾角和后倾角。这种"经验法"只是非常接近实际的调整数值，这种调整根据控制臂的大小和形状而定。实际上这种方法存在 40% 的误差，换而言之，调整的正确性只有 60%。

1. 只改变外倾角而不改变后倾角

如果只改变外倾角而不改变后倾角，则在控制臂的前、后端同时加或减垫片即可，见图 4-4 和表 4-13。

2. 只调整后倾角

如果只调整后倾角，将改变垫片尺寸，将其平均分成两份，一份加在一端，另一端取下相同的数量，见表 4-14。

3. 外倾角和内倾角一起调整

如果外倾角和内倾角一起调整，那么增加或减少垫片数量是调整前后垫片之和。下列数据是改变后倾角和外倾角的调整数据，见表 4-15。

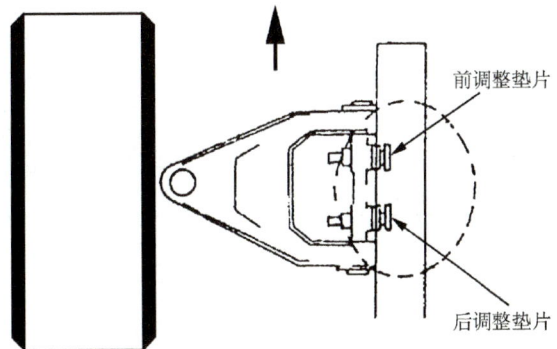

前调整垫片

后调整垫片

图 4-4 只改变外倾角而不改变后倾角

表 4-13 只改变外倾角时垫片使用表

项　目	外　倾　角	后　倾　角
测量结果	0.5°	3.5°
标准值	0.	3.5°
变化量	−0.5°	0
垫片规格	3.175mm	0

（续）

项 目	外 倾 角	后 倾 角
垫片组合及加装位置①		
前：减 3.175mm(= 外倾角 + 后倾角)⋯⋯⋯⋯ 减 3.175mm. ⋯⋯⋯⋯⋯⋯⋯⋯⋯⋯⋯⋯⋯⋯⋯ 0		
后：减 3.175mm(= 外倾角 + 后倾角)⋯⋯⋯⋯ 减 3.175mm. ⋯⋯⋯⋯⋯⋯⋯⋯⋯⋯⋯⋯⋯⋯⋯ 0		

① 垫片加装位置如图 4-4 所示。

表 4-14　只调整后倾角时垫片使用表

项 目	外 倾 角	后 倾 角
测量结果 ⋯⋯⋯⋯⋯⋯⋯⋯⋯⋯	0.5°	3.5°
标准值 ⋯⋯⋯⋯⋯⋯⋯⋯⋯⋯⋯	0.5°	2.5°
变化量 ⋯⋯⋯⋯⋯⋯⋯⋯⋯⋯⋯	0	−1°
垫片规格 ⋯⋯⋯⋯⋯⋯⋯⋯⋯⋯	0	3.175mm
垫片组合及加装位置①		
前：减 1.59mm(= 外倾角 + 后倾角)⋯⋯⋯⋯⋯ 0. ⋯⋯⋯⋯⋯⋯⋯⋯⋯⋯⋯⋯⋯⋯⋯⋯⋯⋯ 减 1.59mm		
后：加 1.59mm(= 外倾角 + 后倾角)⋯⋯⋯⋯⋯ 0. ⋯⋯⋯⋯⋯⋯⋯⋯⋯⋯⋯⋯⋯⋯⋯⋯⋯⋯ 加 1.59mm		

① 垫片加装位置如图 4-4 所示。

表 4-15　外倾角和内倾角一起调整时垫片使用表

项 目	外 倾 角	后 倾 角
测量结果 ⋯⋯⋯⋯⋯⋯⋯⋯⋯⋯	0.5°	3.5°
标准值 ⋯⋯⋯⋯⋯⋯⋯⋯⋯⋯⋯	0	2.5°
变化量 ⋯⋯⋯⋯⋯⋯⋯⋯⋯⋯⋯	−0.5°	−1°
垫片规格 ⋯⋯⋯⋯⋯⋯⋯⋯⋯⋯	3.175mm	3.175mm
垫片组合及加装位置①		
前：减 4.76mm(= 外倾角 + 后倾角)⋯⋯⋯⋯ 减 3.175mm. ⋯⋯⋯⋯⋯⋯⋯⋯⋯⋯⋯⋯ 减 1.59mm		
后：减 1.59mm(= 外倾角 + 后倾角)⋯⋯⋯⋯ 减 3.175mm. ⋯⋯⋯⋯⋯⋯⋯⋯⋯⋯⋯⋯ 加 1.59mm		

① 垫片加装位置如图 4-4 所示。

4.8.2　前驱发动机托架定位不良

　　多数前轮驱动车辆设计有发动机托架(如 Audi A6、Passat B5)，发动机托架也用作悬架系统下支点的连接点，如图 4-5 所示。对于汽车制造商这些组合设计成本更高，因为要将驱动系统和前悬架系统完全组成一体。该总成用螺栓固定在副车架上，与车辆底盘结为一体。该总成必须与副车架正确定位，以确保前轮定位可调整。

　　仔细观察该总成，我们会发现下控制臂的内侧支点是以螺栓连接在托架总成上的。控制臂通过下球节连接到轮轴上。滑柱或上支点连接到轮轴上端，再通过安装在上减振

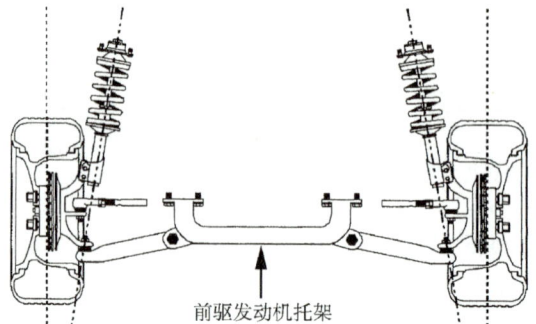

前驱发动机托架

图 4-5　前驱发动机托架

塔上的上滑柱连接到上车身，组成悬架转向轴。

下控制臂支点是托架的一部分，可在副车架下移动，上支点牢固地安装在上滑柱塔上，托架与副车架间的定位关乎到车轮定位。如果托架边到边的定位有误，外倾角和主销内倾角会受到影响。如果托架前后移动，主销后倾角会定位不良。

具体来讲，如果托架被改变，托架移向主销内倾角增加、外倾角减小的一侧；在相对一侧，主销内倾角将减小，外倾角增大，如图4-6所示。

在进行任何其他定位校正之前，托架必须被定位。

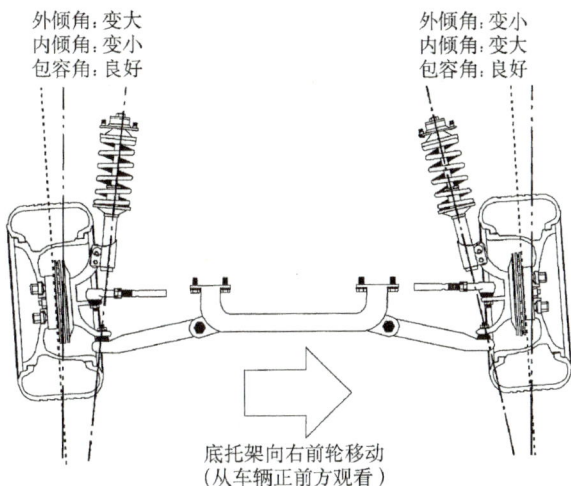

图4-6　前驱发动机托架调整

4.8.3　VAG 前束曲线调整

1. 所针对车型

帕萨特 B5、奥迪 A6、奥迪 A4 等具有四连杆构造的前悬架系统的车辆。

2. 什么是前束曲线

前束曲线，亦称前束恒定值 S，其定义如图4-7所示。

前束曲线是由两个因素确定的：

1）在初始位置 $B1$ 上测量得到的。

2）相对于初始位置 $B1$ 而言，在车辆上升 60mm 后的位置 $B2$ 上测量得到的前束值 $C2$。$C1$ 和 $C2$ 之间的前束差被称为前束恒定值 S。

3. 为什么要做 S 点调整

这些涉及 S 点调整的车型（图4-8），其前悬架系统具有一个类似于平行四边形的机构（从车正前方看）。这样的设计是为了使车辆在行进过程中车轮与路面始终处于正直位置（前束为零，外倾角为零），以减小轮胎磨损。考虑到车辆在制动时的安全性，车辆的制动距离要在安全范围内，这样在制动时前轮前束角不能为零。这类车型的上控制臂在设计上分解为前后一短一长两个臂，当车辆制动时由于负加速度作用，

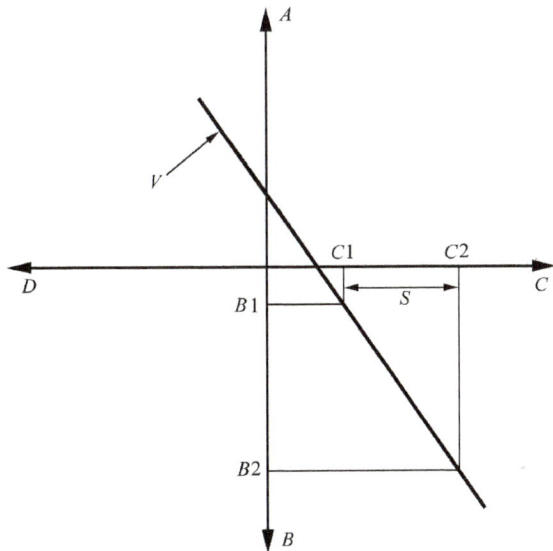

图4-7　前束恒定值 S 的定义

A—弹簧压缩　B—前悬架弹簧伸长　$B1$—初始位置（具有运动底盘的汽车在此状态上再伸长 30mm）　$B2$—汽车相对于状态 $B1$，车辆悬架弹簧伸长 60mm　C—前束　$C1$—在状态 $B1$ 测得的前束值　$C2$—在状态 $B2$ 测得的前束值　D—负前束　V—前束曲线　S—前束恒定值

车身借助惯性向前向下俯冲，这时由于受长短控制臂的约束，前轮会形成一个变化的前束角，制动加速度绝对值越大，前轮前束变化量越大，车辆制动效果越好。但这同时会带来另一个问题，那就是，左前轮和右前轮前束变化量是否同步？如果前束变化量不同步，会造成两个前轮前束变化不对称，致使车辆出现跑偏，尤其车辆在高速行驶时制动跑偏量会更大，这会带来严重的安全问题。

为杜绝这一安全问题，经专业的四轮定位仪检测后，通过调整转向拉杆与转向臂连接处螺栓（轨距杆，即 S 点）的长度，使左前轮和右前轮前束变化量同步，如图4-9所示。

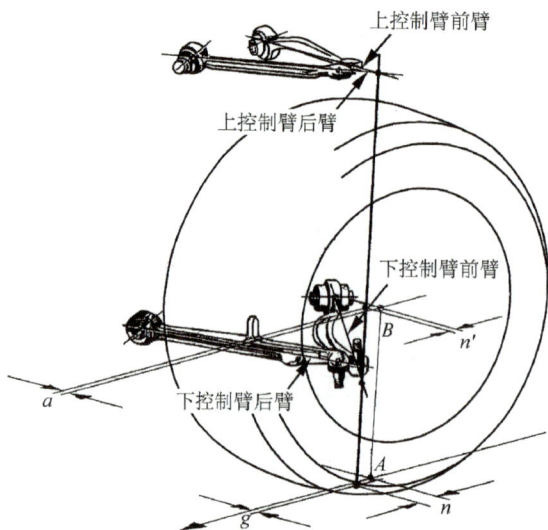

图4-8 具有 S 点悬架的构造

图4-9 S 点调整

4. 什么情况下做 S 点调整

仅在以下情况下需要做 S 点调整：

1）前桥零件和（或）底盘明显损坏。

2）在制动和（或）在不平路面上行驶时，行驶方向不稳定。

3）转向臂和轨距杆之间的连接已松动。

5. 调整步骤

使用传统定位仪进行检测调整。

1）标准底盘汽车弹簧伸长。

① 插入测量定位架 VAG1925 连同定高接头 VAG1925/4，并使二者的螺纹尽量拧到底。

② 使它们在副车架的前螺栓（图4-10）就位。

③ 这时汽车仍未升高，汽车处于空载状态下的 $B1$ 初始位置。

2）运动型底盘汽车前悬架弹簧伸长。

① 安放二次举升器并将汽车前部抬起。

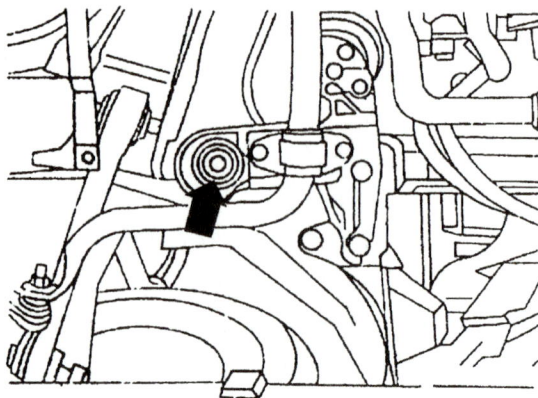

图4-10 副车架前螺栓的位置

② 将接长杆 VAG61925/6 放到测量定位的定高接头 VAG61925/4 上，如图 4-11 所示。

③ 将汽车放下，此时汽车处于运动型底盘空载状态下的 $B1$ 初始位置。

④ 在前桥下部旋转气动举升器将车辆前部升起，使车辆悬架弹簧伸长 60mm。

⑤ 从螺杆中拉出定高接头，如图 4-12 所示。

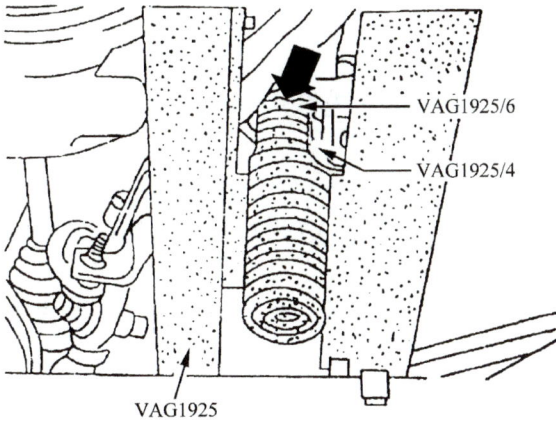

图 4-11　安装定高接头

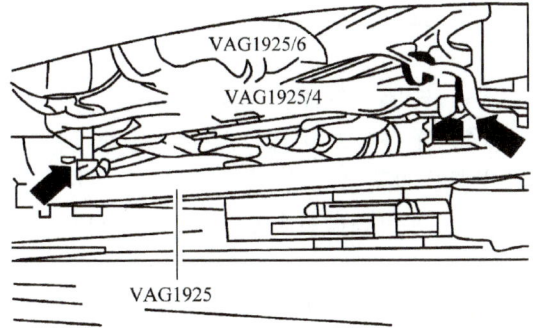

图 4-12　拉出定高接头

⑥ 汽车放到间距样板上。现在汽车处于 $B2$ 位置。

⑦ 通过车轮定位仪测左右轮前束恒定值（实际值）。

⑧ 若恒定值在公差范围外，则进行调整。

6. 定位调整对照

VAG 定位调整对照，见表 4-16。

表 4-16　VAG 定位调整对照表

部　件	是否要求定位调整	是否要求调整前束恒定值
前桥部件		
上部后控制臂	否	否
上部前控制臂	是	是
带液压衬套的导向臂	否	否
减振支柱	否	否
下部控制臂	否	否
支座	是	是
车轮轴承壳体	是	是
转向横拉杆	是	是
转向器	是	是
副车架	是	是
横向稳定杆	否	/
后桥部件		
减振器	否	/
螺旋弹簧	否	/
横向稳定杆	否	/
上控制臂	是	/
下控制臂	是	/
车轮轴承壳体	是	/

（续）

部 件	是否要求定位调整	是否要求调整前束恒定值
转向横拉杆··········	是··········	/
副车架··········	是··········	/
扭力梁总成··········	是··········	/

7. 车轮定位检测条件

1）独立悬架、车轮轴承、转向机构和转向杆系间隙正常且无损。

2）同一车上的轮胎花纹深度差不超过 2mm。

3）轮胎充气压力达到规定值。

4）车在空载状态，但油箱已加满油，且备胎和工具已装到相应位置。风窗/前照灯清洗液灌已加满水。

5）对于底盘可自水平调节车（1BG），测量前先打开点火开关，等到测量高度调节过程终止。

6）检测过程中应注意：滑动台座和转盘不可处于止点位置。

8. 底盘识别

底盘有多种可供选择，可以从底盘代号来识别其型号，见表4-17。

表 4-17 VAG 底盘识别表

底 盘 代 号	识 别
1BA ··········	标准底盘
1BB ··········	恶劣路面底盘2(高度可调整约20mm)
1BC ··········	专用车(防火车、急诊车、警车等)
1BE ··········	赛车底盘
1BG ··········	带水平调节装置的底盘
1BJ ··········	带轻装甲的底盘
1BP ··········	恶劣路面底盘1(整备质量与1BA相同)
1BT ··········	恶劣路面底盘1+轻护板(高度可调整约7mm)

9. 检测准备

1）安装制动踏板固定器装置，如图4-13所示。

2）根据底盘型号选择相应的专用工具，见表4-18。

表 4-18 专用工具使用表

底 盘 代 号	专 用 工 具
1BA ··········	VAG1925、VAG1925/4
1BB ··········	VAG1925、VAG1925/4、VAG1925/6
1BC ··········	VAG1925、VAG1925/4
1BE ··········	VAG1925、VAG1925/4、VAG1925/6
1BG ··········	VAG1925、VAG1925/4
1BJ ··········	VAG1925、VAG1925/4
1BP ··········	VAG1925、VAG1925/4
1BT ··········	VAG1925、VAG1925/4

10. 检测过程

（1）初始位置　车轮定位的初始位置，如图4-14所示。

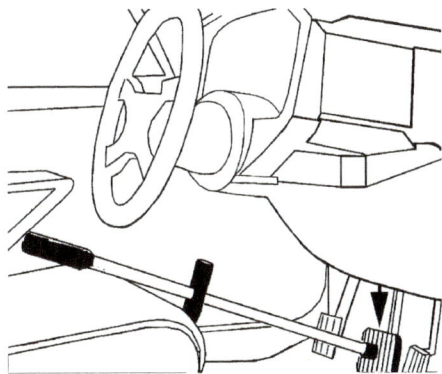

图4-13　安装制动踏板固定器

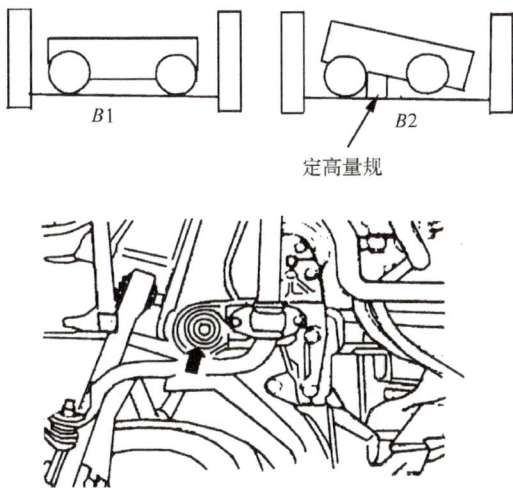

图4-14　车轮定位初始位置

（2）说明　A6（或B5）的前桥前束曲线由两个因素决定：未举起60mm的前束测量值设定为$C1$，对应的初始位置设定为$B1$（前悬架弹簧处于车辆空载状态下的长度），$B1 = 0$时，则$B(C1, 0)$。

前悬架弹簧，在$B1$位置的基础上向上伸长60mm后的位置称为$B2$位置，在$B2$位置上获得的前束测量值为$C2$。

$B2 = 60$mm，$F(C2, 60)$。

前束测量值$C2$减去$C1$所得的前束值成为前束恒定值S：$S = C2 - C1$。

（3）方法

① 装上VAG1925/3或VAG1925/4、VAG192516、VAG1925，将螺纹杆拧出到与副车架的前部螺栓（箭头所示）接触位置。这时，车就处于初始位置。

② 在此位置检测车轮定位，看一下每个车轮的前束值是否与规定值相等。如果需要，可调节转向横拉杆长度来调整前束。

③ 将车举起。进行下一步时，应该保证抬起车，车轮仍与转台接触。将车桥千斤顶安装到前举升点处，并举起进行测量，车辆举高60mm，拉出螺纹杆内的套筒并用锁销固定，保证锁销（箭头所指）正确位置，如图4-15所示。

④ 将车放到VAG1925上。

11. 车辆定位操作

（1）顺序

1）检测后轮外倾角。

2）检测后轮前束

3）检测前轮外倾角。

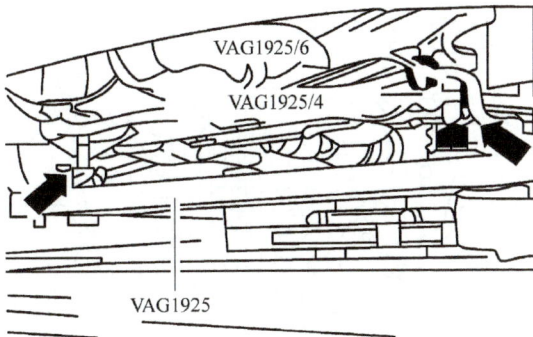

图4-15　拉出加高套筒

4）如果需要，检测前轮前束恒定值 S 曲线。

5）检测初始状态下的前轮前束。

（2）检测后轮外倾角

1）前轮驱动的车，后轮外倾角只能检测，不能调整。

2）如果后轮外倾角超差，检查车桥是否损坏。如果需要，则进行更换。

（3）补偿后轮前束

1）松开支座上的紧固螺栓。

2）松开制动装置。

3）在支座上的长孔内移动车桥来补偿单侧前束值。

4）装好制动装置。

5）如果总前束超差，或单侧前束值无法补偿，应检查车桥是否损坏，必要时更换。检查车身与后桥连接点，需要时进行修理。

（4）补偿前轮外倾角　A6 等车型的外倾角不可调整，但在规定的公差范围内，通过移动副车架可以补偿外倾角。即通过调整车架和副车架的相对位置，利用副车架上重心的偏移，实现对两个车轮外倾角的重新分配，如图 4-16 所示。

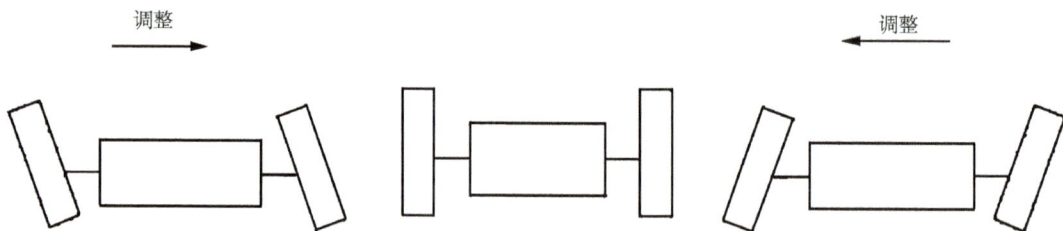

图 4-16　外倾角调整方向

其调整步骤：

① 取下前隔声板。

② 松开螺栓 1~8，并将螺栓 1~4 取下，如图 4-17 所示。应该注意的是，螺栓 5~8 是车架和副车架的连接螺栓。为了安全起见，不能取下只能旋松。

③ 安装上外倾角调整专用工具 VAG1941，如图 4-18 所示。

图 4-17　拧松发动机托架螺栓

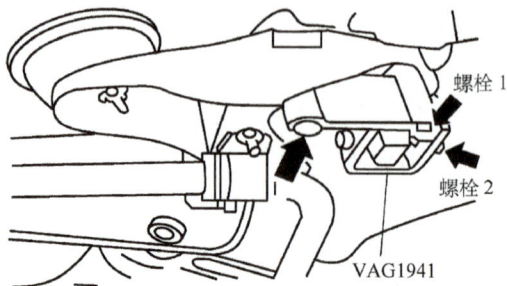

图 4-18　安装外倾角调整专用工具

④ 将专用工具 VAG1941 的两个螺栓插入位置 3 和 4(或 1 和 2)(图 4-17)处的两个螺栓孔中，同时扭动专用工具上的调整螺栓 2(图 4-18)，直到外倾角达到规定值。此时注意，不能旋得太紧，否则会调整不动。随着对拨块调整螺栓的调整，屏幕上外倾角的值将会发生变化。

⑤ 松开螺栓 2(图 4-17)，检查外倾角，如果需要，再次调整。

⑥ 拧上新的六角头螺栓 7 和 8(图 4-17)，拧紧至 110N·m，再拧 90°。

⑦ 拆下 VAG1941，如果数值没有发生变化，即完成调整。拧上新的六角头螺栓 5 和 6，拧紧至 110N·m，再拧 90°。

特别提示：

　*　值得注意的是螺栓 5、螺栓 6、螺栓 7 和螺栓 8 都是一次性的。必须将其中任意两个重新旋紧以保持定位，然后俩俩换下。

---

⑧ 以 60N·m 的力矩拧紧螺栓 1、螺栓 2、螺栓 3 和螺栓 4。补偿外倾角后，必须检查车轮定位的情况。

特别提示：

　*　定位前应检查底盘是否有旷量，如有先更换相应配件再进行定位。必须使用大众专用测试软件的定位仪。

　*　必须使用大众专用调整工具。

　*　必须按照标准规定步骤进行测量、调整。

---

(5) 调整前束恒定值 S 　四连杆机构设计的一个主要目的是减小路面颠簸对驾驶的影响。这一设计直接影响到车辆行进中前束的变化上，变化太小，悬架系统将失去意义，也是不可能的；变化太大，将使驾驶难于控制。四连杆机构可以将这一变化控制在一定范围内。实际中通过 60mm 悬架高度差测量得到，这是大众公司的指定标准，如图 4-19 所示。

我们先在举升机平台上模拟车辆在平地上(以上统称 $B1$ 位置)测量一次前束，得到一个前束 1。然后将车前轴举起放到 60mm 定高量规上(以下统称 $B2$ 位置)，再测量一次前束，得到前束 2，前束 2 减前束 1，应该在标准范围之内，如果超差，需要对两侧球头进行调整。

注：下面以德国百世霸 4000 定位仪为例。

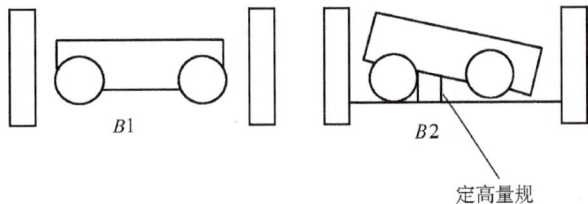

图 4-19　车辆举升 60mm 示例

操作中，进入定位仪的调整画面后，定位仪应将自动对 $B1$ 位置的前束进行测量，并在屏幕上显示结果。这时，前束的公差带较宽，如果超差，需要先对横拉杆进行调整，使前束 1 合格，再次按下定位仪上的相应键 F3，屏幕上将提示将车放到 *B*2 位置的量规上，如图4-19和图4-20 所示。我们先将专用工具 VAG1925 架子连同量规 1925/4 放到举升机上、前悬架托架下，旋转升起 1925/4 下的螺杆，使 1925/4 量规刚刚接触到托架螺栓。然后用二次举升机将前轴抬起到足够高度，将 1925/4 量规拔出，在下面销孔中插上锁销，再放二次举升将托架螺栓正好落在锁销上。这时正是 *B*2 位置，按下 F3，屏幕上将显示 *B*1 位置和 *B*2 位置的前束差值。

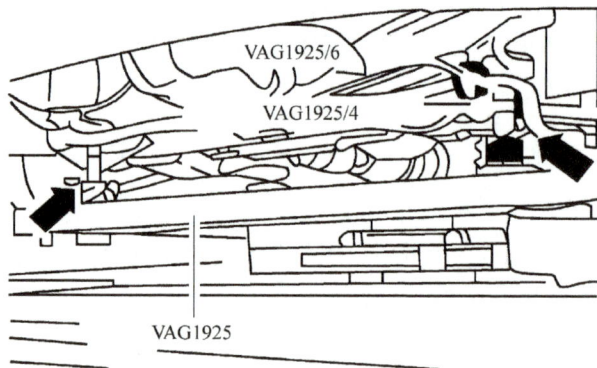

图 4-20　安装 *S* 点调整专用工具

　　如果不合格，松开侧面球头调节紧固螺栓 A，调整间隙螺栓 B，如图4-21 所示。注意这时屏幕显示前束差值上的数值变化很小。在调整后再次按下相应的按键，屏幕提示我们将车放到 *B*1 位置。这时需要将车前轴抬起，取出 VAG1925，再将车放回水平位置。按下定位仪相应的按键又一次测量出 *B*2 与 *B*1 的前束差值，如果已经合格，我们就可以进行下一步，进行前束调整了；如果仍不合格，还需要重复上述工作。完成恒定值调整，再按一次相应的按键，进入到单独前束调整。

　　调整步骤如下：

① 松开螺栓 A。

② 将螺栓 B 拧出约 4mm。

③ 尽量向下压转向横拉杆接头。

④ 拧入调整螺栓 B，直至达到规定值。

⑤ 以 45N·m 的力矩拧紧六角头螺栓 A，并检查该值。必须使用新的六角头螺母，以 7N·m 的力矩拧紧螺栓 B。

⑥ 放下车辆，使之回到初始位置 *B*1。

⑦ 拧紧螺纹心轴。

⑧ 对于标准底盘的车辆，将车体上下振动几次。

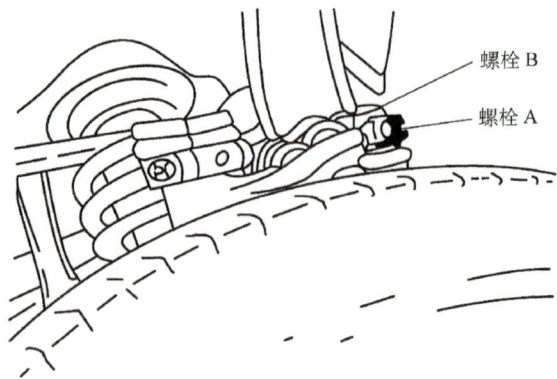

图 4-21　*S* 点调整螺栓的位置

⑨ 调整后检查前束恒定值。

- 用定位仪再次检查前束恒定值。

- 如果测得值超出允许范围，应重新在位置 *B*2（+60mm）进行调整。

⑩ 调整前桥前束，如图 4-22 所示。

- 松开锁紧螺母 B。

- 用六角头螺母 A 分别调整左右轮前束。
- 以 40N·m 的力矩拧紧锁紧螺母 B，再次检查前束值。拧紧螺母 B 后，调整可稍有偏差。

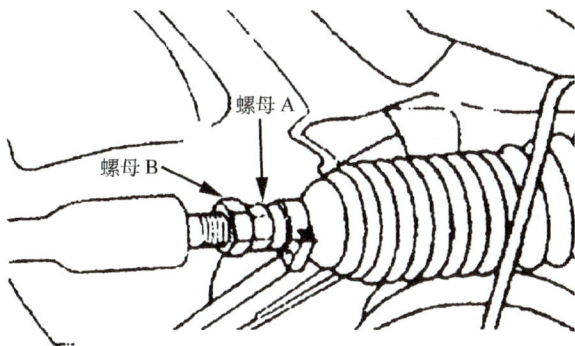

图 4-22 调整前轮前束

注：这里再以 VAS6331 定位仪进行检测调整。

VAS6331 定位仪的检测调整步骤如下：

① 摆正转向盘并用固定器锁止。

② 将车辆前轮二次举升，在底盘前部下方的举升机上安装专用工具 VAG1925。

③ 安装上 60mm 接合器。

④ 将车辆慢慢放下，将车辆置于 VAG1925 上，如图 4-23 所示。

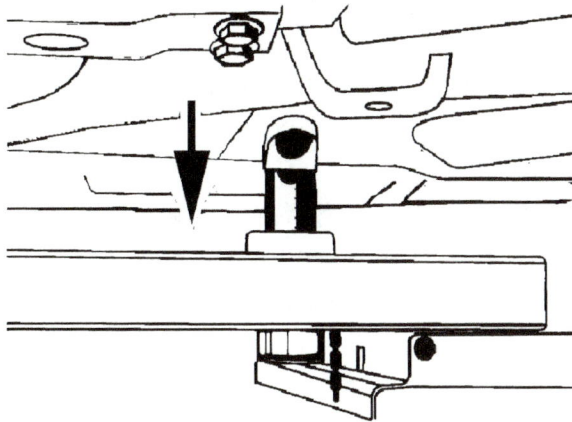

图 4-23 安装 S 点专用支架 VAG1925

⑤ 调整前束恒定值 S。

- 松开六角头螺母 A，如图 4-24 所示。
- 螺栓 B 旋出约 4mm。
- 将转向横位杆球销向下压直到止挡为止。
- 旋转调整螺栓 B，直到精确地达到前束恒定值。
- 六角头螺母用 45N·m 的力矩拧紧，并再次检查前束定值。
- 螺栓 B 用 7N·m 的力矩拧紧。

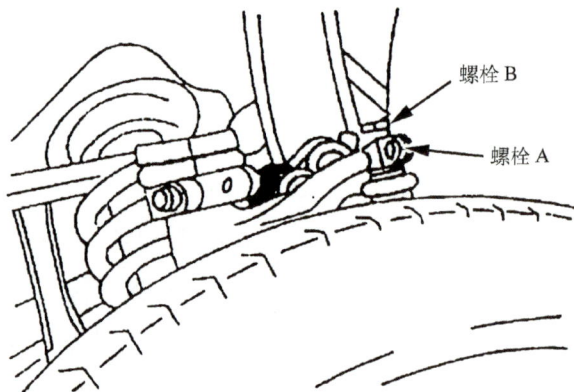

图 4-24 S 点调整螺栓及螺母位置

⑥ 放下汽车，使汽车重新回到 B1 位置。

⑦ 螺杆向下旋转。

⑧ 上、下多次压动具有标准底盘的汽车。

⑨ 调整完前束恒定值后，再次检查前束恒定值。

⑩ 用四轮定位仪再次检查，若测量值小于调整值之外，则必须在 B2 位置上再次调整。

二次举升，升高车辆，移开专用工具 VAG1925，放下车辆。

4.8.4 ADR/ACC 校准及调整

1. 什么是 ADR/ACC

ADR——德国大众(VW)命名，即 Automatische Distanz Regelung 之缩写。

ACC——德国奥迪(AUDI)命名，即 Adaptive Cruise Control 之缩写。

二者缩写不同，但含义相同，都指自适应巡航。

2. 哪些车辆需要做 ADR/ACC 调整

此项调整是针对 VW 和 AUDI 生产的装有巡航控制传感器(雷达传感器)的车辆。截至 2007 年 11 月，仅用于 AUDI A8、AUDI A6 和 VW Phaeton 等车型。

此项调整是利用 ADR/ACC 相机来调整位于前保险杠上的巡航控制传感器(雷达传感器)。

3. OEM 调整前准备

> **特别提示：**
>
> * 只能用大众/奥迪认可的定位仪进行检测(如 VAS6331)。
>
> * 每次定位检测必须进行前后轮定位测量。如果车辆不进行定位检测，不能保证其操控良好。
>
> * 应于汽车行驶 1000~2000km 后，进行车轮定位检测，此时底盘应已定形。
>
> * 所有调整值应尽量接近实际规定值。

（1）车辆跑偏的处置　出现车辆左跑偏或右跑偏问题的原因可能是因为转向机构的小齿轮不在正前方中央位置。当动力转向机构左右两边不平衡时，即会出现此问题，导致车辆偏向某一侧。

特别提示：

　＊若客户反映其车辆跑偏，要求进行定位检测，切记一定要检查转向小齿轮。进行正确前束或/和前束恒定值调整时，转向小齿轮必须位于中央。

（2）预备工序

① 所有前后轮轴的轴距差不得超过2mm。

② 轮胎气压必须达到规定值。

③ 车辆必须处于空载状态。空载是指油箱及风窗玻璃清洗器储液罐必须注满，同时备用胎、千斤顶在车上，但没有驾驶人。备用车轮、千斤顶和其他工具必须放在制造厂商指定的位置。

④ 检查轮毂、转向系统和转向柱是否出现过度晃动。如果需要，应适当调整。

（3）使用ACC调整程序注意事项

① 只可使用大众/奥迪认可的定位仪（如VAS6331）及调整装置进行ACC调整。

② 若要ACC正常运行，必须予以正确调整。

（4）掌握调整时机　建议在下列情况下重新调整ACC：

① 后束角已调整。

② 整个传感器已更换。

③ 前防撞架已拆除或更换。

④ 前轴端受损坏。

（5）工具和设备准备

① VAG1943B或VAS6331车轮定位仪，或大众/奥迪认可的定位仪。

② VAS6190或VAS6041连6041/1。

4. 进行ADR调整

① 将车身调至最高位置，进行定位检测。

② 将车身调至最低位置，进行定位检测。

③ 将车身调至正常位置，进行定位检测，如图4-25所示。

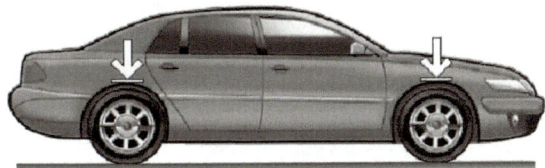

图4-25　调整车身位置

④ 测量车身前后高度，如图4-26所示（仅为示例,具体测量点及其规范依据制造商的推荐）。

5. 进行ACC调整（以VAS6331定位仪进行检测调整为例）

① 汽车举升机前方必须留有至少2.7m的空间，如图4-27所示。

② 取下前防撞架的栅格，将调整装置安装到传感器上，如图4-28所示。

测量前车身高度　　　　　　　　　测量后车身高度

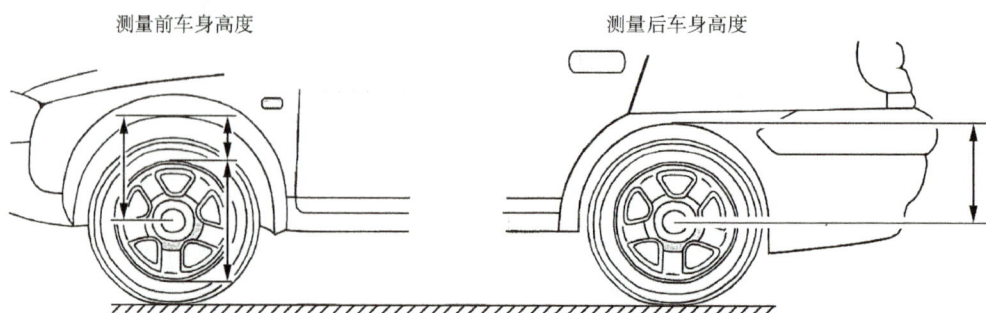

图 4-26　调整前后车身高度

③ 设置好 VAS5051，然后选择 ACC 调整功能。

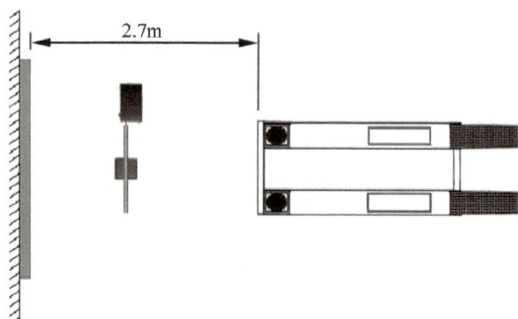

2.7m

图 4-27　确认举升机前要有足够空间　　　　　　图 4-28　拆卸前防撞架的栅格

④ 将 VAS5051 与电池充电器 VAS5095 相连，如图 4-29 所示。

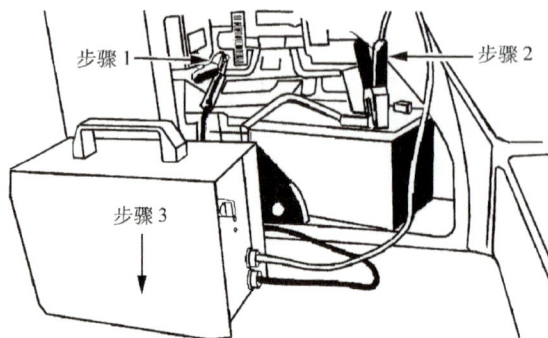

步骤1　　　　　　　步骤2

步骤3

图 4-29　连接 VAS5051 到电池充电器上

⑤ 在车前方 120cm（±5cm）处放置 ACC 架 VAS6090（VAS6041 + VAS6041/1），如图 4-30 所示。

⑥ 将旋钮 A 调校至位置 "2"，如图 4-31 所示。

图 4-30　安装 ACC 架 VAS6090

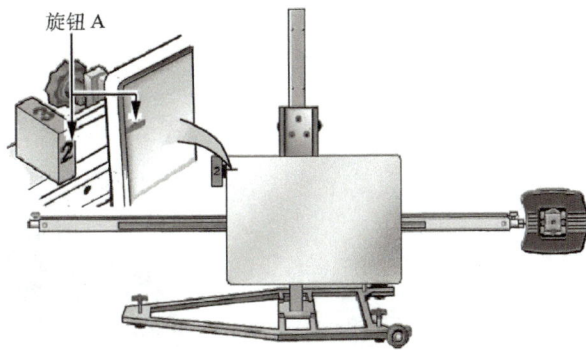

图 4-31 调校投影屏旋钮

⑦ 用激光点将 VAS6190 左右校准，如图 4-32 所示。

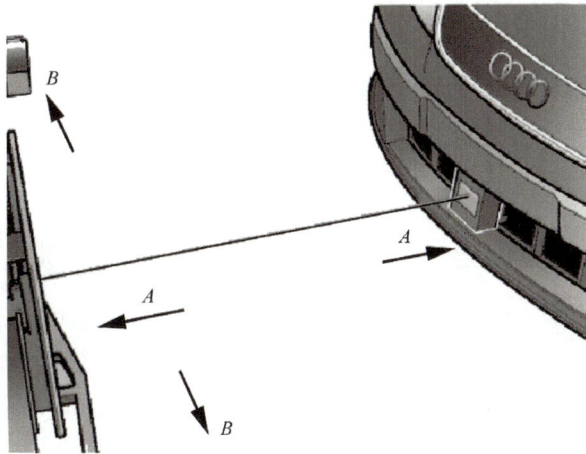

图 4-32 用激光点左右校准 VAS6190

⑧ 用激光点将 VAS6190 上下校准，如图 4-33 所示。

⑨ 将照相机置于 ACC 台上，如图 4-34 所示。

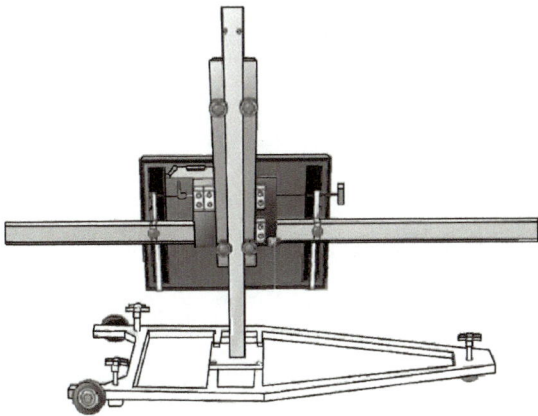

图 4-33 用激光点上下校准 VAS6190

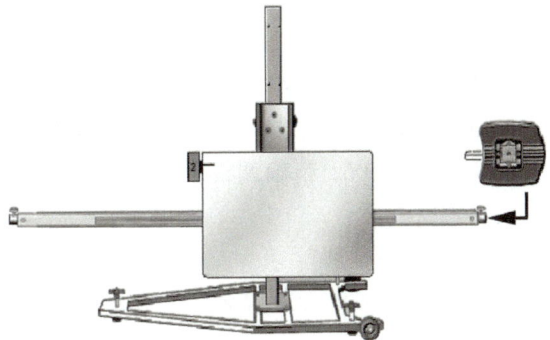

图 4-34 安装 ACC 调整照相机

⑩ 调整 ACC 台水平，如图 4-35 所示。

- 调整机架，直至定位仪数值显示规范值，如图 4-36 所示。

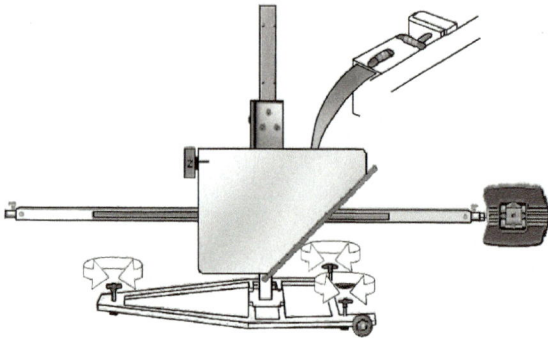

图 4-35 调整 ACC 台水平

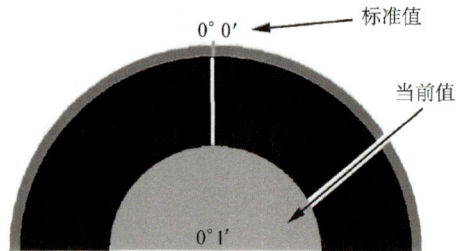

标准值

当前值

图 4-36 调整机架使定位仪数值至规范值

- 用绿色显示的调整旋钮调校 VAS6190，如图 4-37 所示。

- 激光点是否打在镜头的中心？如果没有上述显示，用旋钮 S1 和 S2 调校激光点的位置（3mm），如图 4-38 所示。

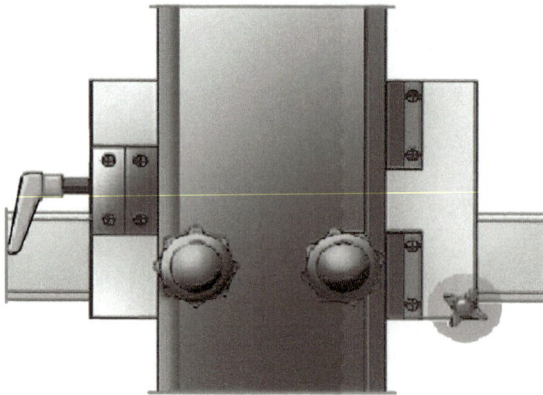

图 4-37 调校 VAS6190

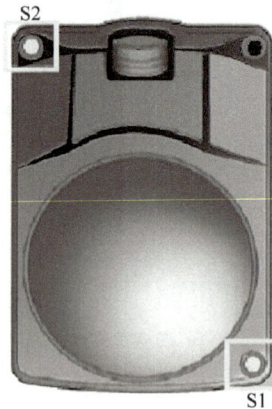

图 4-38 调校激光点至镜头中心位置

- 从传感器上拆除粗调校装置。
- 依照 VAS5051 的指示将传感器进一步调校。
- ACC 调校是第一步。若 VAS6190 显示"最后控制诊断"，按"确定"。
- 完成 VAS5051 精确调校后，按"确定"。完成整个调校工作。

4.8.5 拧紧力矩

强烈建议，对于与定位调整相关连接件的拧紧力矩，操作人员一定要遵守制造商的力矩规范。

第 5 章

四轮定位专用零件及工具

学习提示

　　在汽车四轮定位工作实践中，我们会接触到各种各样的专用零件和专用工具。有时专用零件对于定位维修、调整是必不可少的；专用工具为定位检测、调整和维修提供了一个专业、高效的手段。

　　本章针对常用的专用零件和专用工具结合实践进行分类讲解。

◆ **5.1 四轮定位专用零件** ◆

5.1.1 外倾角调整螺栓

偏心螺栓调整件(图5-1),适用于悬架为麦克弗逊式的车型。在进行螺栓选择时,要根据原有螺栓圆孔直径尺寸来选择偏心螺栓型号。取下支柱上的螺栓后,大约可以调整外倾角 $\pm(1.5° \sim 1.7°)$。

图5-1 典型的外倾角调整螺栓

安装方法如下:

1)拆下车轮后,取出减振器支架上部的原厂螺栓,如图5-2所示。

2)安装对应的偏心螺栓。安装方向有两种选择:向正外倾方向调整(轮胎上部向外运动)时,将螺栓凸轮朝向车内,金属定位片的舌头朝向车外方向插入;向负外倾方向调整(轮胎上部向内运动)时,将螺栓凸轮朝向车外,金属定位片的舌头朝向车内插入。

3)带上螺母,使金属定位片上的小齿压入减振托架槽侧。

4)装上车轮、传感器。

5)转动螺杆,直至外倾角所需的度数。

5.1.2 外倾角组件

典型的外倾角调整组件如图5-3所示。

后轮外倾角调整范围:$\pm 4.00°$。

安装方法:

1)在开始定位之前,需要检查缺失和磨损零件,轮胎气压情况,以及轮胎磨损的形式。

2)使用举升机将汽车升起。

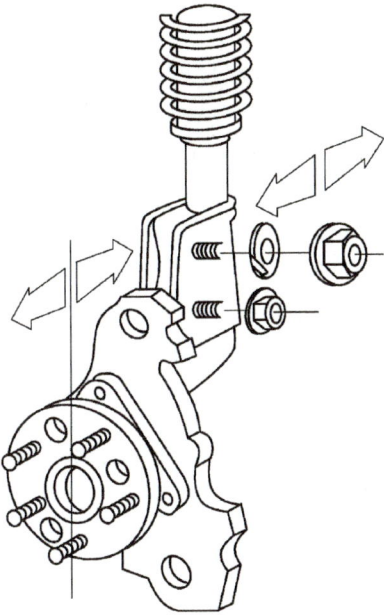

图 5-2　外倾角调整螺栓安装

图 5-3　典型的外倾角组件

3）拆除后轮和轮胎配件。根据情况，从稳定拉杆的一侧，小心地拆除防抱死制动的托座。从上控制臂中拆除原厂配件(稳定杆)。

4）查看配件(后轮外倾角组件)的两端螺纹是否距离相等。安装此配件时，首先要将左右螺纹调整相等。

5）安装控制臂与配件上的螺栓和螺母，不能使它过于旋紧。

6）使用扳手旋钮六方调整螺母调节外倾角，直至外倾角达到所需的要求。

7）外倾角调整以后，使用两端锁紧螺母把调整螺母拧紧。

8）如果车辆上安装有 ABS，请将 ABS 安装在 KTBT016 的托座上。

9）检查后轮前束正确后，测试车辆，完成校正。

5.1.3　双角度后轮调整垫片

典型的双角度调整垫片如图 5-4 所示。

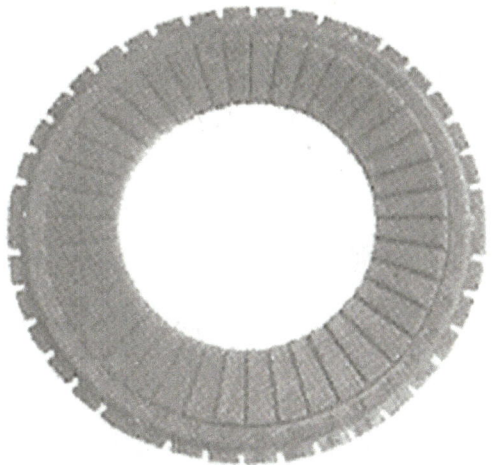

图 5-4　典型的双角度调整垫片

1. 相关工具及辅件

部分前轮驱动车型，其后轮的前束角和外倾角，可加有固定角度的整面接触垫片来调整定位角度。

1）安装垫片前，先取出旧的垫片，再测量定位决定需要调整的角度。每片可同时调整前束或外倾角。每片可调整范围为±1.5′。

2）建议使用专用剪刀切割垫片（图5-5），以避免损坏垫片。

3）加上垫片后，制动盘被外移。用间隙垫片可消除制动夹与摩擦片的间隙，如图5-6所示。

4）加上垫片后，制动盘被外移，原有螺栓可能不够长，请使用M10×40mm后轮毂加长螺栓，如图5-7所示。

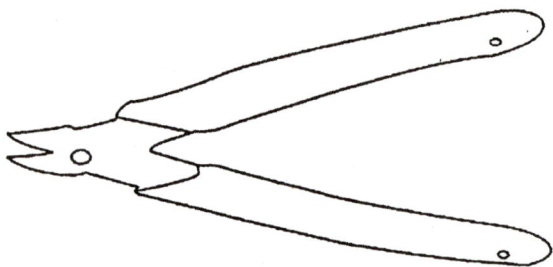

图5-5　双角度调整垫片剪刀　　　　　　　　　　图5-6　典型的间隙垫片

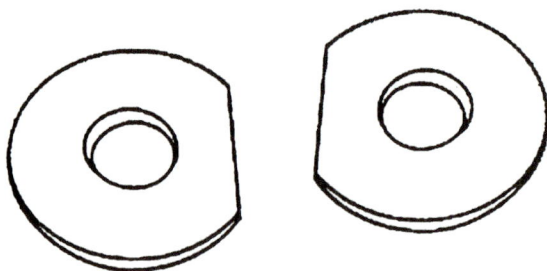

2. 安装说明

1）根据三种圆形垫片所适用的不同车型，选择正确的垫片。

2）开始定位前，一定要检查车辆是否有松旷和磨损的部件，检查轮胎气压及异常轮胎磨损状态。

图5-7　后轮毂加长螺栓

3）在安装定位传感器之前，检查后轴两轮上是否有以前安装的垫片；如果有，必须取下以前的旧垫片以获得标准数据。

4）从定位仪上读取检测的外倾角和前束角数据，并与原厂的数据进行比较，确定出外倾角和前束角的改变量。其计算公式：改变量＝原厂值－实测值。

例如：

外倾角：原厂值为－0.40，实测值为－1.00，则外倾角改变量＝（－0.40）－（－1.00）＝＋0.6；前束角：原厂值为＋1.00，实测值为＋0.20，则前束角改变量＝（＋1.00）－（＋0.20）＝－1.00。

特别提示：

　＊ 计算以代数方法计算。建议定位仪的角度单位设置为百分度来表示，否则要进行单位换算。

5）根据适用车型模板，对应图示查出应改变量：

① 在坐标图的左侧竖列中选取前束角的改变量，在坐标图的上部横行中选取外倾角改变量。

② 由外倾角改变量所在列的方向（向下）与前束角改变量所在行的方向（向右），查到两者的交叉点。

③ 交叉点方框中显示有圆形垫片外环和内环数字（上面的数字为垫片外环数字），称为参考数字。

④ 如果交叉点的方框中没有参考数字，则选择相邻的（最适合的）方框中的参考数字。

要注意前束角比外倾角更为重要，因此，在选择时，建议以前束角为准，外倾角的改变量以选择最相邻的参考数字。

6）旋转垫片内环，按参考数字将内环和外环数字对在一起。

根据不同车型，选择相应的模板图，将垫片带数字面朝上放在待进行定位的车型的模板图上，并将刚才对好的参考数字对准箭头。模板图中显示出需要被切下的部分。

特别提示：

　＊ 对要去除的部分做一个记号。注意某些车型还需要去除额外一些区域，让出制动管路位置。

7）使用工具由里向外去除需要去除的区域。

8）拆下轮胎、轮毂及制动系统直到露出后桥端面，清除端面滞留物，如图5-8所示。

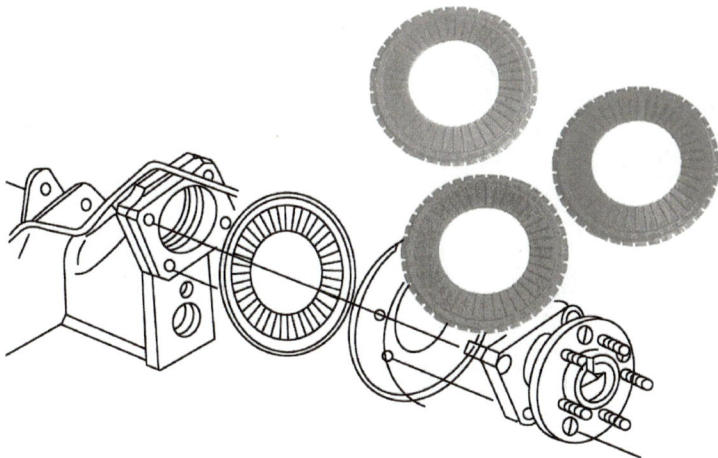

图5-8 双角度调整垫片安装位置

9）安装垫片的方向：从车后向前看，垫片有数字的一面朝右。

10）重新安装制动系统、轮毂和轮胎。安装时按照制造商规定的紧固力矩拧紧螺栓，先从垫片最薄处开始，然后交叉依次拧紧。

3. 使用注意事项

1）电脑上的单位改变为百分度。

2）检查底盘是否有旷量，如果有则更换相关部件。

3）严格按照说明书上的车型、款式、年代进行加装。奥迪100的普通型（不带ABS），可以不考虑。

4）紧固力矩为58.8~73.5N·m。

5）垫片调整是双角度调整的最佳方式。

6）带电子ABS的车辆，不能使用双角度调整垫片。

5.1.4　前轮后倾角、外倾角调整螺栓

在使用专用调整工具后，仍未达到调整要求的情况下，使用前轮外倾角和后倾角螺栓是一个很有效的补充手段。典型的前轮双角度调整螺栓，如图5-9所示。

安装方法如下：

把车前轮顶起，拆下原有的12mm螺栓，装上特种偏心螺栓（图5-10），然后使用专用扳手，转动螺杆直到所需的角度。螺栓最大紧固力矩不得超过68.6 ~ 78.4N·m。

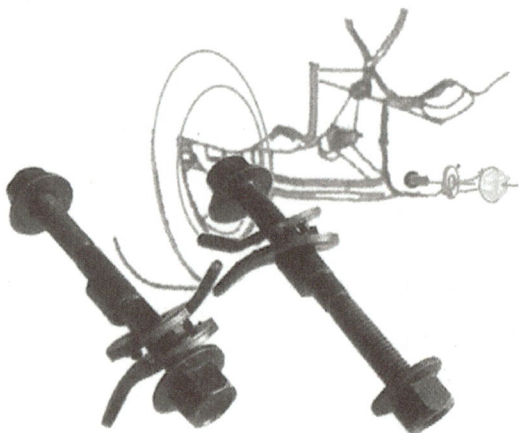

图5-9　典型的前轮双角度调整螺栓

5.1.5　偏心吊耳外倾角组件

偏心吊耳外倾角组件作为前轮外倾角配件，使那些不可调整的外倾角实现角度调整，该配件代替了原有配件，如图5-11所示。它可使汽车延长寿命、节约维修费用。

1. 适用车型

现代索纳塔、中华等系列车型。

2. 安装方法

1）在开始安装之前，首先应该检查轮胎的气压和轮胎的磨损情况，然后顶起车轮取下轮胎。

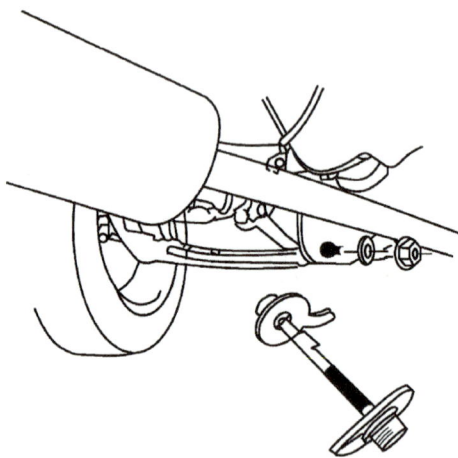

图5-10　安装前轮双角度调整螺栓

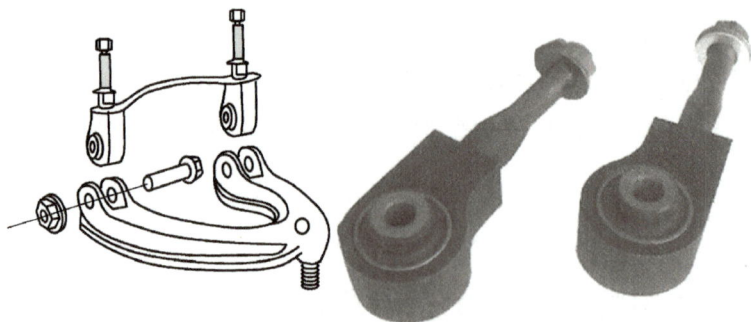

图5-11　典型的偏心吊耳外倾角组件

2）拆下车辆架上的两个吊耳，选择所需配件，将其安装到A形架上，使用专用扳手可以很方便地调节吊耳偏心内套，如图5-12所示。

3）调整后，按规定力矩拧紧螺栓即可。

注：一盒套件有两个偏心吊耳臂，可以调整一边车轮的外倾角。

5.1.6　外倾角调整螺栓

典型的外倾角调整螺栓，如图5-13所示。

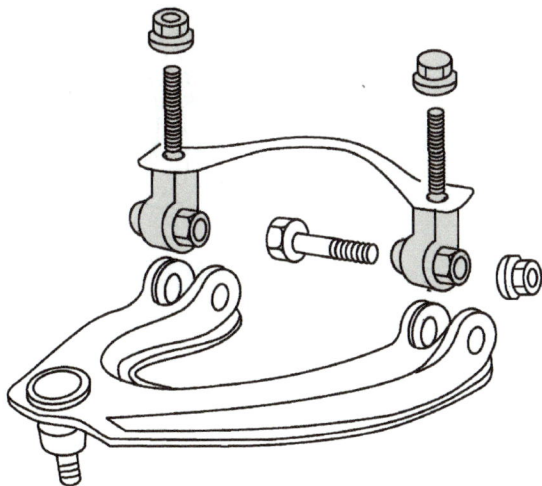

图5-12　安装偏心吊耳外倾角组件

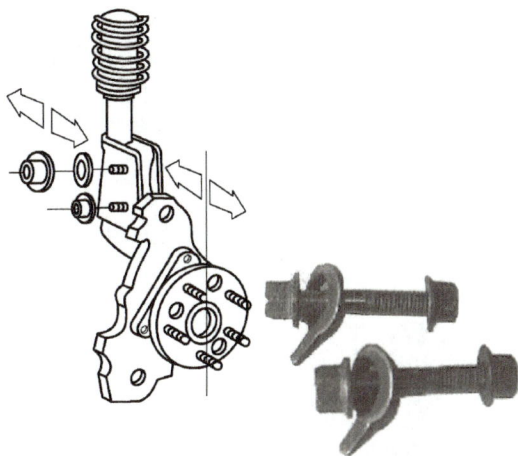

图5-13　典型的外倾角调整螺栓

5.1.7　后轮外倾角调整组件

1. 更换方法

1）将车辆后轮举起，把外倾角有误差的一侧下控制臂的主控制臂拆下，将两端的M12控制臂螺栓用扳手拆下，并取下螺栓。

2）换上该调整组件，将其安装在控制臂的相应位置。装上M12的控制臂螺栓，并使用扭力扳手紧固螺母，如图5-14所示。

3）安装调整组件后，将车辆放下，使其处于水平放松状态。

2. 调整方法

1）车辆处于水平放松状态，测量出后轮数值，按标准值进行相应调整。

2）调整完后，用扭力扳手锁紧调整螺母两头即可，如图5-15和图5-16所示。

5.1.8　后轮前束调整螺栓

对于多连杆式独立后悬架，其后轮前束专用螺栓，如图5-17所示。

1. 适用车型

1）本田系列：2.0L、2.2L、2.3L、2.4L、3.0L，如图5-18所示。

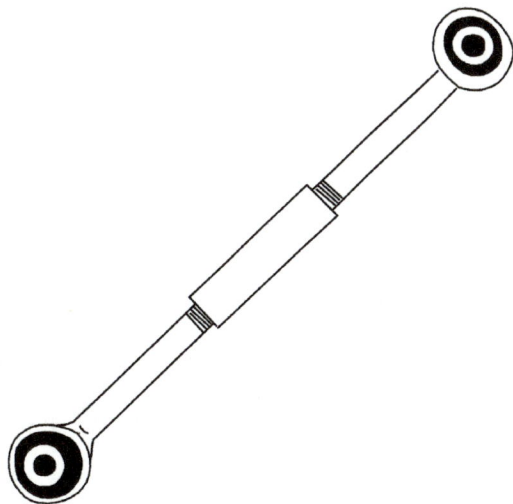

图5-14　安装后轮外倾角调整组件

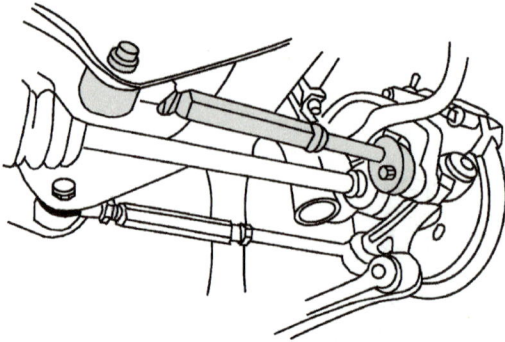

图 5-15 后轮外倾角调整组件的
安装位置（1/2）

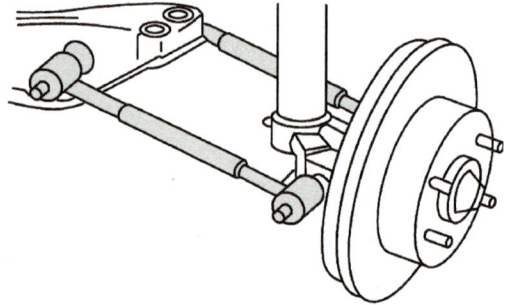

图 5-16 后轮外倾角调整组件的
安装位置（2/2）

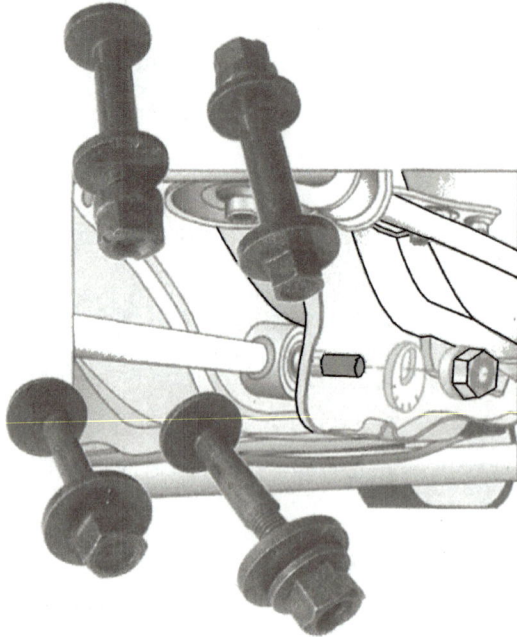

图 5-17 典型的后轮前束调整螺栓

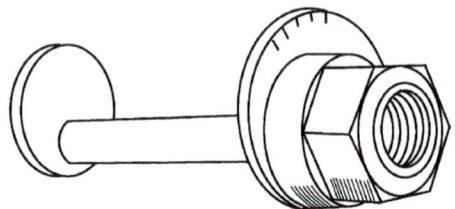

图 5-18 后轮前束调整螺栓样式（1/4）

2）铃羊、雨燕系列，吉利豪情，如图 5-19 所示。

3）马自达：929、323、626；宝马：7401、7501L、X5、Z4；索纳塔 2.5V6、天籁、中华系列；奔驰：5320、5500、5600、5350；雷克萨斯：ES250、GS400、LS400、SC400，如图 5-20 和图 5-21 所示。

2. 安装方法

1）调整后轮前束时，容易损坏原车偏心螺栓。

2）顶起车身，将后前束角拉杆上的偏心螺栓取下，然后换上专用高强度螺栓，如图 5-22 所示。

3）放下车身，安装上传感器。

4）安装力矩：78.4～98N·m。

图 5-19　后轮前束调整螺栓样式(2/4)

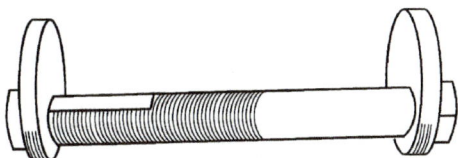

图 5-20　后轮前束调整螺栓样式(3/4)

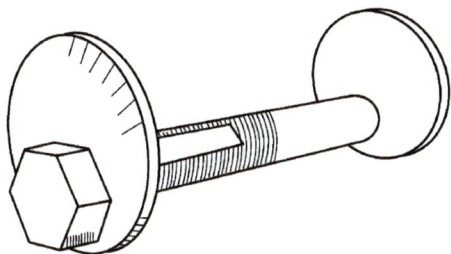

图 5-21　后轮前束调整螺栓样式(4/4)

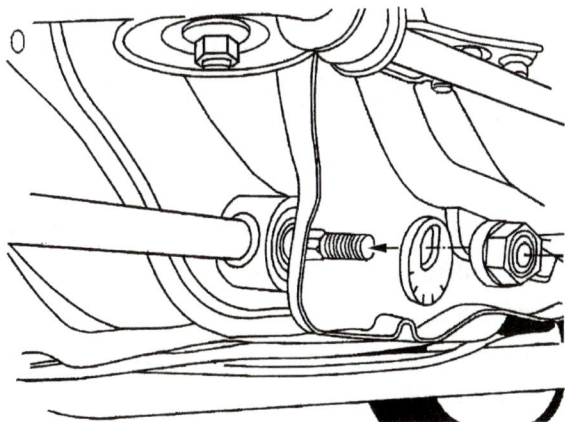

图 5-22　安装后轮前束调整螺栓

5.1.9　前轮偏心吊耳

　　前轮偏心吊耳可替代原有不可调节的配件，并且可以调节正负外倾角，如图5-23所示。

　　安装方法如下：

　　1）在开始安装之前首先应该检查轮胎的气压和轮胎的磨损情况，然后顶升车轮取下轮胎。

　　2）拆下车架上两个吊耳，选择

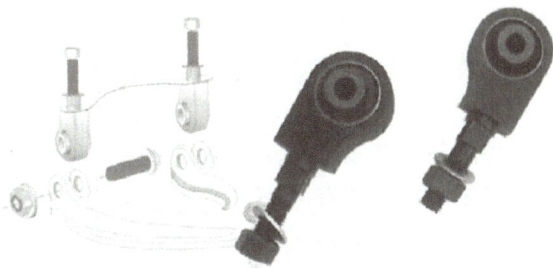

图 5-23　典型的前轮偏心吊耳

所需要型号配件，只需以固定角度安装上即可，如图5-24所示。

　　3）对于可调整的，将所选择的型号安装到A形臂上，使用专用扳手可以很方便地调节吊耳偏心内套。

　　4）调整后按规定紧固力矩紧固螺栓即可。

特别提示：

　　*　一盒套件有两个偏心吊耳臂，可以调整一侧车轮的外倾角。

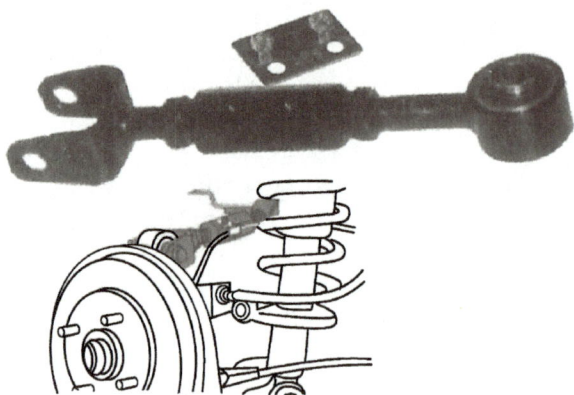

5.1.10　本田 CRV 外倾角组件

本田 CRV 外倾角专用调整组件如图 5-25 所示。

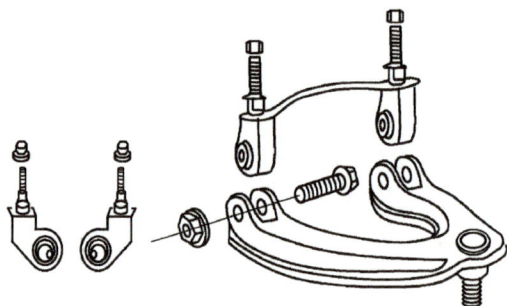

图 5-24　安装前轮偏心吊耳　　　　　　　图 5-25　本田 CRV 外倾角组件

后轮外倾角调整范围：-4.00°~+4.00°。

安装方法：

1）在开始定位操作之前，需要检查零件磨损情况、零件是否丢失、轮胎气压，以及轮胎磨损的形式。

2）使用举升机将汽车抬起。

3）拆除后轮和轮胎配件。根据情况，从稳定拉杆的一侧，小心地拆除防抱死制动器的托座。从上控制臂中拆除原厂配件（稳定杆上）。

4）检查后轮外倾角组件的两端螺纹的拧入程度是否相等。安装此配件时，首先要将左右螺纹调整到相同位置。

5）安装控制臂与配件上的螺栓和螺母，不要拧得过紧。

6）使用扳手调整螺母调节外倾角，直至外倾角达到规定要求。

7）外倾角调整以后，使用两端锁紧螺母将调整螺母拧紧。

8）如果车辆安装有 ABS，请将 ABS 安装在外倾角组件的拖座下。

9）检查后轮前束角正确后，测试车辆，完成校正。

5.1.11　单角度外倾角/前束角垫片

1. 适用车型

大众系列：桑塔纳、桑塔纳 2000、捷达、高尔夫、四连杆式前悬架帕萨特；克莱斯勒系列：太阳舞、纽约客、帝王；福特系列：FESVA ASPRE。

2. 使用注意事项

1）建议将四轮定位仪的测量单位设置为百分度单位。

2）在安装垫片前，首先要检查车辆底盘的相关部件，检查是否存在旷量，如有旷量要先更换后再安装垫片。

3）在每个车轮上，最多只能加装两片垫片，但不要超过 2°。

4）螺栓的紧固力矩：58.8~73.5N·m。在紧固螺栓时，应先拧紧垫片薄的一边，然后再拧紧厚的一边，对角分四次紧固。

3. 安装方法

1）将定位仪所显示的外倾角或前束角的测量值与原厂规定的标准值（车规）进行比较，确定出外倾角或前束角的修正量。计算公式：修正量＝原厂值－实测值。

特别提示：

＊ 计算以代数方法计算。建议定位仪角度单位设置为百分度来表示，否则要进行单位换算。

2）按照四轮定位规程的要求，检查底盘零件和轮胎，如果后桥有任何形式的调整垫片，应首先将垫片拆除后安装好后轮，再进行测量。

3）结果计算出后轮需要调整的角度，选择相等或相近的垫片。

4）拆下车辆的车轮及制动系统，一直拆到后桥根部。

5）将与垫片接触的表面清理干净，不然会导致调整角度不准确。

6）垫片上有一标明角度数的标注，这个角度标注表明要修正的外倾角或前束角改变的方向性。

① 沿着垂直地面方向安装，可以改变外倾角。角度标注朝上，增大外倾角；角度标注朝下，减少外倾角。

② 沿着水平地面方向安装，可以改变前束角。角度标注朝后，增大前束角；角度标注朝前，减少前束角。

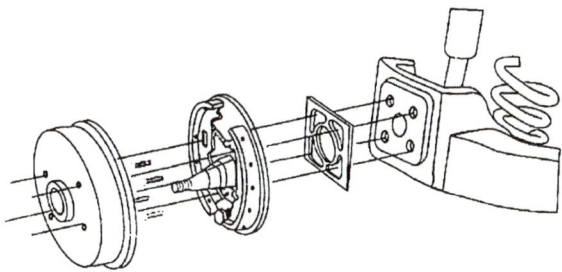

图5-26 安装单角度外倾角/前束角垫片

特别提示：

＊ 如果需要同时改变外倾角和前束角，可以将两个垫片垂直叠加使用，但是一般不建议采用这种办法，如图5-26所示。

7）装回轮毂，按照制造商的技术要求，用扭力扳手或其他扭力工具紧固螺栓，再安装车轮；不然，会导致调整的角度不准确。

5.1.12 外倾角、主销后倾角U形插片

典型的外倾角、主销后倾角U形插片，如图5-27所示。

使用方法如下：

1）松开上控制臂或下控制臂在车架的连接螺栓。

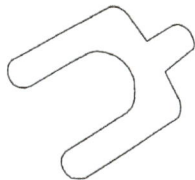

图5-27 典型的U形插片

2）上控制臂与车架之间同时加装 U 形插片，外倾角变小；上控制臂与车架之间同时减掉 U 形插片，外倾角变大。

3）下控制臂与车架之间同时加装 U 形插片，外倾角变小；下控制臂与车架之间同时减掉 U 形插片，外倾角变大。

4）松开上控制臂螺栓，不等值地加减 U 形插片可以调整主销后倾角。注意螺栓长度。

5）按规定力矩紧固螺母。

◆ **5.2　四轮定位专用工具** ◆

5.2.1　大众系列定位调整专用工具

由于奥迪 A6 和帕萨特 B5 车型的前悬架使用四连杆机构，其前轮前束角、外倾角的测量及调整有一定的特殊性。特殊性主要表现在：

1）根据德国大众公司要求设置针对四连杆机构的测量调整程序。

2）必须采用相应配套的专用调整工具：

① VAG 1925（测量定位架，用于前束恒定值 S 点调整）。

② VAG 1925/4（定高接头，适用于标准底盘，底盘识别代码 IBA）。

③ VAG 1941（外倾角调整专用工具）如图 5-28 所示。

5.2.2　转角盘

车辆在做四轮定位转测或调整时，转角盘可用以确保转向轮能够处在自由状态，是四轮定位的必备工具。根据用途不同，转角盘形式也不同，有半圆形转角盘和方形转角盘，如图 5-29 和图 5-30 所示。

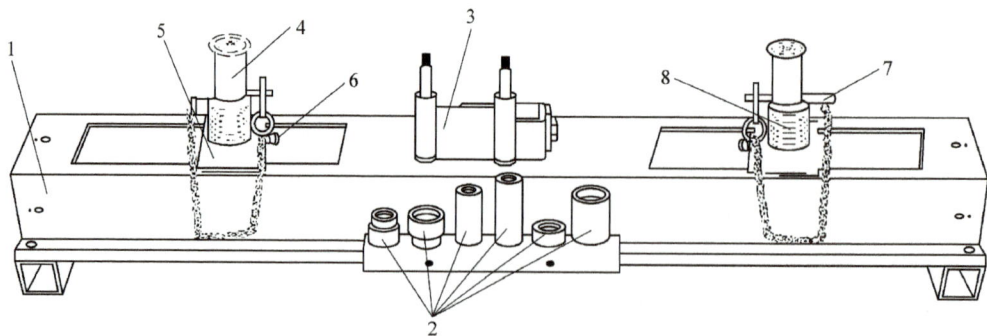

图 5-28　大众定位调整专用工具组件

1—VAG1925（测量定位架）　2—定高接头（自右向左依次为①②③④⑤⑥各 2 件）

3—VAG1941 专用工具（1 套）　4—加高套筒（两件）　5—滑块螺母（2 个）

6—螺杆紧定螺钉（2 件）　7—加高套筒销子（2 个）　8—调整螺杆（2 件）

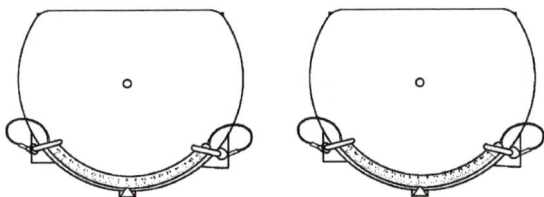

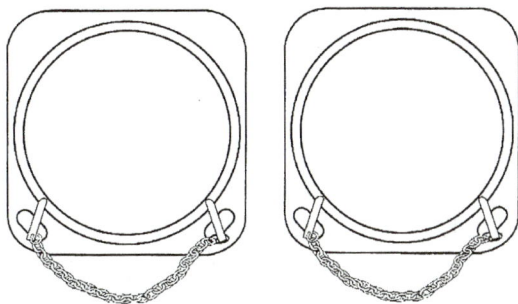

图 5-29　半圆形转角盘　　　　　　图 5-30　方形转角盘

5.2.3　校正器

典型的定位角度校正器如图 5-31 所示。

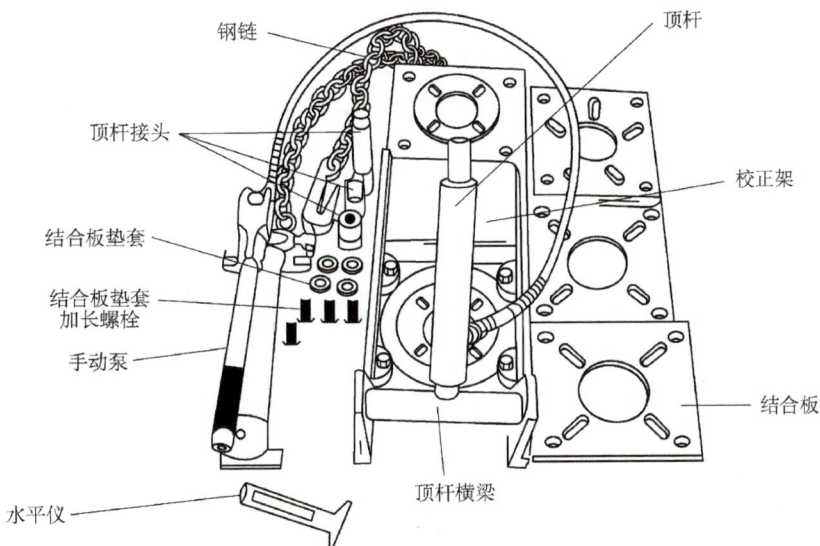

图 5-31　典型的定位角度校正器

1. 用途

在车上的外倾角调整零部件无法调整或外倾角度相差太大的情况下，外倾角校正器可帮助解决相关问题。校正器配合四轮定位仪来使用，无需拆卸减振器，效果好，工作效率高，劳动强度低。

2. 使用方法

1）将轮胎拆下，使校正器固定于制动盘上，如图 5-32 所示。根据车型不同，安装相应的结合板。

2）安装液压顶杆油缸，连接油管，根据需要使用不同的顶杆接头。

3）将水平仪安装在校正架上，将刻度转到零度，并调整水平仪至水平位置，然后固定好水平仪(水平仪仅作为参考)。

4）将顶杆接头顶到减振器外壳适当位置，手动加压，以四轮定位仪检测的外倾角度数为依据，进行外倾角度数的校正，达到所需调整的角度。

5）有的制动鼓盘过低，制动片定位架过高，连接板无法固定在制动鼓盘上，这时使用结合板垫套垫在鼓盘与连接板之间，然后用工具中所配的加长螺栓旋紧即可。

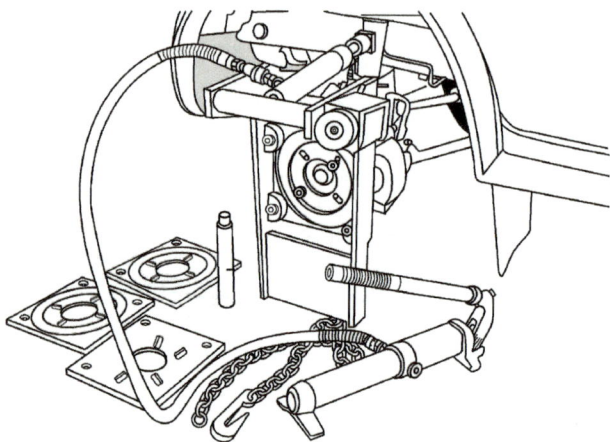

3. 注意事项

1）旋紧油管连接处，以防漏油。

2）水平仪不得强烈振动，以防影响精度。

图 5-32　定位角度校正器的使用

3）手动泵在顶杆快速接头处，不要轻易拆下。

4）如果顶杆升起高度不够，打开手动泵后的注油孔，加注足够的优质液压油。

5）如果在使用时，顶杆不灵活，将顶杆底部朝上，拆下内六角头螺栓进行排气。

5.2.4　磁力水准仪

1. 适用

在使用四轮定位仪测量数据后，如果外倾角大于规定值 1°或小于规定值 1°，这时拆下定位夹具，拆卸轮胎，更换所需的四轮定位专用零件，此时就需要磁力水准仪。以前，操作人员在调整外倾角时，是凭自己的经验操作，有时会出现误差，使用水准仪，就可以很准确地调整到所需的测量角度。

2. 使用方法

1）拆下四轮定位夹具，拆下轮胎。

2）将磁力水准仪小心地吸在制动轮盘的侧面上，如图 5-33 所示。

3）把水准仪调整到零位。

4）安装上所需的定位专用零件。

5）使用专用工具，调整定位零件达到所需测量角度即可。

6）一般情况下，水准仪最大调整角度为 ±5°，精确到 10′（0.2°）。

特别提示：

　　* 在使用磁力水准仪时要轻拿轻放，以免影响其精度。

5.2.5　橡胶支座

在维修底盘时，橡胶支座可以使工作轻松、方便。典型的橡胶支座，如图 5-34 所示。

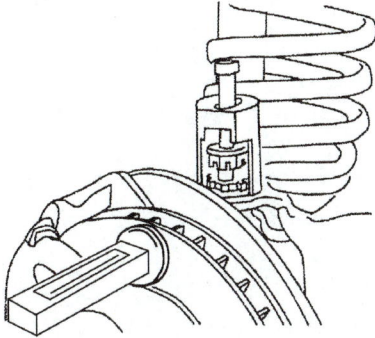

图 5-33　典型的磁力水准仪

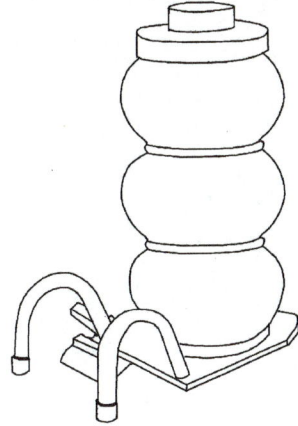

图 5-34　典型的橡胶支座

5.2.6　转向盘固定器

在进行车轮定位或转向系统维修过程中，转向盘固定器用于固定转向盘位置，以保持转向盘方向的正确性。典型的转向盘固定器如图 5-35 所示。

5.2.7　制动踏板固定器

在车轮定位或维修过程中，为使前后车轮能够充分制动，制动踏板固定器可用以锁止制动系统。典型的制动踏板固定器如图 5-36 所示。

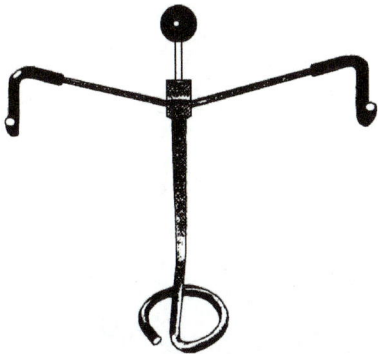

图 5-35　典型的转向盘固定器

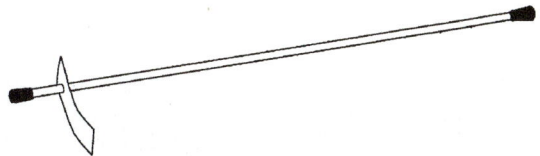

图 5-36　典型的制动踏板固定器

第6章

汽车定位故障诊断

● 学习提示 ●

　　汽车定位故障诊断是四轮定位基础知识中非常重要的部分，它综合了汽车底盘技术、悬架技术和汽车理论多方面知识。本章重点包括人工诊断定位故障、方向跑偏分析和不对称诊断。

　　若要学习得深入扎实，离不开"懂理论、善实践、相结合"，如此方才熟能生巧。

◆ **6.1　定位诊断检查事项** ◆

1. 整备质量

整备质量亦即我们惯称的"空车重量"。所谓汽车的整备质量是指汽车按出厂技术条件装备完整（如备胎、工具等安装齐备），各种油水添满后的重量。注意有的汽车对行李箱、工具箱或油箱质量有限量要求。

2. 轮胎

如果同轴的轮胎型号、气压、磨损程度不同，应做车轮动平衡及径向圆跳动检查。

3. 悬架高度

检查地面到车身底部的距离，若有问题可能是减振器或弹簧损坏，查明原因并修复更换；扭力杆式的悬架，其高度可以调整。

4. 减振器与滑柱

观察减振器是否漏油（用眼观察或进行跳动实验），滑柱上支座轴承是否间隙过大，螺栓是否松动，橡胶衬套或缓冲块是否破损。

5. 车轮轴承

检测轴承造成的车轮转动异响（判断轴承失效），轴承间隔检查（车轮是否有水平移动量）；如有问题，必须进行清洁、更换或调整。

6. 摆臂、衬套和球头

检查转向摇臂是否弯曲变形，转向摇臂衬套是否磨损松旷，球头是否有径向或轴向移动；发现问题必须更换。

特别提示：

＊ 检查这一项时需要将车辆升起。

---

7. 转向传动装置及转向拉杆球头

转向传动装置是否弯曲变形，转向拉杆球头是否松旷，发现问题必须更换；可通过检查转向盘的间隙来检查转向机构的状况。

8. 横向稳定杆及衬套

检查横向稳定杆是否变形，检查稳定杆固定螺栓、隔振垫以及铰链是否磨损；发现问题必须更换。损坏的稳定杆会造成车身过度侧摆，在不平路面会发出"咔嗒"声。

◆ **6.2　跑偏诊断** ◆

跑偏诊断专门用于解决已根据制造商定位规范做过四轮定位，却仍然存在的跑偏问题。

车辆向左侧或右侧跑偏有多种原因。该诊断有助于你查找出问题的位置和纠正的办法。在诊断开始之前，请确认如下情况：

1）轮胎气压要调整正确。

2）前后轮胎与其轮辋尺寸要匹配。

3）车身高度在制造商的规范内。

4）制动器或车轮轴承没有阻滞。

6.2.1　发动机起动时转向盘偏转

如果发动机起动时转向盘向某一方向偏转，通常是动力转向控制阀没有调整。调整该阀纠正转向盘偏转。

6.2.2　制动时车辆跑偏

如果车辆制动时跑偏，原因可能是制动器问题。使用驻车制动器有助于隔离分析问题。制动器温度检查可有助于确定故障位置。参考相应维修手册中的故障排除方法和维修项目。

6.2.3　不规律跑偏

不规律跑偏意味着转向部件有约束问题。将车轮置于转角盘上，转动转向盘从约束位置到另一个约束位置来感知约束情况。间歇噪声也可意味着部件脱位或有约束。放松悬架或转向部件也有助于诊断不规律跑偏。重新检查所有悬架和转向部件。

6.2.4　行驶在颠簸路面时车辆跑偏或跑舵

正常情况下，悬架压缩或伸长时前束会有些变化。悬架伸缩过程中，过大的前束变化会引起向一侧跑舵。这一现象称为"冲击转向"。

1）松弛的部件：可能包括发动机托架松旷，其他坏损或松旷的部件也可能引起冲击转向。

2）转向几何原理：定位角度或不良的定位元件可能引起冲击转向，应进行冲击转向分析程序。

6.2.5　恒定跑偏

恒定跑偏可能是由于定位角度超标或轮胎锥形所致。

1）定位角度未调整或未知（定位条件不可靠）。在进行跑偏诊断之前，车轮定位设置必须明确在制造商推荐的条件下。

2）定位符合规范而车辆仍跑偏（恒定跑偏）。有时轮胎因制造问题引起跑偏。如果轮胎有轻微的锥形，会引起轮胎弧形滚动，该轮胎状态称为锥形状态。如果轮胎安装在前轮，这会引起更大的磨损。下面的测试可确定出是否轮胎引起问题，以及是哪个轮胎引起问题。

> **特别提示：**
>
> ＊ 对于有些带有方向或定制的轮胎，该测试可能不适用。

在所有轮胎上标记出原始位置和在轮毂上的位置。将左前轮和右前轮进行换位。

（1）跑偏方向相同（车辆仍在同一方向上跑偏）　如果车辆仍在同一方向上跑偏，轮胎锥度不是问题。将车轮安装回到原位置。

特别提示：

* 以下信息将指导你利用定位角度来做跑偏补偿。

下面哪一个描述更贴近当前状态？

1）前轮向左跑偏。一般情况下，后倾角和外倾角等定位角度可用来补偿跑偏。如果车辆向左跑偏，加大右轮外倾角和/或减小左轮外倾角。单侧和整个外倾角要保持在制造商推荐值的范围内。定位补偿不该用来掩盖主要问题。

如果跑偏没有被消除，下面哪一个描述更贴近当前状态？

① 车辆向左跑偏（补偿后）。调整引起跑偏方向转变（如：原先是左跑偏，调整后变成右跑偏）。这意味着调整补偿过度。减小补偿值直至跑偏被消除。

② 车辆向右跑偏（车辆继续向右跑偏）。利用后倾角这一定位角度可补偿引起跑偏的常态条件。另外，外倾角也可用于补偿跑偏。加大左轮外倾角和/或减小右轮外倾角。单侧和整个外倾角要保持在制造商的推荐值范围内。除此之外的调整，被视作掩盖主要问题。

2）前轮向右跑偏。一般情况下，后倾角和外倾角等定位角度可用来补偿跑偏。如果车辆向右跑偏，加大左轮外倾角和/或减小右轮外倾角。单侧和整个外倾角要保持在制造商推荐值的范围内。定位补偿不该用于掩盖主要问题。

如果跑偏没有被消除，下面哪一个描述更贴近当前状态？

① 车辆向左跑偏（补偿后）。调整引起跑偏方向转变（如：原先是右跑偏，调整后变成左跑偏）。这意味着调整补偿过度。减小补偿值直至跑偏被消除。

② 车辆向右跑偏（车辆继续向右跑偏）。利用后倾角这一定位角度可补偿引起跑偏的常态条件。另外，外倾角也可用于补偿跑偏。加大左轮外倾角和/或减小右轮外倾角。单侧和整个外倾角要保持在制造商推荐值的范围内。除此之外的调整，被视作掩盖主要问题。

3）后轮向左跑偏。一般情况下，后倾角和外倾角等定位角度可用来补偿跑偏。如果车辆向左跑偏，加大左轮后倾角和/或减小右轮后倾角。单侧和整个外倾角要保持在制造商推荐值的范围内。定位补偿不该用于掩盖主要问题。

如果跑偏没有被消除，下面哪一个描述更贴近当前状态？

① 车辆向左跑偏（补偿后）。调整引起跑偏方向改变。这意味着调整补偿过度。减小补偿值直至跑偏被消除。

② 车辆向右跑偏（车辆继续向右跑偏）。利用后倾角这一定位角度可补偿引起跑偏的常态条件。另外，外倾角也可用于补偿跑偏。加大左轮外倾角和/或减小右轮外倾角。单侧和整个外倾角要保持在制造商推荐值的范围内。除此之外的调整，被视作掩盖主要问题。

4）后轮向右跑偏。一般情况下，后倾角和外倾角等定位角度可用来补偿跑偏。如果车辆向左跑偏，加大左轮后倾角和/或减小右轮后倾角。单侧和整个外倾角要保持在制造商推荐值的范围内。定位补偿不该用于掩盖主要问题。

如果跑偏没有被消除，下面哪一个描述更贴近当前状态？

① 车辆向左跑偏（补偿后）。调整引起跑偏方向改变。这意味着调整补偿过度。减小补偿值直至跑偏被消除。

②　车辆向右跑偏(车辆继续向右跑偏)。利用后倾角这一定位角度可补偿引起跑偏的常态条件。另外,外倾角也可用于补偿跑偏。加大左轮外倾角和/或减小右轮外倾角。单侧和整个外倾角要保持在制造商的推荐值范围内。除此之外的调整,被视作掩盖主要问题。

(2)　跑偏方向相反(跑偏在对侧)　两前轮胎对调后,如果跑偏相反,意味着两个轮胎中有一个有故障。左前轮胎与左后轮胎对换。

1)　跑偏已消除。对调左侧两个轮胎后,如果跑偏问题消除,左后轮胎有故障,更换左后轮胎。

2)　跑偏未消除(对换右侧两轮胎)。如果对换左前和左后轮胎没有消除跑偏问题,则对换右前和右后轮胎。

①　跑偏消除。对调右侧两个轮胎后,如果跑偏问题消除,则右后轮胎有故障,更换右后轮胎。

②　跑偏没有消除(车辆前轮定位)。安装轮胎到最小跑偏量的位置。如果跑偏仍然不理想,就利用定位角度来补偿跑偏。

特别提示:

* 以下信息将指导你利用定位角度来进行跑偏补偿。

下面哪项描述最符合当前情况?

①　前轮向左跑偏。见本节"(1)跑偏方向相同(车辆仍在同一方向上跑偏)"中的"前轮向左跑偏"。

②　前轮向右跑偏。见本节"(1)跑偏方向相同(车辆仍在同一方向上跑偏)"中的"前轮向右跑偏"。

③　后轮向左跑偏。见本节"(1)跑偏方向相同(车辆仍在同一方向上跑偏)"中的"后轮向左跑偏"。

④　后轮向右跑偏。见本节"(1)跑偏方向相同(车辆仍在同一方向上跑偏)"中的"后轮向右跑偏"。

6.2.6　方向跑偏的故障分析与排除

行驶跑偏是指汽车在直线上行驶时,若驾驶人轻握转向盘,行驶方向会自动朝一侧偏离。造成这种现象的原因主要如下:

1)　前轮定位失准,左、右侧轴距不一致。

2)　左、右侧行驶阻力不一致。

3)　左、右车轮半径不一致等。

其中前轮定位失准最为复杂,它又包括了主销后倾角不等、前轮外倾角不等、主销内倾角不等几种原因。

下面我们做一下具体分析:

1. 主销后倾角不等

汽车转向轮系统设置主销后倾角的目的,是要使汽车在行驶中遇外力作用而产生方向偏离时，能产生回正力距使车轮自动回到原来中间的位置。

如图6-1所示，在这里用 α 表示主销后倾角。此时作用在车轮的地面垂直反力 F_z，与主销轴线在空间上相错，设置回正力力臂为 b。按照图6-1b，将 F_z 分解为 F_z' 和 F_α''，其中 F_α' 与主销轴线平行，F_α' 与 F_α'' 相交，则 F_α'' 产生促使车轮绕主销转动的力矩 M_α。左轮产生的转动力矩 $M_{\alpha l} = F_{\alpha l}'' \times b_l$，右轮产生的转动力矩 $M_{\alpha r} = F_{\alpha r}'' \times b_r$，如图6-1c所示，$M_{\alpha l}$ 有使左轮绕主销向右偏转的倾势，$M_{\alpha r}$ 有使右轮绕主销向左偏转的趋势。由于左、右转向轮是通过转向机构相互连接的，若 $M_{\alpha l}$ 与 $M_{\alpha r}$ 大小相等，则两者相互抵消，行驶方向不会产生偏离；若 $M_{\alpha l} > M_{\alpha r}$，行驶方向将向右偏离；若 $M_{\alpha l} < M_{\alpha r}$，行驶方向将向左偏离。

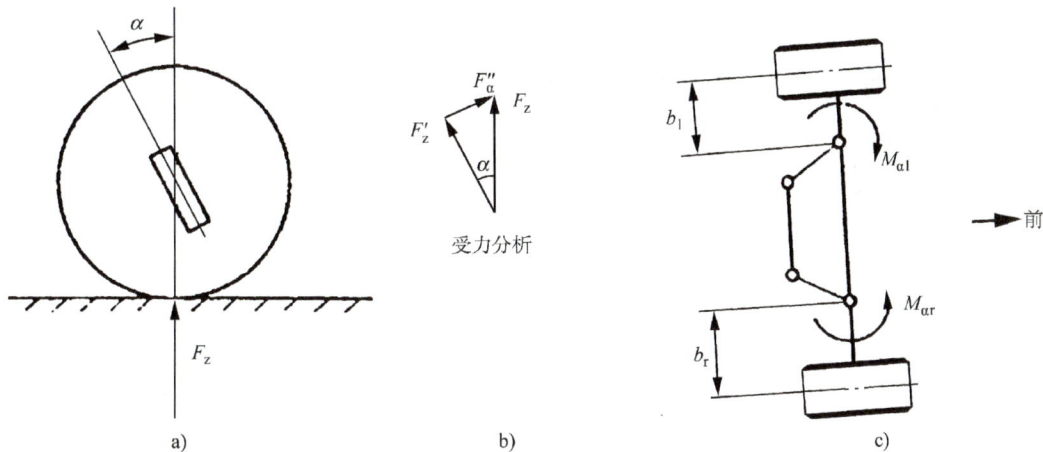

受力分析

a)　　　　　　　　　b)　　　　　　　　　c)

图6-1　主销后倾角不等对跑偏的影响

综上所述，我们不难看出，在其他条件相同的情况下，当主销后倾角不相等时，汽车可能向主销后倾角较小的一边跑偏。

2. 前轮外倾角不等

设置前轮外倾角的目的，是为了避免其在承载时变形而出现车轮内倾，使轮胎磨损均匀，减轻轮毂外轴承的负荷。如果左、右轮外倾角 β 不一致（图6-2），将使地面垂直反作用力到主销轴线的距离不一致，在其他条件相同的情况下，将使 $M_{\beta l}$ 与 $M_{\beta r}$ 不一致。此时汽车将向外倾角大的一侧跑偏。

3. 主销内倾角不等

主销内倾角既有自动回正作用，又有使转向轻便的作用（图6-3），但若左、右侧主销内倾角不一致，则同样会导致主销轴线接地点到车轮接地点的距离不一致。在其他条件相同的情况下，会导致地面切向反力对主销的力矩不一致。

对于后轮驱动汽车，前轮切向力方向向后，有促使向主销内倾角较小的一边跑偏的倾向，如图6-3b所示；对于前轮驱动汽车，受驱动力作用时，驱动力方向向前，有促使向主销内倾角较大一边跑偏的倾向，如图6-3c所示；前轮

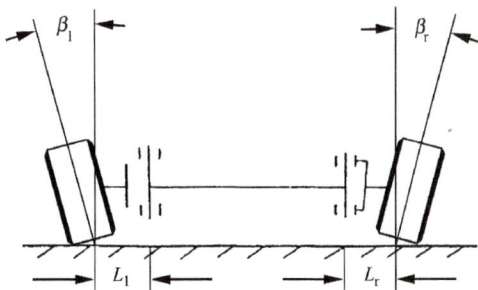

图6-2　前轮外倾角不等

驱动汽车,受到制动力的作用时,切向力方向向后,汽车向主销内倾角较小的一边跑偏,如图6-3d所示。

特别提示:

* 以上分析了前轮定位失准对行驶跑偏的影响。同样,后轮定位不准也会对行驶方向产生类似影响。

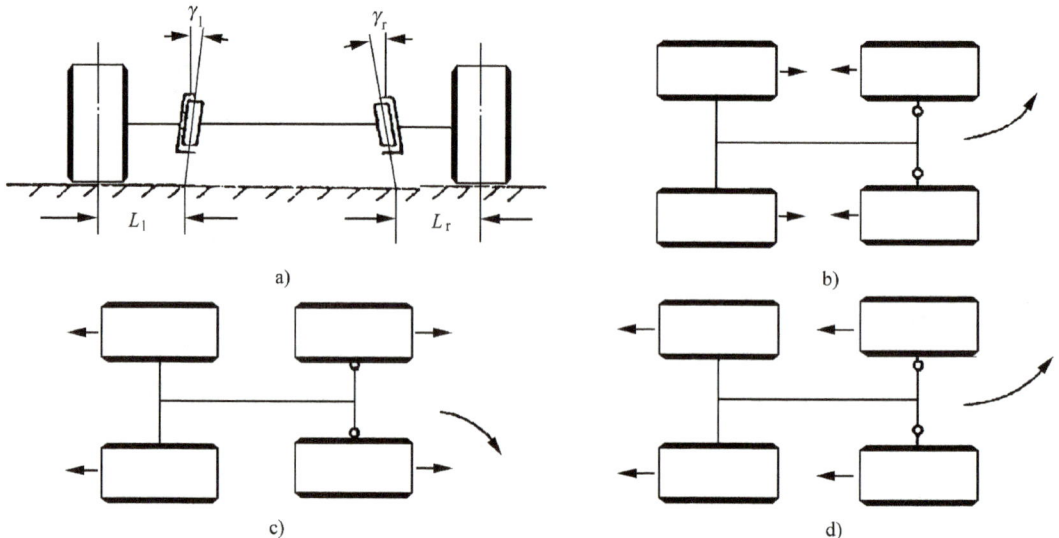

图6-3 主销内倾角不等

4. 左、右侧轴距不一致

汽车在使用中,由于某种原因车架发生变形,引起左、右侧车轮轴距不一致,此时往往伴随着产生车轮定位失准的状况。车轮定位失准的影响如前所述。对于左、右侧轴距不一致,其影响如图6-4所示。假设 $L_r > L_l$,则前轴中点的速度方向将偏离汽车几何中心线,行驶方向将偏向轴距较小的一侧。

5. 轮胎胎面变形

如果轮胎胎面不平,自身不能保持向前直行滚动,则此轮胎自然会引起行车跑偏。一般解决方法是,先将左右轮胎对调来判断是否改变跑偏的方向,如果改变则是轮胎的问题。

6. 转轴磨损的记忆跑偏

这是因为转轴轴承不良摩擦引起的跑偏。

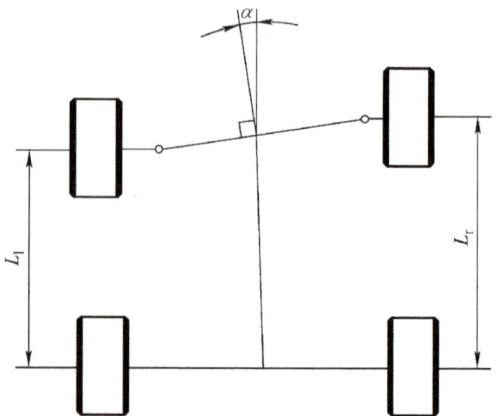

图6-4 主销内倾角不等对跑偏的影响

其现象如下:当向右转向后,汽车会向右跑偏;当向左转向后,汽车会向左跑偏,如同汽车有记忆一样。排除方法是更换转向轴承。

7. 加减速时的扭力跑偏

汽车在加减速时会产生跑偏，这是非常危险的跑偏，诊断方法参照表5-1。

另外，由于磨损不一致或气压不一致导致左、右侧车轮运动半径不相等，汽车将向运动半径较小的一侧偏离；由于两前轮轴轴承松紧度不一致，或一侧制动间隙过小，不能完全释放等原因，导致一侧行驶阻力偏大，则汽车将向行驶阻力大的一侧偏驶；由于调校、润滑等原因，导致某一侧转向主销转动不灵，汽车会向主销转动不灵的一侧跑偏。

特别提示：

＊ 行驶跑偏现象增加了驾驶人的工作压力和劳动强度，高速时更是危及行车安全，必须高度重视。应定期对车轮定位进行检查、调整，利用四轮定位仪，提高车轮定位调整质量，提高车辆维护质量，消除其他引起行驶跑偏的原因。

8. 路面左右高度差

中国车辆靠右侧行驶，正常情况下，左侧车轮会高于右侧车轮，因此车辆重心偏右，故产生的侧向分力使车辆向右跑偏。

9. 侧风影响

车辆高速行驶时，抓地能力下降，较大的侧风会使车辆向顺风方向偏驶。

10. 轮胎

当同一车桥左右安装不同花纹、不同品牌、不同气压、不同磨损程度、不同排水方式的轮胎都会造成偏驶。

11. 底盘故障

左右车轮轴承磨损程度不同；悬架拉杆、摇臂、胶套变形或破损；制动系统沉重，双回路制动系统不正常。以上底盘问题都会造成车辆跑偏。

◆ 6.3 转向盘不正诊断 ◆

在水平路面上正直行驶，无需任何转向修正，车辆应沿直线行驶。

如果发生了转向盘不正的情况。在路试时，车辆是否有向一侧或另一侧跑偏的现象？

1）如果有跑偏现象，是跑偏问题。在校正转向盘不正状态之前，车辆的跑偏问题必须被修正，进行"跑偏诊断"部分。

2）如果没有跑偏现象，则由转向盘不正引起的。有时候转向盘不正可能是部件损坏或配合不正确导致的。

特别提示：

＊ 多数情况下，转向盘不正是不正确的定位角度所致。

＊ 要想摆正转向盘，前轮前束必须设置成与后轮前束同方向。这称为推进线定位。

（1）部件问题

1）在有些车辆上，可能会是转向部件装配不当。

2）检查所有花键轴总成，包括转向盘到转向轴。

3）通常，定位标记有助于校正部件定位。

（2）定位方式

1）如果后轮前束是可调整的，选择四个车轮定位（推进线定位）。设置推进角为零，以后轮为基准调整前束。

2）如果后轮前束不可调整或不能被调整，进行前轮定位（推进线定位）。对于推进角不是零时，这可补偿前轮前束设置。若要做到这一点，选择四个车轮定位，但不要调整后车轮。

3）如果可选前轮定位（车体中心线），前车轮不可与后车轮方向相同。这将导致转向盘不正。

◆ 6.4　振动诊断 ◆

1. 概述

这一节有助于查找和校正车辆振动问题。

在这里，我们要分析到主要振动类型（制动系统、发动机或悬架部件）的故障原因，分析特殊症状，找到原因。

2. 振动诊断，先要路试

路试车辆以确定是否在特定速度下车辆发生振颤、抖动，或其他振动，要注意车速和发动机转速。进行路试时，要测试行车制动和驻车制动，要注意在制动过程中是否发生振动。

3. 振动分析

如果确认存在下列所描述问题之一，请对号分析。

（1）只在制动过程中有振动　只有当驻车制动时才发生振动。检查车轮上的制动鼓或制动蹄片偏心量在驻车制动时的影响。另外，要检查所有四个车轮的偏心量。如果车轮中任一个有过大偏心量，要通知用户并征得许可后进行维修。

制动蹄片或制动鼓进行表面处理后，并更换旧衬垫和制动蹄，进行路试。

振动消除了吗？

① 振动已消除。制动器维修已解决问题。检查悬架部件引起振动的潜在问题。

② 振动没有消除。存在另外的问题。维修解决了制动系统中的一个问题，而还有另外的问题。路试车辆，回到"振动诊断"流程。

（2）即使驻车制动时振动也只发生在某一发动机转速下

1）发动机相关振动。在空档热车测试或制动力矩测试时，会产生一个与发动机有关的振动问题。

特别提示：

＊记住"发动机"不仅指发动机本体，而且还有水泵、空调压缩机、交流发电机、动力转向泵或任何驱动力来自发动机的其他部件。

2）空档热车测试。取决于用户报修的情况，该测试设计目的是为找到与振动相关的发动机转速（r/min）。利用该测试验证用户报修的车辆在怠速、升档或降档时发生的振动。将车辆置于空档或驻车档。

① 缓慢提高发动机转速，查找与用户报修相匹配的干扰。

② 如果有可能，要观察振动发生时的转数值和频率值。

警告：＊制动力矩测试＊

制动时间不要长于15s。避免发动机或变速器过热。根据车辆设计，在这些条件下发动机将只能达到某一转速。另需了解的是有些干扰是在制动力不存在时产生的。该测试不适用于装有手动变速器的车辆。

特别提示：

＊ 在进行下面测试前，要确认发动机和变速器支架良好。

3）制动力矩测试。该测试可找出发动机转速与在空档热车测试时没有发现的车辆振动之间的关系。它也适用于与发动机载荷或力矩相关的振动测试。

① 锁止前车轮。

② 将车辆置于驱动档，并同时使用脚制动和驻车制动。

③ 慢慢提高发动机转速，查找用户所描述的振动。

④ 注意振动发生时发动机的转速。如果可能，获取频率值。

⑤ 如果需要，重复②和③步操作。

4）发动机振动。关闭发动机，检查和校正如下项目：

① 传动带是否松弛或老化。

② 附件支架是否破损或松弛。

③ 电动机或变速器支架是否老化或破损。

④ 风扇叶片是否松弛或损坏。

⑤ 发动机是否调节到了规范状态。

（3）仅在特定速度下产生振动

1）慢加速测试。这一测试是为找出发动机转速或车辆速度的相关状况。若要进一步分析，需要进行其他测试。

① 在平坦水平的路面上，慢加速至高速。

② 查找用户所描述的振动。

③ 在振动发生时，注意观察车速（km/h）和发动机转速（r/min）。如果有可能，获取频率值。

该测试之后，执行空档降档测试和降档测试。

2）空档减速测试。

① 在平坦水平路面上，提高车速到比振动发生时高一些。

② 将变速杆置于空档，在整个振动区间减档。注意空档时是否出现振动。

如果振动仍然出现在空档，振动明显因车速引起。据此，排除发动机和变矩器是故障原因。根据症状或频率，维修将集中在轮胎和车轮或传动轴和驱动桥。

（4）空档时不发生振动　空档时不发生振动执行降档测试

① 在平坦水平路面上，提高车速到报修振动发生时，注意发动机转速。

② 接下来，减速降档至下一级低速档（从超速档降到驱动档，从驱动档到二档等）。

③ 以先前的发动机转速来驾驶车辆。如果相同转速时振动再现，发动机或变矩器是最有可能产生故障的地方。可用更低档和空档重复进行这一测试，以确认结果。

有些情况，振动因受转矩或发动机负荷的增加而更明显。同样情况也会发生在特定发动机转速或车速（km/h）下。

（5）振动发生在空档

1）排除车轮问题。解决车轮问题前，检查和纠正如下问题：

① 轮胎不平衡。

② 车轮和轮胎径向和横向误差。

③ 轮毂和车轮螺栓误差。

2）驱动系检查。检查驱动系不平衡。检查球节或轴承磨损、传动轴角度不当、伸缩式球节阻滞等情况。按制造商的推荐纠正存在的问题。

采取了排除振动问题的纠正措施了吗？

如果没有采取纠正措施，进行修理。

所有常规排除故障的手段都已采用。但是轮胎、制动器、发动机、传动系统均没有问题，振动不明显。

有些情况，噪声振动可能与底盘振动干涉。其他非共性原因有松弛的轮圈、配件问题、排气系统振动或噪声。

（6）显示特定诊断测试

1）空档降档测试

① 在平坦水平路面上，提高车速到比振动发生时高一些。

② 将变速杆置于空档，在整个振动区间降档。注意空档时是否出现振动。

如果振动仍然出现在空档，振动明显因车速引起。据此，排除发动机和变矩器是故障原因。根据症状或频率，维修将集中在轮胎和车轮或传动轴和驱动桥。

2）慢加速测试。这一测试是为找出发动机转速或车速的相关状况。若要进一步分析，需要进行其他测试。

① 在平坦水平的路面上，慢加速至高速。

② 查找用户所描述的干扰。

③ 在干扰发生时，注意观察车速（km/h）和发动机转速（r/min）。如有可能，获取频率值。

该测试之后，执行空档降档测试和降档测试。

3）降档测试

① 在平坦水平路面上，提高车速到报修振动发生时，注意发动机转速。

② 接下来，减速降档至下一级低速档（从超速档降到驱动档，从驱动档到二档等）。

③ 以先前的发动机转速来驾驶车辆。

如果相同转速时振动再现，发动机或变矩器是最有可能产生故障的地方。你可用更低档和空档重复进行这一测试，以确认结果。

有些情况，振动因受转速或发动机负荷的增加而更明显。同样情况也会发生在特定发动机转速或车速（km/h）下。

4）空档热车测试。取决于用户报修的情况，该测试设计目的是为找到与振动相关的发动机转速（r/min）。利用该测试验证用户报修的在怠速、升档或降档时发生的振动。

将车辆置于空档或驻车档。

① 缓慢提高发动机转速，查找与用户报修相匹配的干扰。

② 注意如有可能，要观察振动发生时转数值和频率值。

注意：

＊制动力矩测试＊

制动时间不要长于15s。避免发动机或变速器过热。根据车辆设计，在这些条件下发动机将只能达到某一转速。另需了解的是有些干扰是在制动力不存在时产生的。该测试不适用于装有手动变速器的车辆。

特别提示：

＊ 在进行下面测试前，要确认发动机和变速器支架良好。

5）制动力矩测试。该测试可找出发动机转速与在空档热车测试时没有发现的车辆振动之间的关系。它也适用于与发动机载荷或力矩相关的振动测试。

① 锁止前车轮。

② 将车辆置于驱动档，并同时使用脚制动和驻车制动。

③ 慢慢提高发动机转速，查找用户所描述的振动。

④ 注意振动发生时发动机的转速。如果可能，获取频率值。

⑤ 如果需要，重复②和③步操作。

◆ 6.5 吃胎故障解决方案 ◆

特别提示：

＊ 轮胎不均匀磨损和过度磨损的原因有很多。因形成的问题原因不只一个，确切查明故障很不容易。该方案提供了一个可能故障原因的清单，选择下面可能的种类。

6.5.1 单边、双边或侧面磨损

选择与所观察到的磨损最接近的症状。

（1）内侧磨损　可能的故障原因如下：

① 前束外展。

② 负外倾角。

③ 中间高的路面。

④ 轮胎呈锥形。

⑤ 轮距超差。

（2）外侧磨损　可能的故障原因如下：

① 前束内收。

② 正外倾角。

③ 中间低的路面。

④ 转向过急。

⑤ 城区驾驶。

⑥ 轮胎呈锥形。

⑦ 轮距超差。

（3）边缘磨损或划痕　可能的故障原因如下：

① 充气不足时转向过急。

② 充气严重不足（低于正常气压的25%）。

③ 轮胎摩擦车辆部件。

④ 停车时轮胎摩擦路边。

（4）内外缘均磨损　可能的故障原因如下：

① 充气不足。

② 转弯处高速行驶。

③ 载荷超出轮胎设计限值。

6.5.2　中央磨损

中央磨损（中央吃胎）通常只是由轮胎气压过高引起的，有时轮胎与轮辋宽度不匹配也会形成这样的磨损现象。

6.5.3　羽状磨损

从下面的项目中选择与描述羽状磨损最接近的症状。

（1）侧向磨损　以下一个或多个状态适用：

① 前束设置不当。

② 转向过急。

③ 轮胎呈锥形。

（2）纵向磨损　主要是急加速或制动所致。

6.5.4　斑状磨损

轮胎斑状磨损或斑块磨损可能是以下一个或几个原因：

① 轮胎不平衡。

② 减振不良（减振器/滑柱）。

③ 轮胎失圆。

④ 悬架部件松弛。

⑤ 轮胎设计/使用不匹配。

6.5.5　其他磨损症状

下列磨损类型是更细微而又不常见的情况。

1. 圆斑及圆口

通常，这种情况是过度使用引起过度胎侧挠曲所致。

2. 胎壁不规则磨损

可能的故障原因如下：

① 不正确的前束设置。

② 不正确的外倾角设置。

③ 轮胎设计/使用不匹配。

④ 充气不当。

3. 鼓包

鼓包通常是轮胎内部损伤所致。这一损伤可能是路面障碍物所致，或胎侧撞击路缘所致。载重超过推荐限值，或充气不足也可致使内部损伤导致胎面鼓包。

4. 胎面分层

胎面分层通常是轮胎内部损坏所致。这一损伤可能是路面障碍物所致。载重超过推荐限值，或充气不足也可致使内部损伤导致胎面分层。

5. 裂纹和老化检查

环境状况如阳光或臭氧是形成裂纹的主要原因。接触化学制剂或清洁剂也可引起早期老化。

◆　6.6　不对称诊断　◆

6.6.1　基本性检查

一般而言，汽车左转向和右转向时，其不对称性差值超过 $0.5°$。

检测不对称状态的方法如下：

假设左转向时，$A = 右前束 - 左前束$；右转向时，$B = 左前束 - 右前束$。则：$A - B > ±0.5°$。

请检查下面原因：

1）在左右前束相等时检查转向机构居中情况，检查转向横拉杆长度不等情况，如图6-5所示。

2）检查转向横拉杆和其他转向拉杆是否笔直，如图6-6所示。

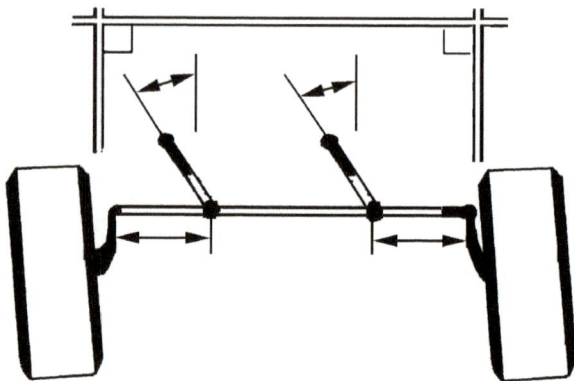

图6-5　检查转向横拉杆长度不等

3）当左右轮前束相等时，检查转向齿条是否和前轮轴平行，如图6-7所示。

4）检查转向节到地面的垂直距离，对两侧进行比较，确保轮胎直径相同、胎压相同，如图6-8所示。

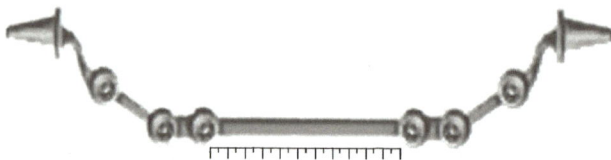

图6-6　检查转向拉杆变形情况

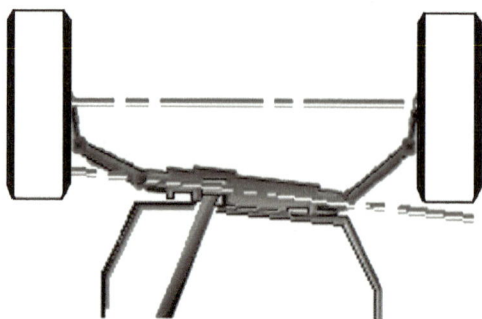

图6-7　检查转向齿条与前轮轴平行

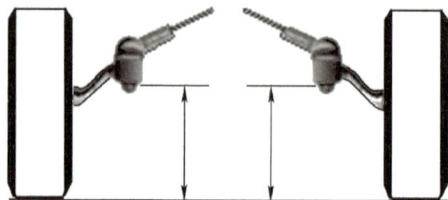

图6-8　检查两侧转向节到地面的垂直距离

5）检查从转向节到制动盘之间的距离，对两侧进行比较，如图6-9所示。

6）检查配件是否有问题，例如转向节长度不匹配，如图6-10所示。

6.6.2　几个重要的概念

1. 什么是转向增量

转向增量是指在进行阿克曼转向时定位仪记录的两前束值之间所形成转向角度的变化量。

2. 什么是目标公差

目标公差是指进行阿克曼转向时读取两前束值前转向位置的容许公差。

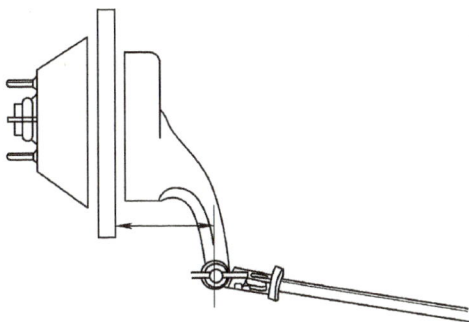

图 6-9 检查两侧从转向节到制动盘之间的距离

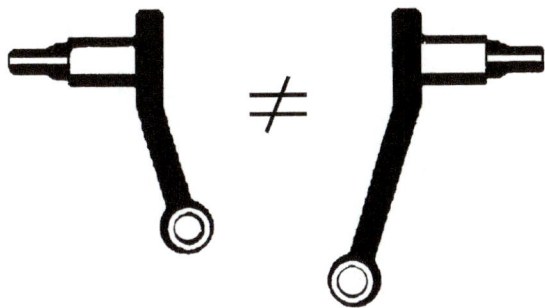

图 6-10 检查配件合格性

3. 什么是轮辋宽度

轮辋宽度是指轮胎边缘的宽度。该测量由定位仪测量用以计算车轮中心，以便计算阿克曼角度。

6.6.3 关于阿克曼

1. 概述

阿克曼(Ackermann)是 19 世纪初四连杆转向系统的发明人。

内侧车轮转向比外侧车轮转向角度相对更快，这样车辆在转弯时会有更小的轮胎磨损。设计上，在几何关系上所有车轮拥有共同的转向中心，也就是说车辆有着 100% 阿克曼几何关系。通常受到其他设计的局限(如操控系统)的影响时，车辆不设计成 100% 阿克曼几何关系。如果外侧车轮只转到 100% 阿克曼的一半，可说成车辆有 50% 阿克曼几何关系。

注意在整个转向过程中四连杆转向系统不会保持在相同的阿克曼关系上。

转向的对称性可用于确定车辆在校正后悬架是否损坏或调整不当的诊断手段。

另外需要注意的是为了与其他设计部分匹配，有些车辆刻意设计成不对称式。

2. 阿克曼值的作用

转向系统上真正的阿克曼几何关系是指当车辆转向时使所有车轮以相同点画圆弧。随着汽车发展，为了实现轮胎磨损小和适当的操作特性，汽车制造商需要测量阿克曼几何关系。为使轮磨损最小化，阿克曼几何关系在货车设计、舰船维护上也相当重要。相对于长途汽车，城运货车有着不同的阿克曼几何关系。这需要通过更换转向臂来实现。

实际上，在整个转向过程中，受转向连杆特性限制，获得不到真正的阿克曼值。真正的(100%)阿克曼值只有车辆在超低速急转向时才能获得。其他车辆设计因素(如重心变化、轮胎特性和车辆操作动态响应)可能会要求不同的转向几何关系。通常情况下，所设计的阿克曼值小于 100% 。

阿克曼误差和阿克曼对称性(或不对称性)也可用于检测转向系统上损坏或不可靠的部件。以整个阿克曼规范(全部与所有转向值交叉的曲线)对转向连接件问题做一个确切的诊断。

特别提示：

* 制造商不发布与其汽车有关的阿克曼关系规范。

可是许多制造商发布转向前展(TOOT)规范。这为阿克曼曲线上一个点提供了信息。另外，我们了解到在其阿克曼特性上，大多数车辆设计成对称式(边到边)。这些事实允许一些诊断工作得以进行。

3. 阿克曼分析

如图 6-11 所示，图中的说明文字对于左、右参数对称适用。

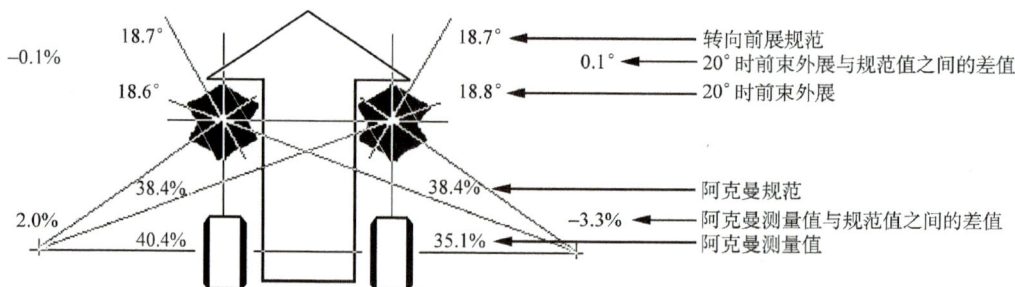

图 6-11　阿克曼测量

以下这些值在产品管理上没有被标注。阿克曼相关描述见表 6-1。

表 6-1　阿克曼表

项　目	左轮	右轮	描　述
转向前展角规范	xx.	xx.	由制造商提供
阿克曼规范	xx.	xx.	定位仪通过制造商的前展角规范计算这一规范[①]
阿克曼测量值	xx.	xx.	基于所测量的前展角、轴距和轮距计算出来的阿克曼
前束外展左右差	xx.	xx.	来自于制造商的规范，在转向 20°时前束外展的差值
阿克曼左右差	xx.	xx.	阿克曼测量值与计算规范(在转向 20°时)之间的差值

① 由于前展角规范是在 20°测得，该阿克曼规范只适用在转向 20°。

4. 阿克曼误差

阿克曼误差是指外侧车轮 100%阿克曼角与外侧车轮在每个转向角度上的测量值之间的差值，如图 6-12 所示。

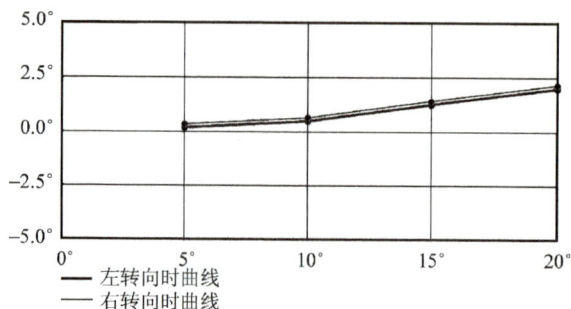

图 6-12　阿克曼误差曲线

5. 阿克曼测量值

阿克曼测量值是以所测量总前束与外侧车轮在每个转向角度以 100%阿克曼计算的总前束比值的百分数，如图 6-13 所示。

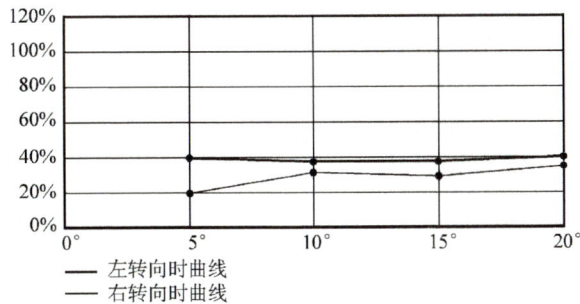

图 6-13　阿克曼测量值曲线

6. 总前束曲线

总前束曲线指在每个转向角度上的总前束连线。如图 6-14 所示，绘制出左转向时的总前束曲线和右转向时的总前束曲线。

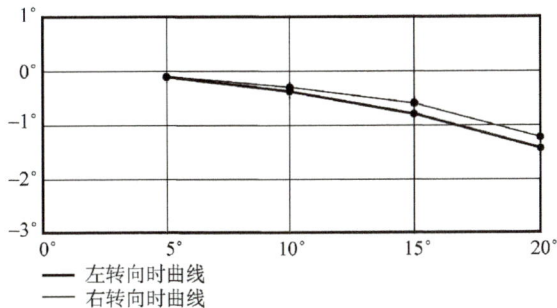

图 6-14　总前束曲线

7. 阿克曼计算

1）计算理论上的 100% 阿克曼值（图 6-15）。

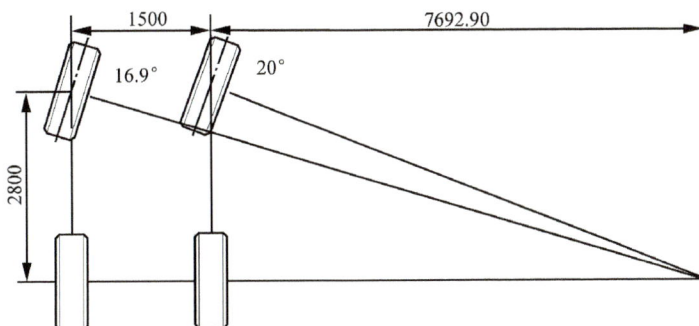

图 6-15　阿克曼计算

轴距 = 2800mm，轮距 = 1500mm。

内侧车轮转向 20° 时，计算与后桥中心线交点：

2800mm/tan20° = 7692.9mm。

计算外侧车轮与内侧车轮在相同位置的交点的角度：

$\arctan[2800/(7692.9 + 1500)] = 16.9°$。

2）计算阿克曼测量值（图 6-15）。

计算内侧和外侧前束理论 100% 阿克曼值的差值：

$20° - 16.9° = 3.1°$

计算内侧和外侧前束测量值的差值：

$20° - 18.5° = 1.5°$

计算实际的阿克曼值：

$1.5/3.1 \times 100\% = 48\%$ 阿克曼值。

第7章

四轮定位调整案例

学习提示

本章中的案例只涉及主要定位角度值的基本调整，旨在抛砖引玉，举一反三。

本章在顺序编排上，按实际调整顺序：后轮外倾角→后轮前束→前轮主销后倾角→前轮外倾角→前轮前束等依次排列。

◆ 7.1 后轮外倾角调整案例 ◆

1. 示例车系：奥迪

对这类连杆式调整结构，只需拧松连杆锁紧螺母，然后转动连杆，使之伸长或缩短，即可改变后轮外倾角，如图 7-1 所示。

2. 示例车系：道奇、本田、极品、阿库拉、无限、三菱、普利茅斯（Plymouth）

对这类凸轮式调整结构，其凸轮安装在下控制臂的内侧，只要松开凸轮螺栓，向右或向左转动凸轮即可对后轮外倾角进调整，如图 7-2 所示。

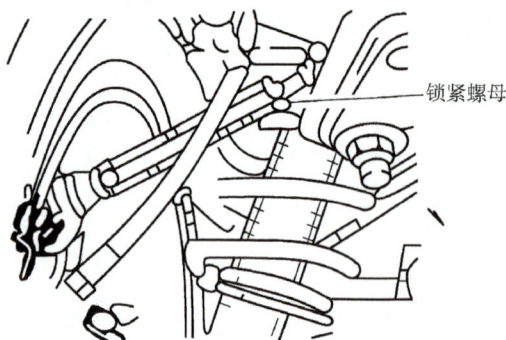

图 7-1　奥迪的后轮外倾角调整

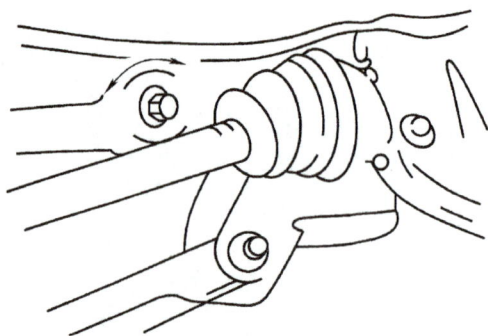

图 7-2　道奇、本田、极品、阿库拉、无限、
三菱、普利茅斯的后轮外倾角调整

3. 示例车系：大众

对这类位移式调整机构，只需松开外侧控制臂固定螺栓，上下移动改变控制的位置，即可改变后轮的外倾角，如图 7-3 所示。

4. 示例车系：福特货车、林肯、默寇利

对这类偏心调整机构，可松开上控制臂固定螺母。转动上控制臂内侧偏心螺栓，可调整后轮外倾角，如图 7-4 所示。

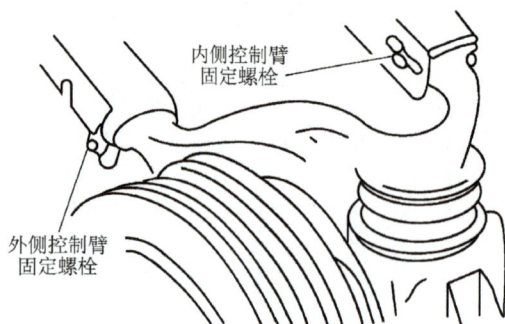

图 7-3　大众的后轮外倾角调整

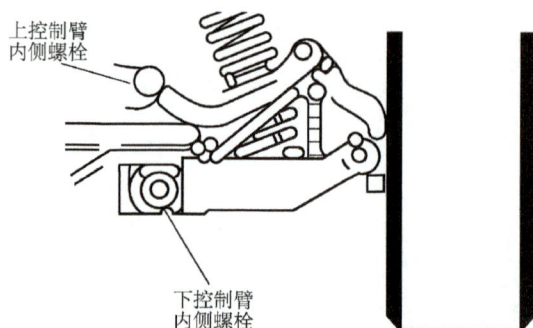

图 7-4　福特货车、林肯、默寇利
的后轮外倾角调整

5. 示例车系：博世

对这类偏心调整机构，只需松开图 7-4 所示中相关螺栓，然后转动外倾角调整螺栓，即

可改变后轮的外倾角，如图7-5所示。

6. 示例车系：博世

对这类复合式调整机构，可松开螺栓 A，然后横向移动控制臂，或松开螺栓 B，然后转动偏心螺栓 D 或装上垫片 C，都可调节车轮后倾角，如图7-6所示。

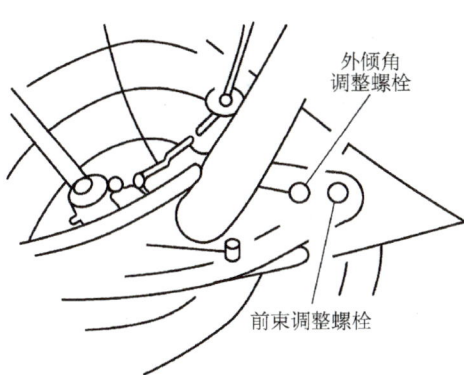

图 7-5 博世的后轮外倾角调整 （1/3）

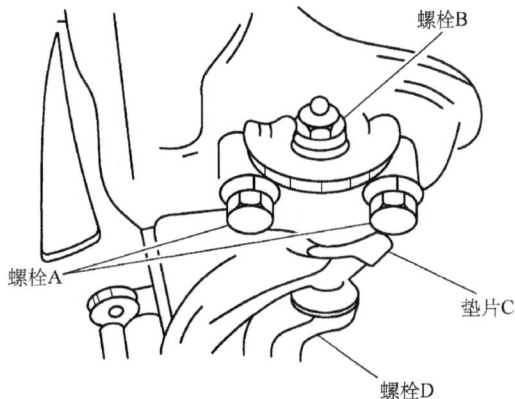

图 7-6 博世的后轮外倾角调整（2/3）

7. 示例车系：博世

对这类凸轮调整机构，只要松开后轮弹簧撑杆与前置定位臂，然后向左或向右转动偏心螺栓，即可调整后轮外倾角，如图7-7所示。

8. 示例车系：马自达

对这类凸轮调整机构的偏心螺栓(后悬架的下托臂固定螺栓)，只要松开锁紧螺母后，向左或向右转动偏心螺栓，即可调整后轮外倾角，如图7-8所示。

图 7-7 博世的后轮外倾角调整(3/3)

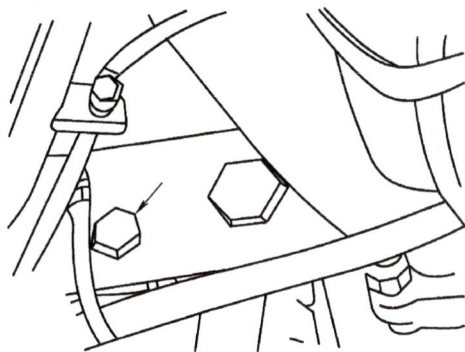

图 7-8 马自达的后轮外倾角调整

9. 示例车系：道奇、雷克萨斯、马自达、奔驰、三菱、丰田、沃尔沃、普利茅斯

对这类凸轮调整机构，只要先拧松偏心锁紧螺母，然后将偏心螺栓向左或向右转动，即可改变后车轮外倾角，如图7-9所示。

10. 示例车系：克莱斯勒、道奇、大众、普利茅斯

这类垫片调整结构，是通过改变后轮轴头固定部位的垫片厚度来调整后轮外倾角参数。

只要松开轴头固定螺母，在上下侧插入合适厚度的调整垫片即可，如图7-10所示。

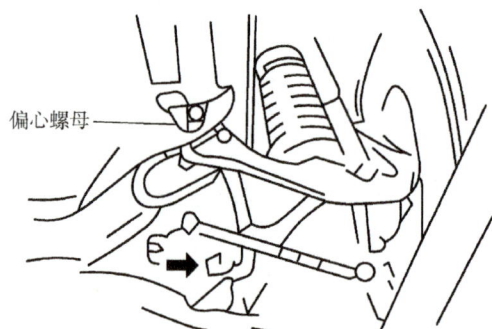

图7-9 道奇、雷克萨斯、马自达、奔驰、三菱、丰田、沃尔沃、普利茅斯的后轮外倾角调整

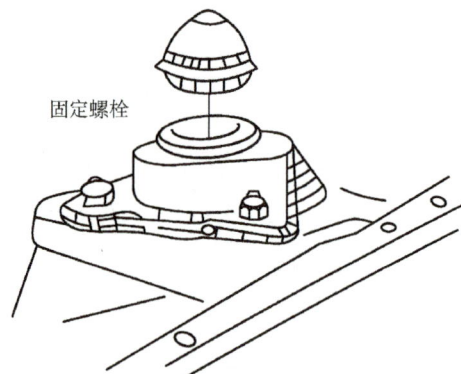

图7-10 克莱斯勒、道奇、大众、普利茅斯的后轮外倾角调整

11. 示例车系：林肯

对这类移动式结构，只需松开后轮轴头总成与减振器支架固定螺母，然后将轮胎上部向里或向外拉，即可改变后轮外倾角数值，一般调整量约为0.75°，如果需要做出更大的调整，可通过插入适当厚度的楔状垫片进行调整，如图7-11所示。

12. 示例车系：马自达、日产、无限、博世

对这类凸轮调整结构，只需拧下偏心螺栓锁紧螺母，将六角扳手插入偏心螺栓背面的六角形孔中，向左或向右转动六角扳手，即可改变车轮外倾角数值，如图7-12所示。

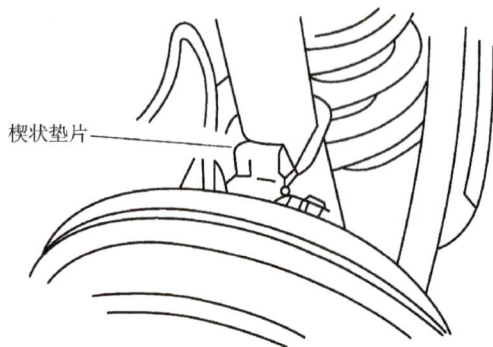

图7-11 林肯的后轮外倾角调整

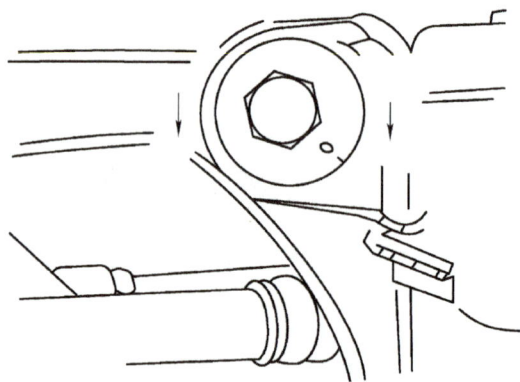

图7-12 马自达、日产、无限、博世的后轮外倾角调整

13. 示例车系：凯迪拉克

对这类位移式调整结构，只需拧松控制臂固定螺栓，然后将控制臂移入或移出，即可改变后轮外倾角，如图7-13所示。

14. 示例车系：奥迪

对这类凸轮调整结构，只需松开偏心锁紧螺栓，然后转动偏心螺栓，即可改变后轮外倾角，如图7-14所示。

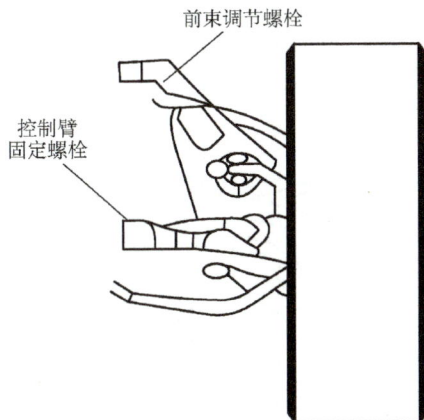

图 7-13 凯迪拉克的后轮外倾角调整

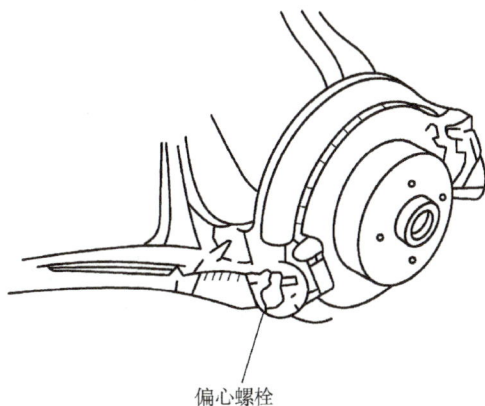

图 7-14 奥迪的后轮外倾角调整

◆ 7.2 后轮前束角调整案例 ◆

1. 示例车系：三菱、道奇

对这类凸轮调整结构，只需拧松图 7-15 中偏心螺栓锁紧螺母，然后将凸轮向左和向右转动，即可增大或减小车轮的前束值。

2. 示例车系：福特货车、五十铃、雷克萨斯、林肯、丰田、大众、阿尔法·罗密欧、默寇利

对这类撑杆式调整结构，后轮撑杆主要用于调整后轮前束值。调整时只需拧松撑杆锁紧螺母，然后旋转撑杆调节螺母，使撑杆伸长或缩短，即可改变后轮前束值，如图 7-16 所示。

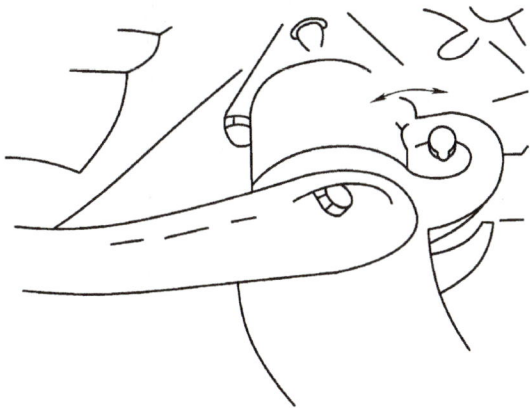

图 7-15 三菱、道奇的后轮前束角调整

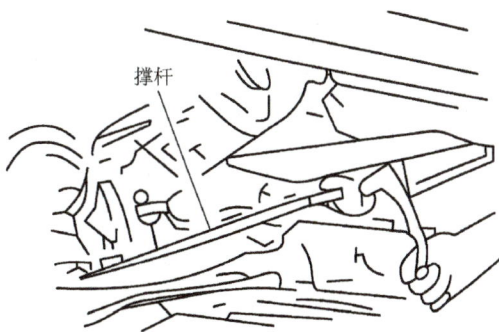

图 7-16 福特货车、五十铃、雷克萨斯、
林肯、丰田、大众、阿尔法·罗密欧、
默寇利的后轮前束角调整

3. 示例车系：奥迪

对这类位移式调整结构，只需拧松控制臂上的两只固定螺栓，然后将控制臂向内或向外移动到规定的前束值位置，锁紧控制臂固定螺栓即可，如图 7-17 所示。

4. 示例车系：福特、默寇利

对这类凸轮式调整结构，只需拧松图示凸轮偏心螺栓，然后将偏心螺栓向右或向左转动，即可增大或减小后轮前束值，如图 7-18 所示。

图 7-17 奥迪的后轮前束角调整

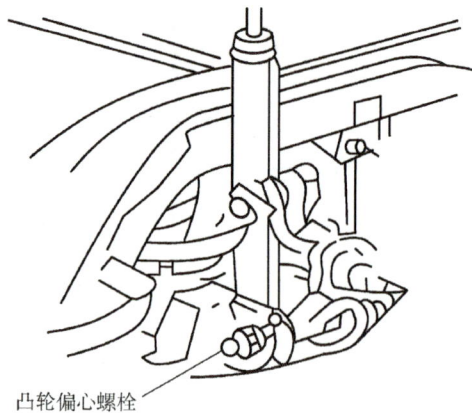

图 7-18 福特、默寇利的后轮前束角调整

5. 示例车系：大众

对这类位移式调整机构，松开内侧控制臂固定螺栓，前后移动改变控制位置，即可改变后轮前束值，如图 7-19 所示。

6. 示例车系：福特货车、林肯、默寇利

对这类偏心调整机构，可松开下控制臂固定螺母，转动下控制臂内侧偏心螺栓，可调整后轮前束，如图 7-20 所示。

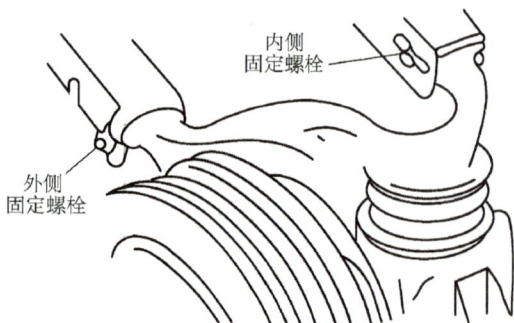

图 7-19 大众的后轮前束角调整

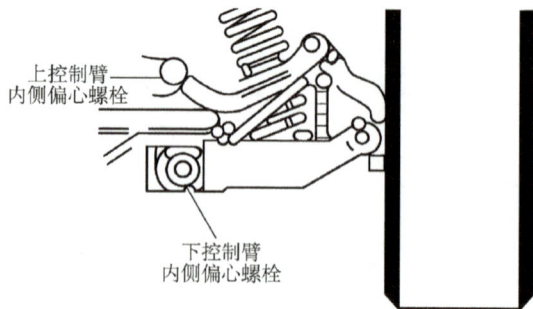

图 7-20 福特货车、林肯、默寇利的后轮前束角调整

7. 示例车系：别克、本田、雷克萨斯、三菱、无限、庞蒂克

对这类凸轮调整机构，只要松开偏心螺栓锁紧装置后，按图 7-21 所示方位旋转偏心螺栓，即可调整后轮前束。

8. 示例车系：马自达

对这类凸轮调整机构的偏心螺栓（后悬架的下托臂固定螺栓），只要松开锁紧螺母后，向左或向右转动偏心螺栓，即可调整后轮前束值，如图 7-22 所示。

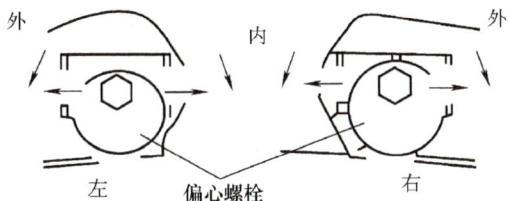

图 7-21 别克、本田、雷克萨斯、三菱、
无限、庞蒂克的后轮前束角调整

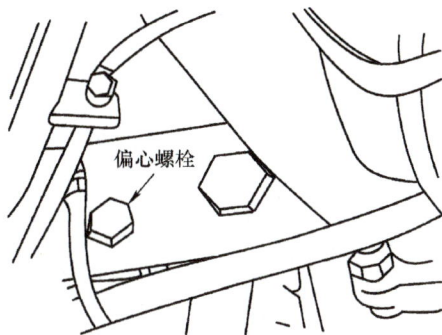

图 7-22 马自达的后轮前束角调整

9. 示例车系：博世

对这类凸轮调整机构，只要松开后轮悬架上偏心螺母，然后向左或向右转动图 7-23 所示中的偏心螺栓，即可改变后轮前束值。

10. 示例车系：博世

对这类辅助式凸轮调整机构，只要松开前置定位臂固定螺栓，然后向螺孔 A 中插入一专用偏心棒，即可调整后轮前束值，如图 7-24 所示。调整到位后，拧紧定位臂固定螺栓，最后取下专用偏心棒。

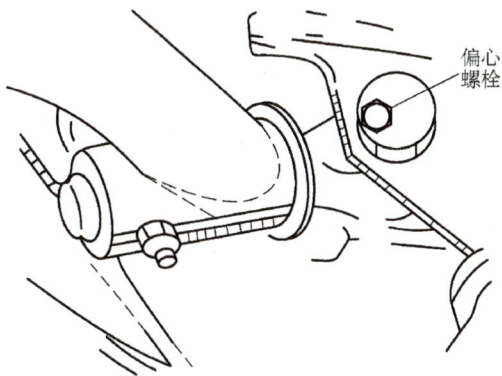

图 7-23 博世的后轮前束角调整（1/2）

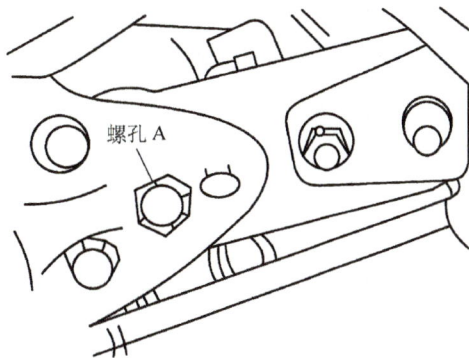

图 7-24 博世的后轮前束角调整（2/2）

11. 示例车系：道奇、雷克萨斯、马自达、奔驰、三菱、丰田、沃尔沃、普利茅斯

对这类凸轮调整机构，前后轮的调整方法基本相似，只要先拧松偏心锁紧螺母，然后将偏心螺栓向左或向右转动，即可改变后轮前束，如图 7-25 所示。

12. 示例车系：雪佛兰、本田、雷克萨斯、马自达、三菱、丰田

对这类拉杆调整机构，只需松动后轮横拉杆锁紧螺母，然后转动图 7-26 所示拉杆，随着拉杆的伸长、缩短即可改变后轮前束值。

13. 示例车系：克莱斯勒、道奇、大众、普利茅斯

这类垫片调整机构，是通过改变后轮轴头固定部位的垫片厚度来调整后轮前束，只要松开轴头固定螺母，在前后侧插入合适厚度的调整垫片即可，如图 7-27 所示。

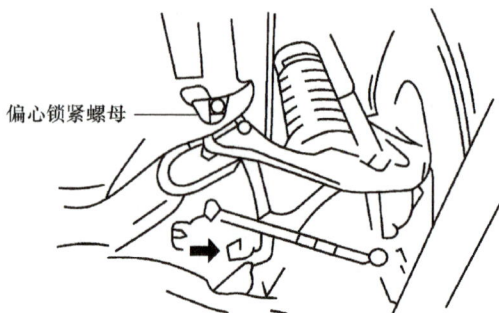

图 7-25 道奇、雷克萨斯、马自达、奔驰、三菱、
丰田、沃尔沃、普利茅斯的后轮前束角调整

图 7-26 雪佛兰、本田、雷克萨斯、马自达、
三菱、丰田的后轮前束角调整

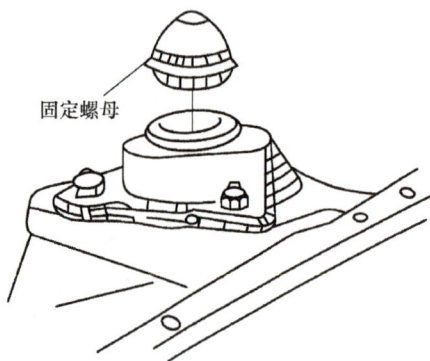

14. 示例车系：凯迪拉克、日产、无限

对这类垫片调整结构，可以通过调整平衡杆垫片的厚度来调整主销后倾角，如图 7-28 所示。

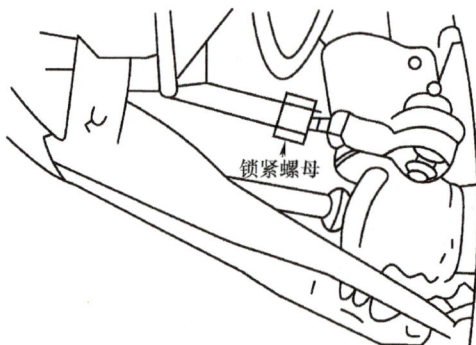

图 7-27 克莱斯勒、道奇、大众、
普利茅斯的后轮前束角调整

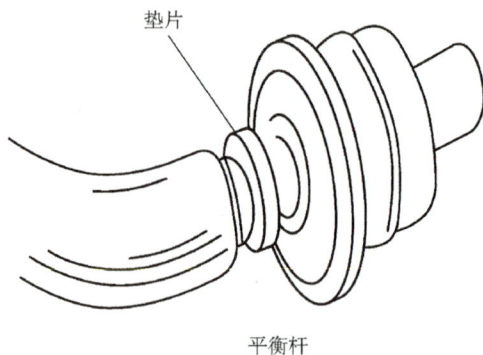

图 7-28 凯迪拉克、日产、无限
的后轮前束角调整

15. 示例车系：阿库拉、道奇、福特、本田、马自达、奔驰、三菱、日产、丰田

对这类凸轮机构，只要拆下图 7-29 所示后横梁上的偏心螺栓锁紧装置，然后向左或向右转动偏心螺栓，即可调整后轮前束值。

16. 示例车系：富士

对这类凸轮调整结构，只需拧松星形轮锁紧螺栓，然后将星形轮旋进或旋出，即可改变后轮前束值，如图 7-30 所示。

17. 示例车系：福特、林肯、默寇利

对这类凸轮调整结构，需松开后轮左右控制臂固定螺栓，向左或向右分别转动左右两侧偏心螺栓，即可调整后轮前束值，如图 7-31 所示。

18. 示例车系：克莱斯勒、道奇、福特、五十铃、日产、丰田、起亚、默寇利、马自达

对这类拉杆调整结构，只要拧松后轮连杆上的锁紧螺母，然后转动连杆调节螺栓，伸长或缩短连杆长度，即可改变后轮前束值，如图 7-32 所示。

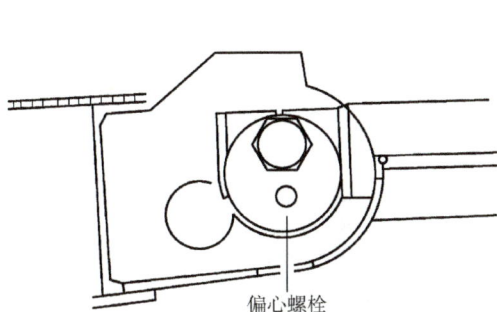

图7-29　阿库拉、道奇、福特、
本田、马自达、奔驰、三菱、日产、
丰田的后轮前束角调整

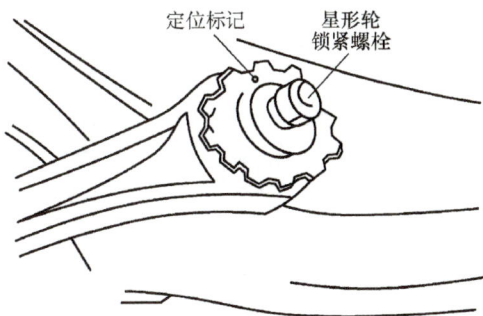

图7-30　富士的后轮前束角调整

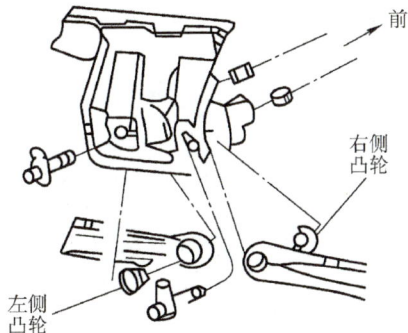

图7-31　福特、林肯、默寇利的后
轮前束角调整

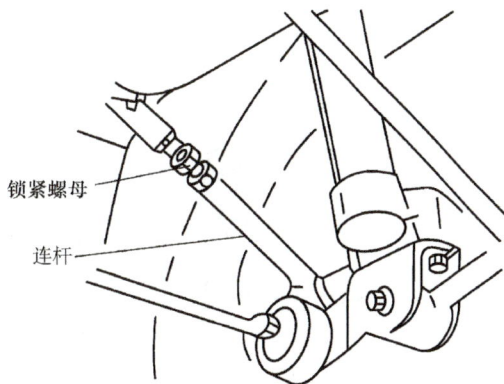

图7-32　克莱斯勒、道奇、福特、五十铃、
日产、丰田、起亚、默寇利、
马自达的后轮前束角调整

19. 示例车系：本田

对这类位移式调整结构，只需拧松横臂固定螺母（图7-33），后将车轮向里或向外移动，即可改变后轮前束值。

20. 示例车系：别克、雪佛兰、庞蒂克、奥兹莫比尔

对这类位移式调整结构，只需拧松控制臂内侧的固定螺栓，然后使用图7-34所示的专用工具（花键螺钉），以及伸长或缩短专用工具（推开或拉回控制臂），即可调整后轮前束值。

21. 示例车系：凯迪拉克

对这类位移式调整结构，只需松开前束调节螺栓，调节上端前束拉杆即可改变后轮前束值，如图7-35所示。

22. 示例车系：大众

对这类位移式调整结构，只需松开锁紧螺母，然后移动控制臂，即可调整前束值，如图7-36所示。

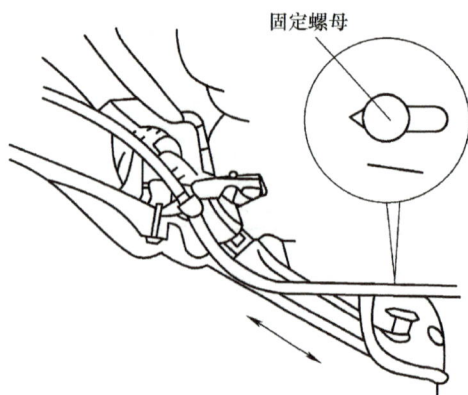

图 7-33　本田的后轮前束角调整

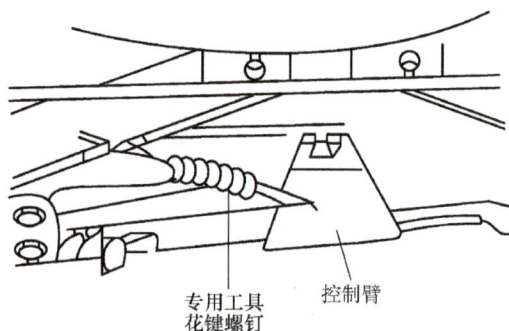

图 7-34　别克、雪佛兰、庞蒂克、
奥兹莫比尔的后轮前束角调整

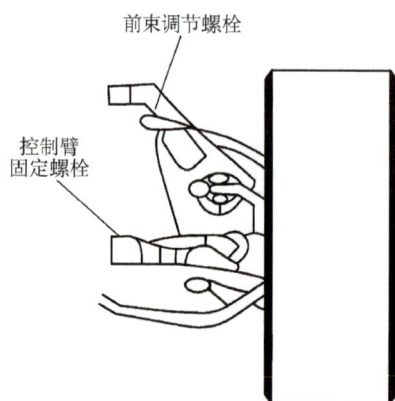

图 7-35　凯迪拉克的后轮前束角调整

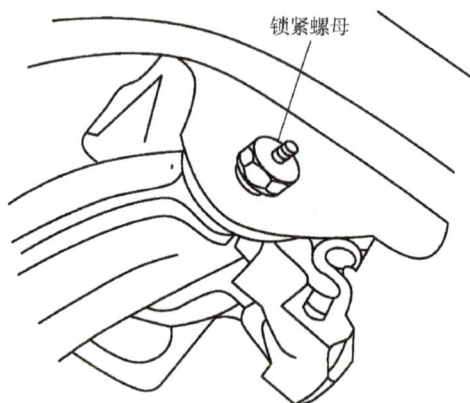

图 7-36　大众的后轮前束角调整

23. 示例车系：沃尔沃

对这类凸轮调整结构，只需拧松下托臂和球节的两只固定螺栓，然后转动图 7-37 所示左边的固定螺栓，即可调整主销后倾角。

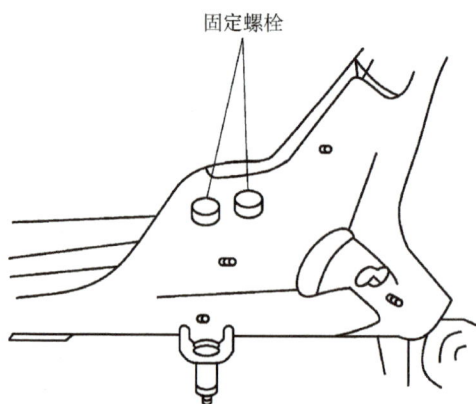

图 7-37　沃尔沃的后轮前束角调整

◆ **7.3 主销后倾角调整案例** ◆

1. 示例车系：别克、凯迪拉克、雪佛兰、大发、福特货车、五十铃、美洲虎、日产、奥兹莫比尔、丰田

对这类垫片调整结构，只需拧松上托臂固定螺栓，然后增减前、后垫片即可改变主销后倾角，如图 7-38 所示。

2. 示例车系：道奇货车

对这类凸轮式调整结构，只需拧松托臂固定螺栓，然后将上托臂沿槽孔向前或向后移动，即可改变主销后倾角，如图 7-39 所示。

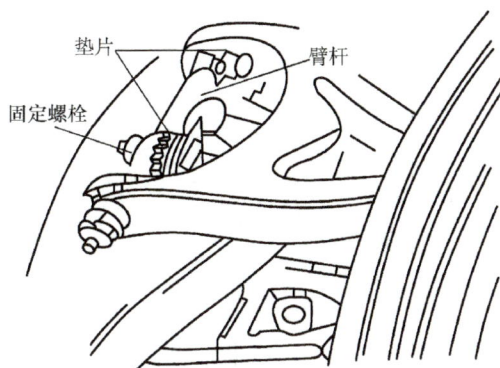

图 7-38 别克、凯迪拉克、雪佛兰、大发、福特货车、五十铃、美洲虎、日产、奥兹莫比尔、丰田的主销后倾角调整

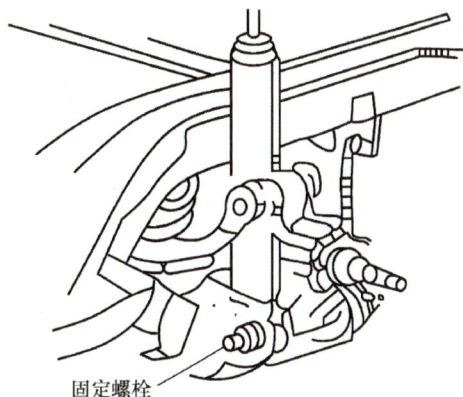

图 7-39 道奇货车的主销后倾角调整

3. 示例车系：阿尔法·罗密欧

对这类垫片调整结构，只需拧松上托臂固定螺栓，然后增减上下垫片的厚度，即可改变主销后倾角，如图 7-40 所示。

4. 示例车系：雪佛兰货车

对这类凸轮调整结构，只需拧松偏心螺栓锁紧螺母，然后分别将左右两只偏心螺栓向右或向左转动，即可调整车轮外倾角和主销后倾角，如图 7-41 所示。调整顺序：先调整车轮外倾角，然后调整主销后倾角，接着再重新复查，调整车轮外倾角。

5. 示例车系：福特货车、五十铃、雷克萨斯、林肯、丰田、大众、阿尔法·罗密欧、默寇利

对这类撑杆式调整结构中前轮的撑杆主要用于调整主销后倾角，调整时只需拧松撑杆锁紧螺母，然后旋转撑杆调节螺母，使撑杆伸长或缩短，即可改变主销后倾角，如图 7-42 所示。

6. 示例车系：福特货车

对这类偏心套式调整结构，只需先松开球节上的车轮外倾角调整组件，取下衬套，然后根据车轮定位参数状况，换上一个相应的偏心衬套即可。该偏心衬套可以外购，也可按需加工自制，如图 7-43 所示。

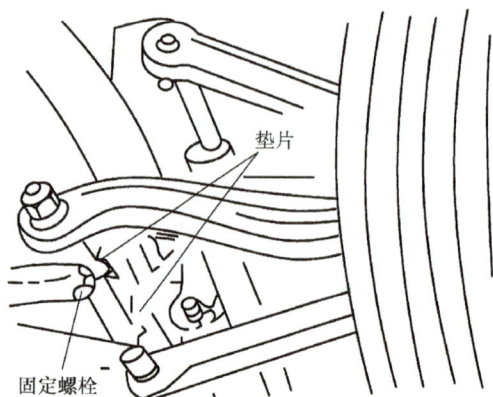

图 7-40　阿尔法·罗密欧的主销后倾角调整

图 7-41　雪佛兰货车的主销后倾角调整

图 7-42　福特货车、五十铃、雷克萨斯、
林肯、丰田、大众、阿尔法·罗密
欧、默寇利的主销后倾角调整

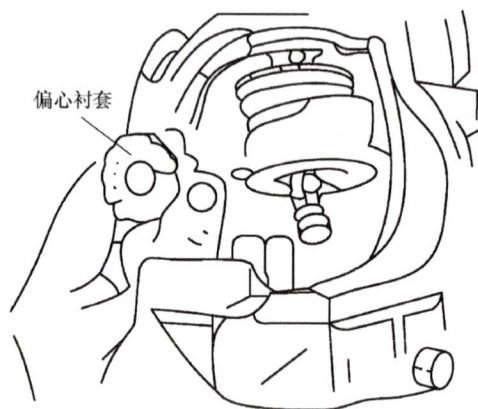

图 7-43　福特货车的主销后倾角调整

7. 示例车系：奔驰

对这类凸轮与拉杆配合式调整结构，只需松开拉杆调整螺栓，伸长或缩短接杆，即可改变主销后倾角，拧松图 7-44 所示控制臂上的调整螺栓。

8. 示例车系：福特货车、五十铃、吉普

对这类板簧悬架结构，可以先拧松 U 形螺栓，然后按图 7-45 所示从板簧后端插入楔片，利用楔片斜度来改变主销后倾角数值，达到调整主销后倾角的目的。

9. 示例车系：吉普

对这类垫片调整机构，只要松开下控制臂固定螺栓后，增加或减少垫片，即可达到调整主销后倾角的目的，如图 7-46 所示。

10. 示例车系：别克、雪佛兰、克莱斯勒、道奇、庞蒂克、奥兹莫比尔

对这类凸轮调节式机构，只需更换图示中的凸轮及螺栓配套件，即可改变车轮的外倾角，如图 7-47 所示。

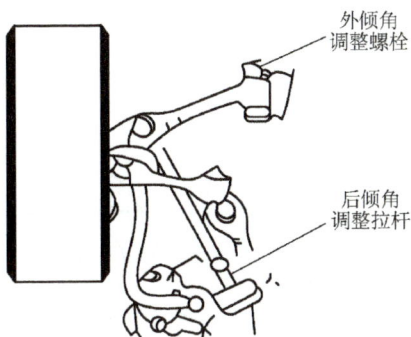

图 7-44　奔驰的主销后倾角调整

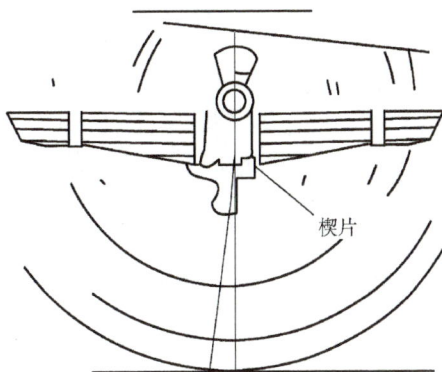

图 7-45　福特货车、五十铃、吉普的
主销后倾角调整

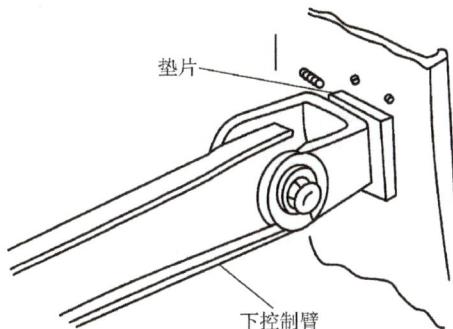

图 7-46　吉普的主销后倾角调整

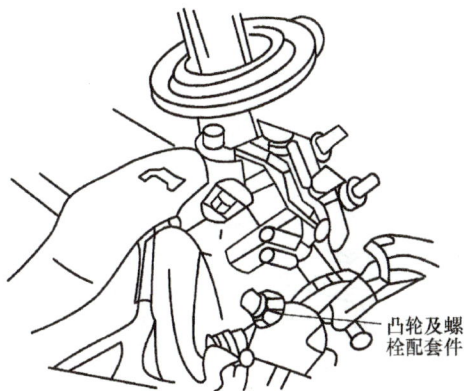

图 7-47　别克、雪佛兰、克莱斯勒、道奇、
庞蒂克、奥兹莫比尔的主销后倾角调整

11. 示例车系：博世

对这类复合式调整机构，可松开螺栓 A，然后横向移动控制臂，或松开螺栓 B，然后转动偏心螺栓 D 或垫入垫片 C 都可调节主销后倾角，如图 7-48 所示。

12. 示例车系：别克、本田、雷克萨斯、三菱、无限、庞蒂克

对这类凸轮调整机构，只要松开偏心螺栓锁紧装置后，按图 7-49 所示方位旋转偏心螺栓，即可调整主销后倾角。

13. 示例车系：马自达

对这类凸轮调整机构的偏心螺栓，即前悬架的下托臂固定螺栓，只要松开锁紧螺母后，向左或向右转动偏心螺栓，即可调整主销后倾角，如图 7-50 所示。

14. 示例车系：福特、林肯、默寇利

对这类机构有两种调整方式：一种为凸轮调整方式；一种为移动调整式。无论哪种方式，只要松开上控制臂固定螺栓（凸轮式结构的，可转动偏心螺栓；移动式结构的，向外或向内移动控制臂），即可调整主销后倾角，如图 7-51 所示。

汽车四轮定位基础教程 第2版

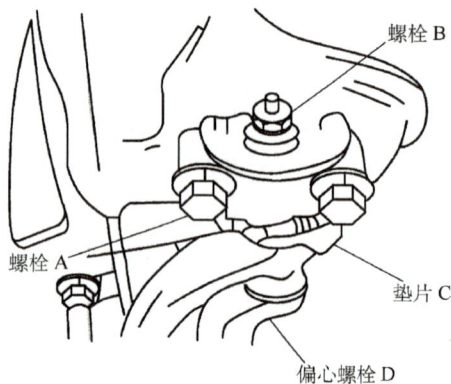

图 7-48 博世的主销后倾角调整

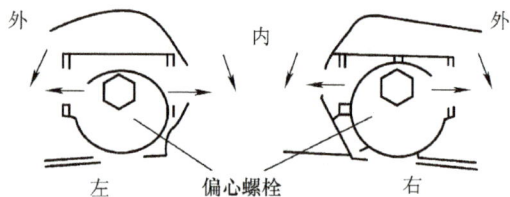

图 7-49 别克、本田、雷克萨斯、三菱、
无限、庞蒂克的主销后倾角调整

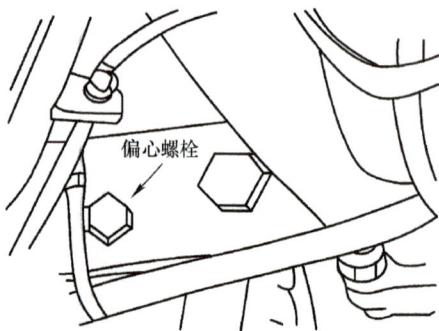

图 7-50 马自达的主销后倾角调整

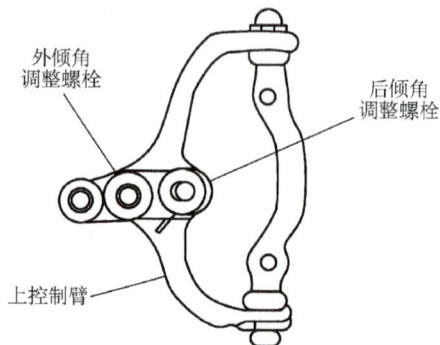

图 7-51 福特、林肯、默寇利
的主销后倾角调整

15. 示例车系：道奇、雷克萨斯、马自达、奔驰、三菱、丰田、沃尔沃、普利茅斯

对这类凸轮调整机构，前后轮的调整方法基本相似，只要先拧松偏心锁紧螺母，然后将偏心螺栓向左或向右转动，即可改变主销后倾角，如图 7-52 所示。

16. 示例车系：雪佛兰

对这类位移式结构，只要松开悬架组件固定螺栓，然后向前或向后移动悬架组件，即可调整主销后倾角，如图 7-53 所示。

17. 示例车系：奥迪

对这类复合式调整机构，按图 7-54 所示通过增加或减少垫片，即可改变主销后倾角。

18. 示例车系：凯迪拉克

对这类凸轮调整结构，只要松开后横梁上的偏心调整螺栓锁紧机构，然后向左或向右转动偏心调整螺栓，即可调整后轮前束值，如图 7-55 所示。

19. 示例车系：阿库拉、本田、雷克萨斯

对这类位移式调整机构，只需松开外侧控制固定螺栓，上下移动改变臂的位置，即可改变后轮的外倾角；松开内侧控制臂固定螺栓，前后移动改变控制位置，即可改变后轮前束值，如图 7-56 所示。

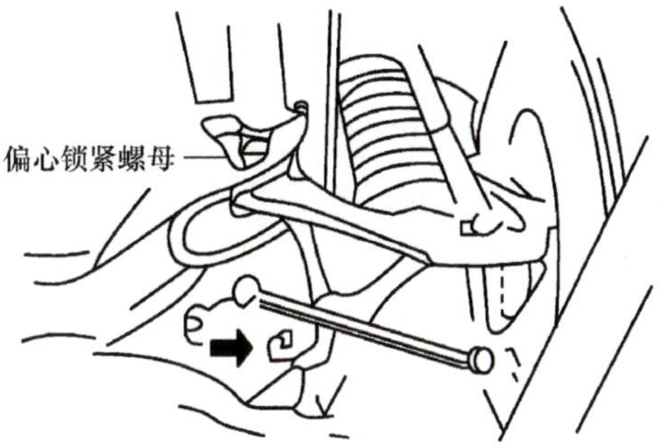

图 7-52　道奇、雷克萨斯、马自达、奔驰、
三菱、丰田、沃尔沃、普利茅斯
的主销后倾角调整

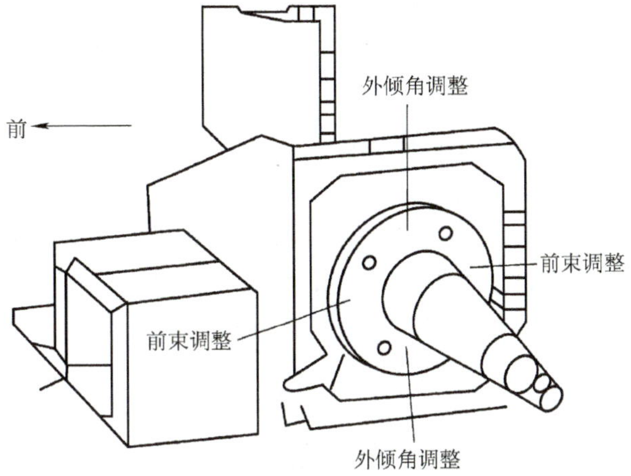

图 7-53　雪佛兰的主销后倾角调整

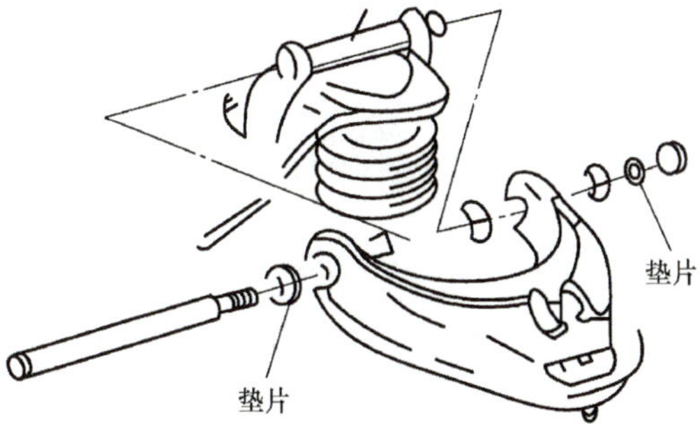

图 7-54　奥迪的主销后倾角调整

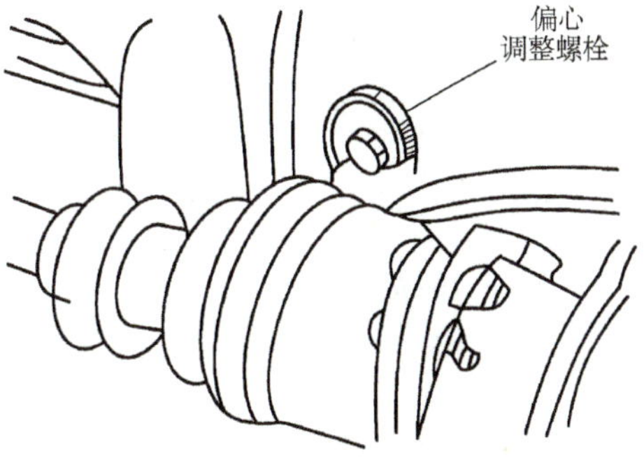

图 7-55　凯迪拉克的主销后倾角调整

20. 示例车系：福特、马自达、起亚、默寇利

对这类移动式结构，只需拧松四个前悬架组件固定螺母，按下挡块，转动前悬架组件使其稍许偏离中心，即可改变主销后倾角，其变动范围为 0°～0.5°，如图 7-57 所示。

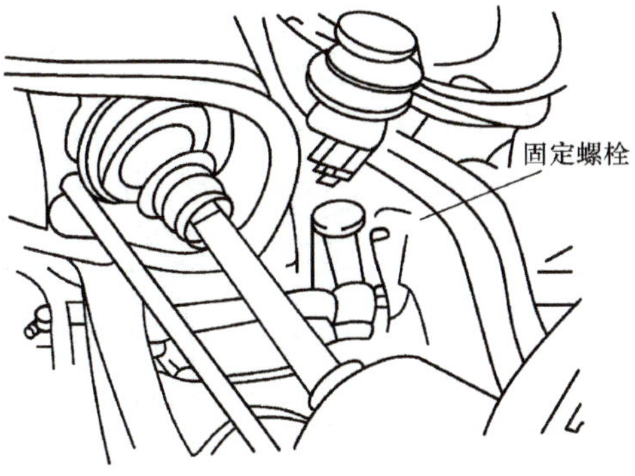

图 7-56　阿库拉、本田、
雷克萨斯的主销后倾角调整

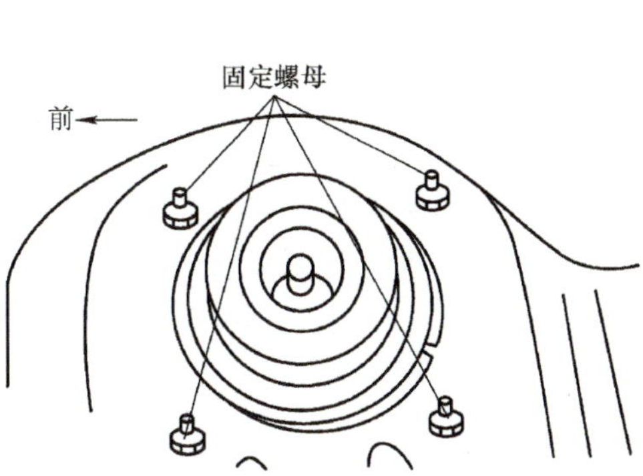

图 7-57　福特、马自达、起亚、
默寇利的主销后倾角调整

21. 示例车系：别克、凯迪拉克、庞蒂克、奥兹莫比尔

对这类位移式调整结构，允许在必要时将悬架组件三个固定螺栓孔的两端，各钻一个直径为9.3mm的孔(图7-58)，并依次锉出长槽，然后移动悬架组件，即可调整主销后倾角。

22. 示例车系：福特、默寇利

这类位移式调整结构是以副车架对车身的对准孔来定位的。调整前，应首先使用专用工具(外径19mm的检查棒)检查对准孔，如通不过，可拧松副车架上四只固定螺栓进行调整，使其通过，然后才能对定位角进行调整。调整时只需钻去图示悬架组件的四个焊点，拧松固定螺栓，移动悬架组件，在达到规范值后，焊接上焊点即可，如图7-59所示。

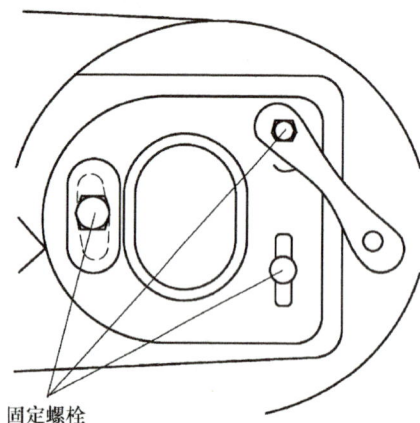

图 7-58　别克、凯迪拉克、庞蒂克、
奥兹莫比尔的主销后倾角调整

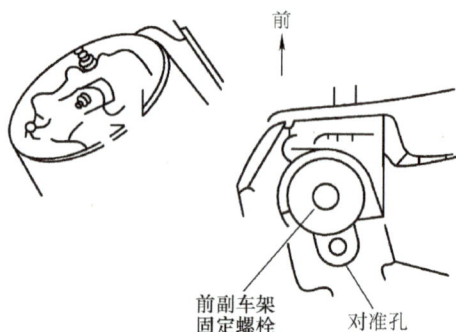

图 7-59　福特、默寇利的主销后倾角调整

23. 示例车系：福特、马自达

对这类偏心调节结构，只需松开偏心调节器夹紧螺栓，取下调节器衬套，然后根据主销后倾角数值的需要更换合适的偏心衬套即可。偏心衬套可根据需要尺寸自行加工，如图7-60所示。

24. 示例车系：沃尔沃

对这类偏心调整结构，只需拧松悬架组件固定螺栓及撑杆锁紧螺母，然后转动偏心调整螺栓，即可改变主销后倾角数值，如图7-61所示。

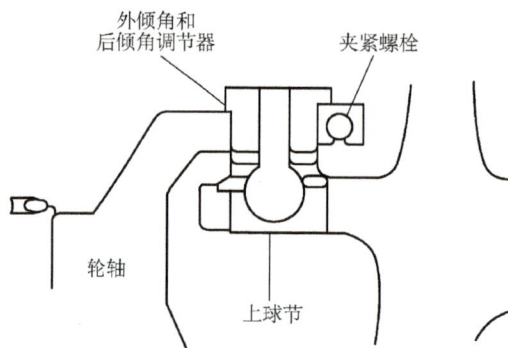

图 7-60　福特、马自达的主销后倾角调整

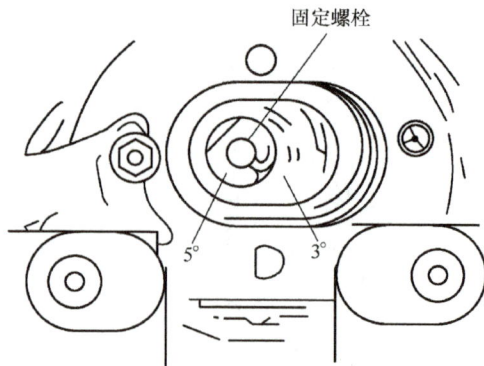

图 7-61　沃尔沃的主销后倾角调整

25. 示例车系：阿库拉

对这类复合式凸轮调整结构，只需按图 7-62 所示部位拧松上端偏心螺栓，即可改变主销后倾角数值。

26. 示例车系：大众、博世

对这类凸轮式调整结构，只需拧松下托臂和球节的两只连接螺栓，然后转动图 7-63 所示偏心螺栓，即可调整主销后倾角。

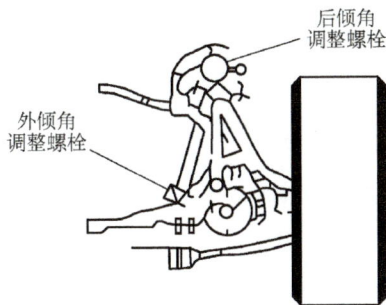

图 7-62 阿库拉的主销后倾角调整

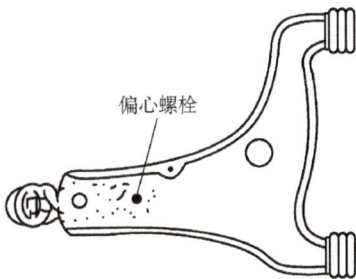

图 7-63 大众、博世的主销后倾角调整

27. 示例车系：博世

在这类双凸轮调整结构中，其中一只为主销后倾角调整凸轮。调整时只需拧松凸轮锁紧螺母，然后向左或向右转动凸轮螺栓，即可调整主销后倾角，如图 7-64 所示。

28. 示例车系：道奇货车、吉普

对这类凸轮调整结构，只需拧松横臂上的偏心螺栓，然后向左或向右转动偏心螺栓，即可改变主销后倾角数值，如图 7-65 所示。

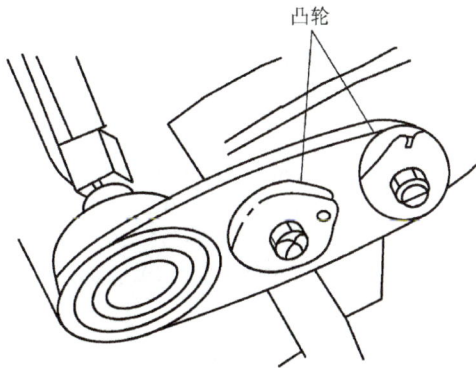

图 7-64 博世的主销后倾角调整

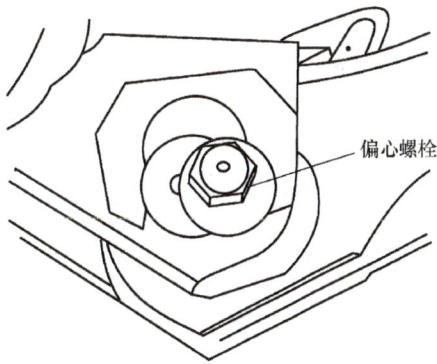

图 7-65 道奇货车、吉普的主销后倾角调整

29. 示例车系：大众

这类凸轮调整装置安装在下横臂与横梁之间，只需拧松凸轮，然后向左或向右转动凸轮螺栓，即可改变主销后倾角数值，如图 7-66 所示。

30. 示例车系：美洲虎

对这类垫片式调整结构，只需拧松球节和控制臂连接螺栓，然后根据后倾角调整螺栓，然后根据后倾角调整要求，改变图 7-67 所示垫片厚度，即可改变主销后倾角。

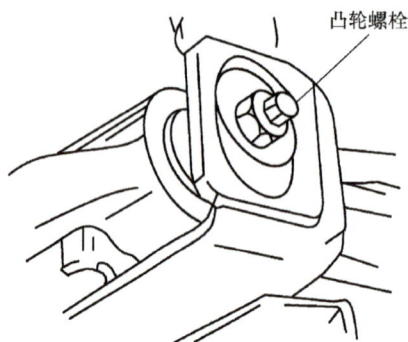

凸轮螺栓

图 7-66　大众的主销后倾角调整

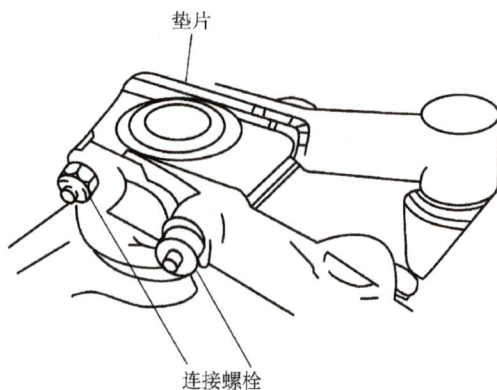

垫片

连接螺栓

图 7-67　美洲虎的主销后倾角调整

◆　7.4　前轮外倾角调整案例　◆

1. 示例车系：别克、凯迪拉克、雪佛兰、福特货车、五十铃、美洲虎、日产、奥兹莫比尔、丰田

对这类垫片调整结构，只需拧松图 7-68 中上托臂固定螺栓，然后均等地改变两端垫片厚度，即可改变车轮外倾角。

2. 示例车系：道奇货车

对这类位凸轮式调整结构，只需拧松图 7-69 中上托臂固定螺栓，然后将上托臂沿槽孔向前或向后移动，即可改变车轮外倾角。

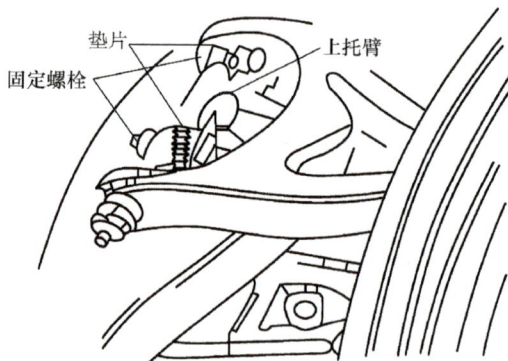

垫片

上托臂

固定螺栓

图 7-68　别克、凯迪拉克、雪佛兰、
福特货车、五十铃、美洲虎、日产、奥兹
莫比尔、丰田的前轮外倾角调整

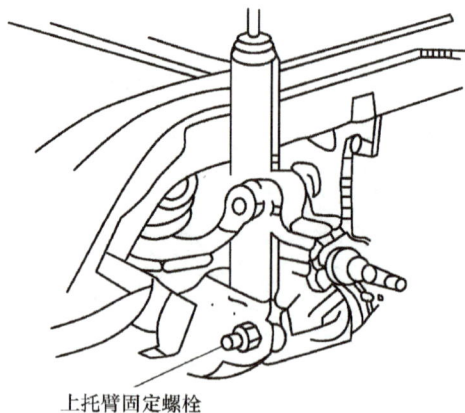

上托臂固定螺栓

图 7-69　道奇货车的前轮外倾角调整

3. 示例车系：阿尔法·罗密欧

对这类垫片调整结构，只需拧松图 7-70 中上托臂固定螺栓，然后均等改变两端垫片厚度，即可改变车轮外倾角。

4. 示例车系：雪佛兰货车

对这类凸轮调整结构，只需拧松图中偏心螺栓锁紧螺母，然后分别将左右两只偏心螺栓向右或向左转动，即可调整车轮外倾角和主销后倾角，如图7-71所示。调整顺序：先调整车轮外倾角，然后调整主销后倾角，接着再重新复查，调整车轮外倾角。

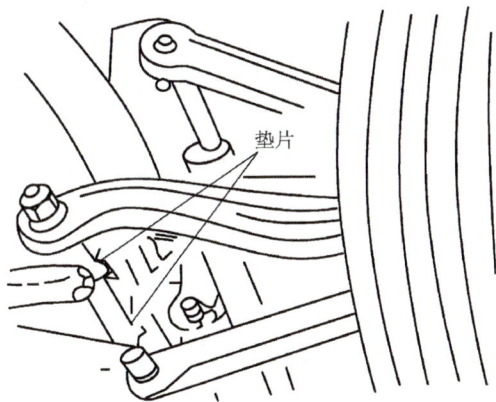

图 7-70　阿尔法·罗密欧的前轮外倾角调整　　　图 7-71　雪佛兰货车的前轮外倾角调整

5. 示例车系：道奇、三菱、日产、大众、博世

对这类位移式调整结构，只需拧松图7-22中减振器座与控制臂的两只连接螺栓，然后将偏心螺栓向左或向右转动，即可增大或减小车轮外倾角。

6. 示例车系：大众

对这类凸轮式调整结构，只需先拧松上控制臂锁紧螺栓，然后通过转动控制臂即可调整车轮外倾角，如图7-73所示。

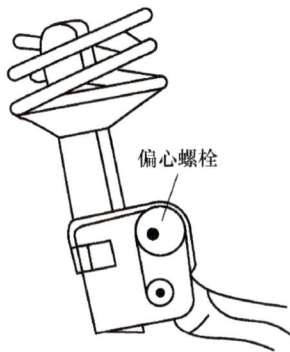

图 7-72　道奇、三菱、日产、大众、　　　图 7-73　大众的前轮外倾角调整
博世的前轮外倾角调整

7. 示例车系：雪佛兰、雷克萨斯、林肯、马自达、三菱

对这类凸轮式调整结构，只需拧松控制臂上的锁紧螺栓，然后将偏心螺栓向左或向右转动，即可增大或减小车轮外倾角，如图7-74所示。

8. 示例车系：福特货车

对这类偏心套式调整结构，只需先松开球节上的车轮外倾角调整组件，取下衬套，然后

汽车四轮定位基础教程　第2版

根据车轮定位参数状况，换上一个相应的偏心衬套即可，如图 7-75 所示。该偏心衬套可以外购，也可按需加工自制。

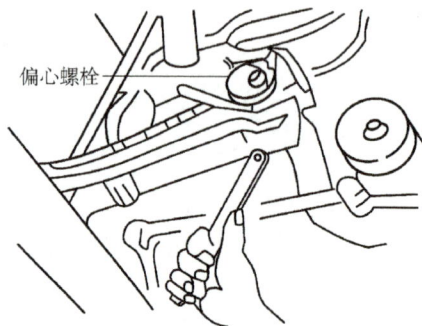

图 7-74　雪佛兰、雷克萨斯、林肯、
马自达、三菱的前轮外倾角调整

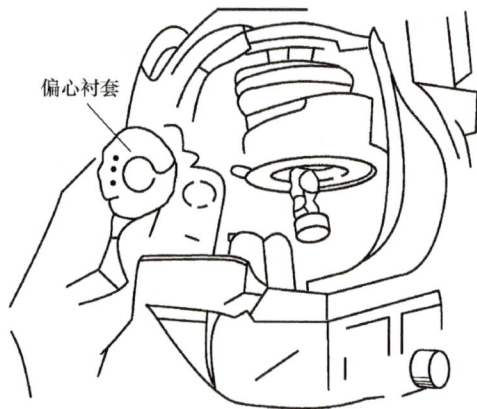

图 7-75　福特货车的前轮外倾角调整

9. 示例车系：奔驰

对这类凸轮与拉杆配合式调整结构，拧松图 7-76 中控制臂上的调整螺栓，然后向左或向右转动调整螺栓即可改变车轮外倾角。

10. 示例车系：大众、奥迪

对这类推拉式机构，只要松开万向球节的锁紧螺栓，然后将球节向里推动，即可调整车轮的外倾角，如图 7-77 所示。

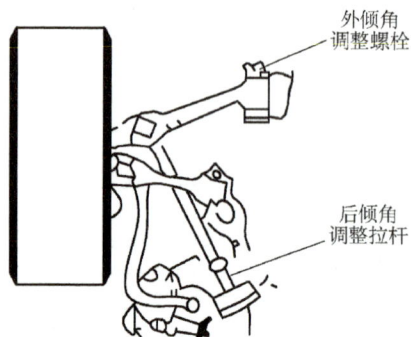

图 7-76　奔驰的前轮外倾角调整

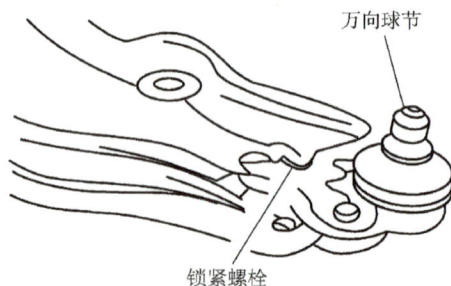

图 7-77　大众、奥迪的前轮外倾角调整

11. 示例车系：别克、凯迪拉克、奔驰

对这类凸轮调节式机构，只要松开图 7-78 中锁紧螺母，然后将偏心螺栓向左或向右转动，即可调整车轮外倾角。

12. 示例车系：沃尔沃

对这类移动式调整机构，只要松开独立悬架弹簧支撑座的固定螺栓，然后移动悬架组件，即可改变车轮外倾角，如图 7-79 所示。

13. 示例车系：福特、默寇利

对这类凸轮调整机构的偏心螺栓是安装在控制臂上的，只要先松开控制臂的撑杆螺栓，然后转动偏心螺栓，即可调整前轮的外倾角，如图 7-80 所示。

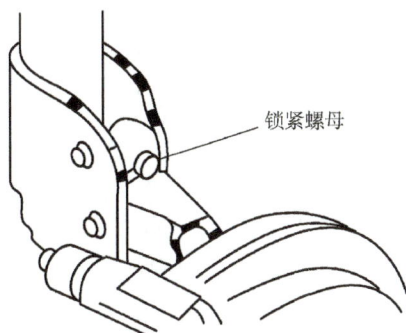

图 7-78　别克、凯迪拉克、奔驰的
前轮外倾角调整

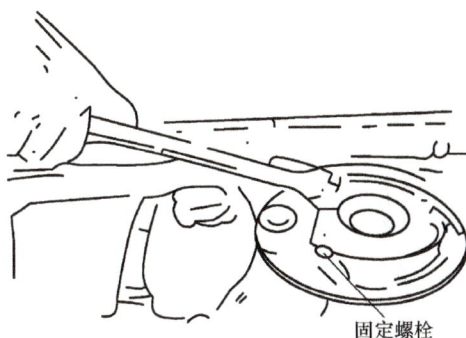

图 7-79　沃尔沃的前轮外倾角调整

14. 示例车系：别克、本田、雷克萨斯、三菱、无限、庞蒂克

对这类凸轮调整机构，只要松开偏心螺栓锁紧装置后，按图示方位旋转偏心螺栓，即可调整车轮外倾角，如图7-81所示。

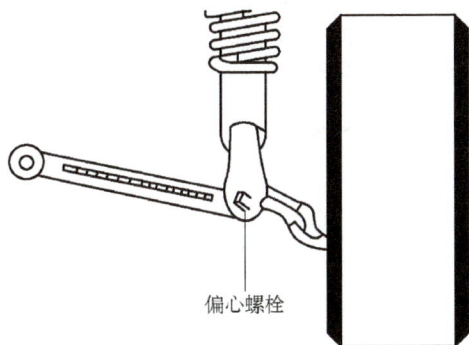

图 7-80　福特、默寇利的前轮外倾角调整

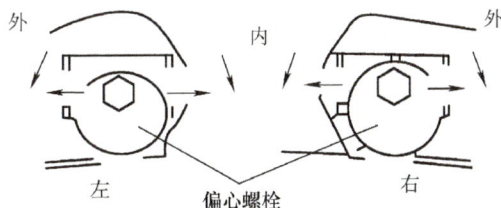

图 7-81　别克、本田、雷克萨斯、三菱、
无限、庞蒂克的前轮外倾角调整

15. 示例车系：马自达

对这类凸轮调整机构的偏心螺栓（即前悬架的下托臂固定螺栓），只要松开锁紧螺母后，向左或向右转动偏心螺栓，即可调整车轮外倾角，如图7-82所示。

16. 示例车系：福特、林肯、默寇利

对这类机构有两种调整方式：一种为凸轮调整方式；一种为移动调整式。无论哪种方式，只要松开图中上控制臂固定螺栓（凸轮式结构的，可转动偏心螺栓；移动式结构的，向外或向内移动控制臂），即可调整车轮外倾角，如图7-83所示。

17. 示例车系：克莱斯勒、道奇、奔驰、普利茅斯

对这类凸轮调整机构，只要松开前悬架上两只支撑架锁紧螺母，然后向左或向右转动图7-84所示偏心螺栓，即可对车轮外倾角进行调整。

18. 示例车系：道奇、雷克萨斯、马自达、奔驰、三菱、丰田、沃尔沃、普利茅斯

对这类凸轮调整机构，前后轮的调整方法基本相似，只要先拧松偏心锁紧螺母，然后将偏心螺栓向左或向右转动，即可改变前轮外倾角，如图7-85所示。

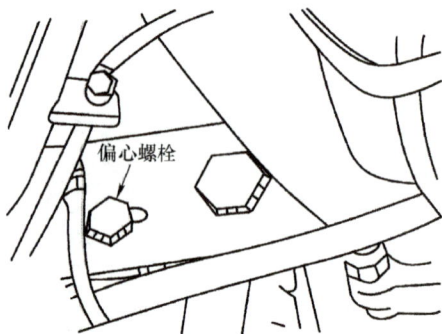

图 7-82 马自达的前轮外倾角调整

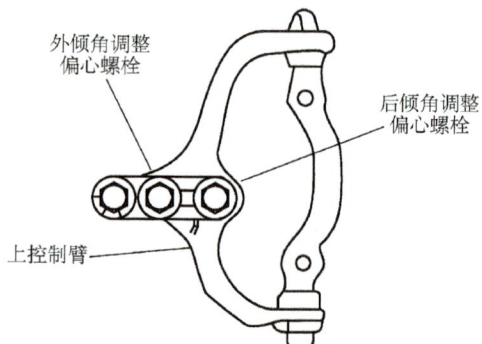

图 7-83 福特、林肯、默寇利的前轮外倾角调整

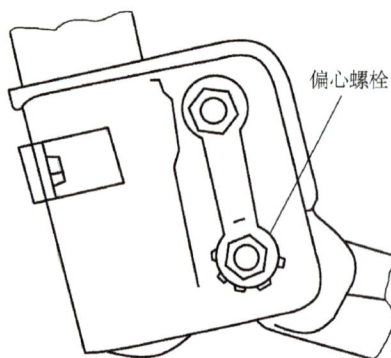

图 7-84 克莱斯勒、道奇、奔驰、
普利茅斯的前轮外倾角调整

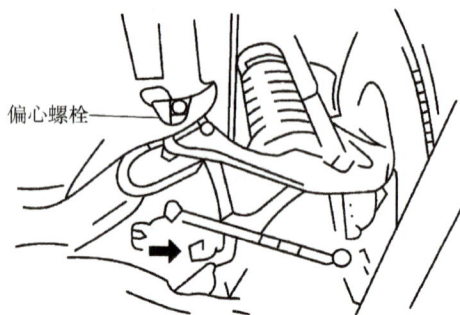

图 7-85 道奇、雷克萨斯、马自达、奔驰、
三菱、丰田、沃尔沃、普利茅
斯的前轮外倾角调整

19. 示例车系：克莱斯勒、道奇、大众、普利茅斯

这类垫片调整机构，是通过改变后轮轴头固定部位的垫片厚度来调整后轮外倾角参数的，只要松开轴头固定螺母，在上下侧插入合适厚度的调整垫片即可，如图 7-86 所示。

20. 示例车系：别克、雪佛兰、庞蒂克、奥兹莫比尔

这类固定式结构本来不可调，但制造商允许在必要时，可以从转向节上取下图 7-87a 所示撑杆，将外端的螺孔用锉刀扩成如图 7-87b 所示的长孔，安装上撑杆后，将转向节向内或向外移动，即可调整车轮外倾角。

21. 示例车系：雪佛兰

对这类位移式结构，只要松开悬架组件固定螺栓，然后向左或向右移动，即可调整车轮外倾角，如图 7-88 所示。

22. 示例车系：奥迪

对这类位移式结构，只要拧松图示悬架组件固定螺母，然后在悬架组件端螺母处套上一个内六角座，将悬架组件在槽内向内或向外移动，即可改变车轮外倾角，如图 7-89 所示。

23. 示例车系：奥迪

对这类复合式调整机构，按图 7-90 所示在 180° 范围内旋转球节，即可改变车轮外倾角。

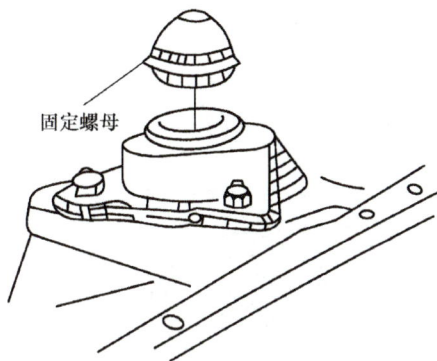

图 7-86　克莱斯勒、道奇、大众、
普利茅斯的前轮外倾角调整

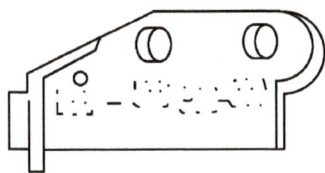

a)

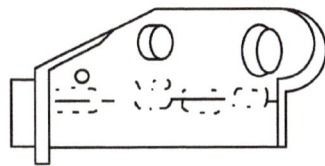

b)

图 7-87　别克、雪佛兰、庞蒂克、
奥兹莫比尔的前轮外倾角调整
注：此图以左后轮为例。

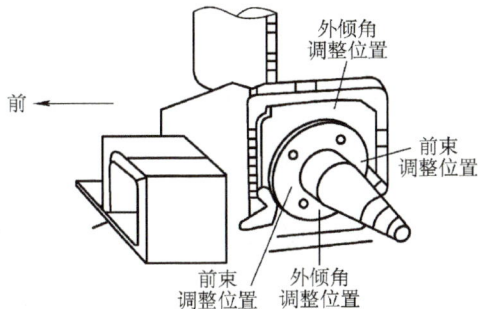

图 7-88　雪佛兰的前轮外倾角调整

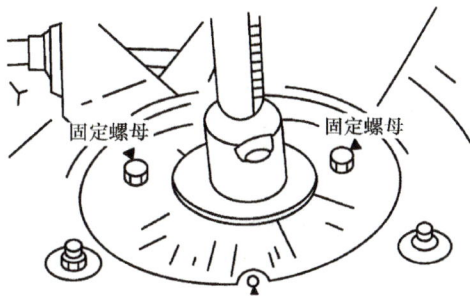

图 7-89　奥迪的前轮外倾角调整（1/2）

24.　示例车系：五十铃、三菱

对这类垫片式调整结构，只要松开悬架组件上托臂固定螺栓，然后增加或减少调整垫片的厚度，即可调整车轮外倾角，如图 7-91 所示。

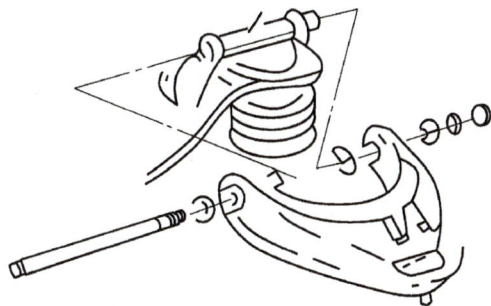

图 7-90　奥迪的前轮外倾角调整（2/2）

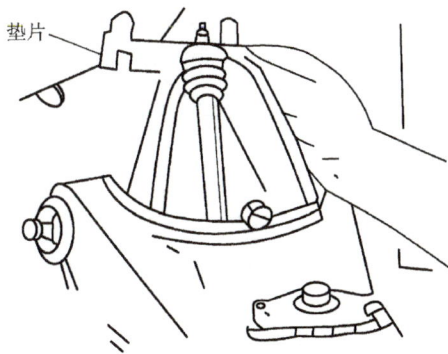

图 7-91　五十铃、三菱的前轮外倾角调整

25.　示例车系：福特、林肯

对这类移动式调整结构，只要松开三个前悬架组件固定螺母，然后向里或向外移动悬架

支撑，即可增加或减少前轮外倾角，旁边一排小孔为调整数值参数孔，每一小孔等于0.375°的外倾角变化，如图7-92所示。

26. 示例车系：福特、马自达、起亚、默寇利

对这类移动式结构，只需拧松四个前悬架组件固定螺母，按下挡块，转动前悬架组件使其稍许偏离中心，即可改变前轮外倾角，其变动范围为0°~0.5°，如图7-93所示。

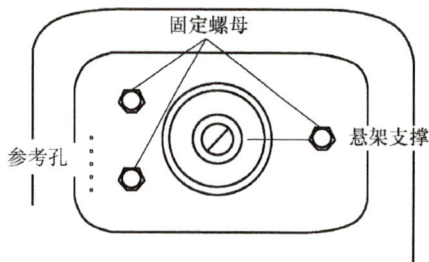

图7-92 福特、林肯的前轮外倾角调整

图7-93 福特、马自达、起亚、默寇利的前轮外倾角调整

27. 示例车系：福特、马自达、丰田、阿库拉、默寇利、吉普

对这类移动式调整结构，只需拧松前悬架组件固定螺母，按下挡块，如图7-94所示将定位标记在180°范围内转动，即可改变前轮外倾角数值。

28. 示例车系：别克、庞蒂克

对这类移动式调整结构，只需拧松横拉杆锁紧螺母，然后转动横拉杆调整螺栓，将下端固定螺母顶出或拉回，即可改变车轮外倾角，如图7-95所示。

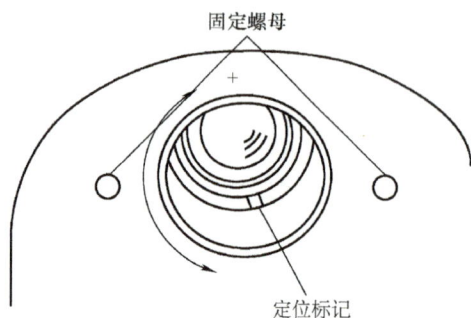

图7-94 福特、马自达、丰田、阿库拉、默寇利、吉普的前轮外倾角调整

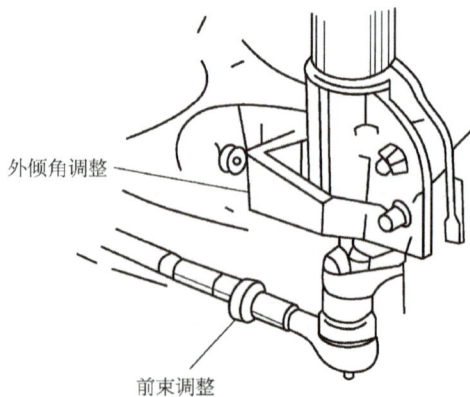

图7-95 别克、庞蒂克前轮外倾角调整

29. 示例车系：大众

对这类移动式调整结构，在必要时允许对悬架组件与车轮轴头连接的固定螺栓（图7-96，上面的）进行加工，并更换，即可得到±1°的调整范围；如果需要做更大地调整，也可同时加工下面的螺栓。需要注意的是改正后的固定螺栓的最小直径应大于或等于螺纹直径。

30. 示例车系：美洲虎

对这类垫片式调整结构，只需拧开驱动轴法兰盘与轮毂盘固定螺栓，根据调整需要，增加或减少垫片，如图 7-97 所示，即可调整车轮外倾角。

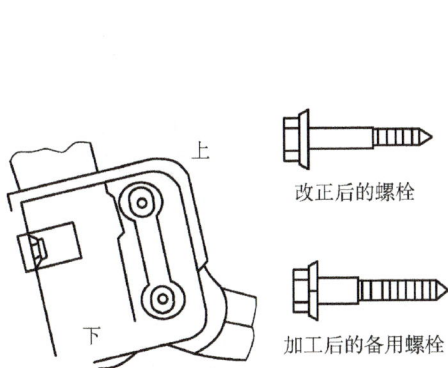

图 7-96 大众的前轮外倾角调整

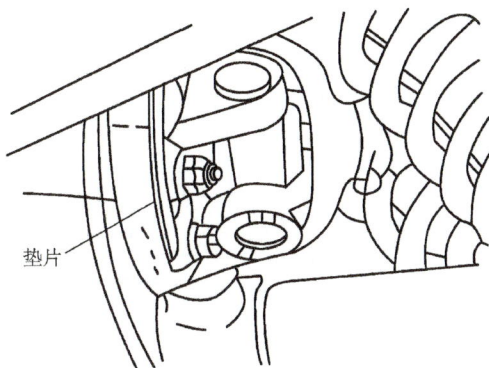

图 7-97 美洲虎的前轮外倾角调整

31. 示例车系：福特、默寇利

这类位移式调整结构是以副车架对车身的对准孔来定位的。调整前，应首先使用专用工具（外径 19mm 的检查棒）检查对准孔，如通不过，可拧松副车架上四只固定螺栓进行调整，使其通过，然后才能对定位角进行调整。调整时只需钻去图 7-98 所示悬架组件的四个焊点，拧松固定螺栓，移动悬架组件，在获得规定参数值后，焊接上焊点即可。

32. 示例车系：福特、马自达

对这类偏心调节结构，只需松开偏心调节器夹紧螺栓，取下调节器衬套，然后根据车轮外倾角数值的需要更换合适的偏心衬套即可，偏心衬套可根据需要尺寸自行加工，如图 7-99 所示。

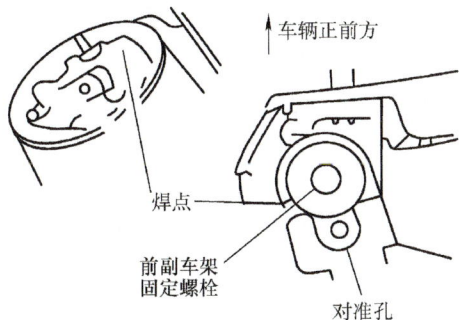

图 7-98 福特、默寇利的前轮外倾角调整

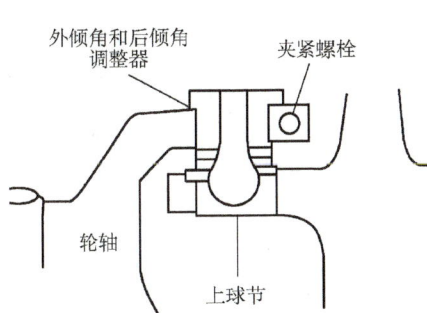

图 7-99 福特、马自达的前轮外倾角调整

33. 示例车系：别克、雪佛兰、奥兹莫比尔、庞蒂克

对这类位移式调整结构，可松开悬架组件的固定螺栓，按图 7-100 所示方位将固定螺栓孔分别锉成圆形长孔（各侧偏离螺栓中心 ≤5mm），然后按需要方位移动悬架组件，即可改变车轮外倾角。

34. 示例车系：马自达、日产、无限、博世

对这类凸轮调整结构，只需拧下图 7-101 所示偏心螺栓锁紧螺母，把六角扳手插入偏心螺栓背面的六角形孔中，向左或向右转动六角扳手，即可改变车轮外倾角数值。

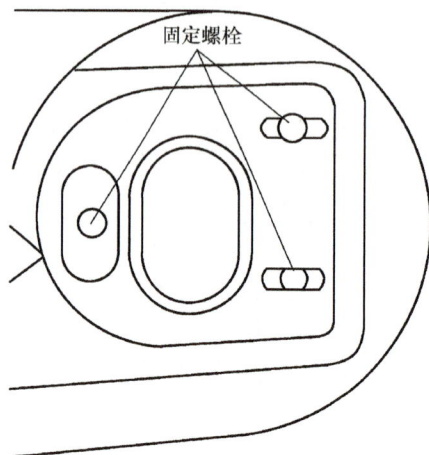

图 7-100 别克、雪佛兰、奥兹莫比尔、
庞蒂克的前轮外倾角调整

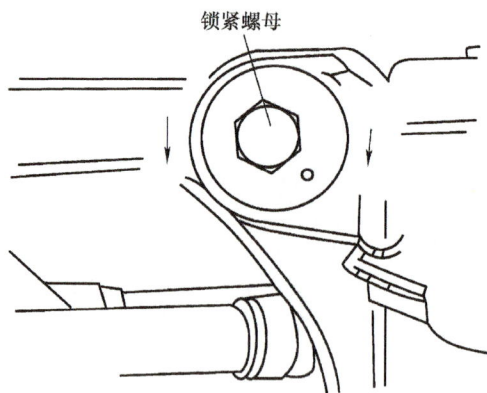

图 7-101 马自达、日产、无限、
博世的前轮外倾角调整

35. 示例车系：极品、阿库拉

对这类复合式凸轮调整结构，只需转动图 7-102 所示下端偏心螺栓，即可改变车轮外倾角数值。

36. 示例车系：博世

在这类双凸轮调整结构中，调整时只需拧松其中一个凸轮锁紧螺母，然后向左或向右转动凸轮螺栓，即可调整车轮外倾角，如图 7-103 所示。

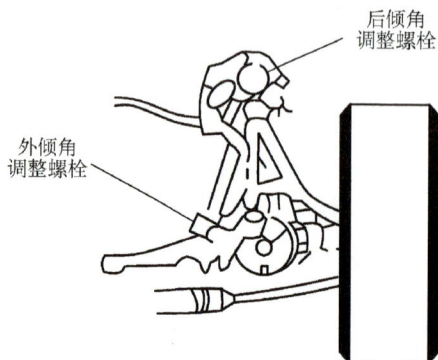

图 7-102 极品、阿库拉的前轮外倾角调整

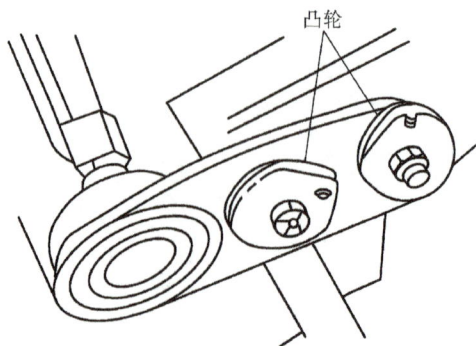

图 7-103 博世的前轮外倾角调整

37. 示例车系：大众

对这类位移式调整结构，可以将专用调整工具先在图 7-104 所示部位将其稍微张紧，然后拧松下撑杆上的两只固定螺栓，再调整专用工具螺母使螺杆伸长或缩短，即可改变前轮外倾角。

38. 示例车系：大众

对这类复合式调整结构，可先按图 7-105 所示松开锁紧螺栓，然后松开固定螺栓，再转动偏心调整垫圈，即可改变车轮外倾角。

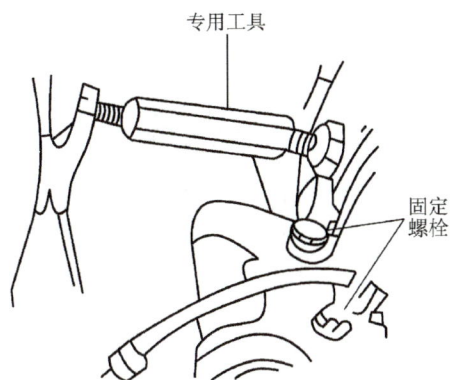

图 7-104　大众的前轮外倾角调整（1/2）

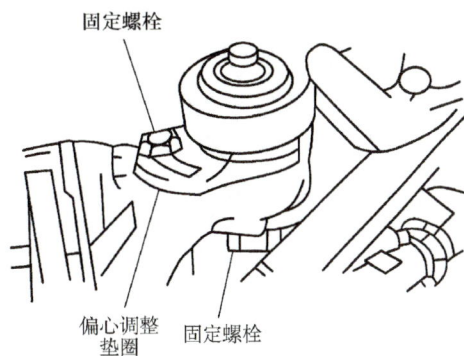

图 7-105　大众的前轮外倾角调整（2/2）

39. 示例车系：庞蒂克、雪佛兰

对这类位移式调整结构，只需拧松图 7-106 中控制臂固定螺栓，然后向左或向右移动下托架，即可改变外倾角。

40. 示例车系：雷克萨斯

对这类复合式凸轮调整结构，按图 7-107 所示拧松上托臂偏心螺栓，向左或向右转动，即可改变前轮外倾角。

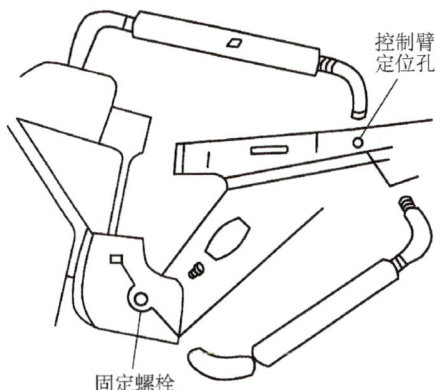

图 7-106　庞蒂克、雪佛兰的前轮外倾角调整

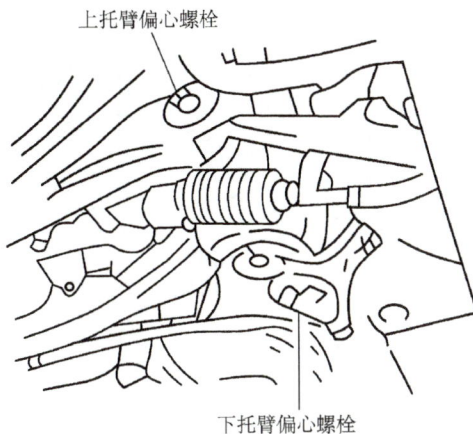

图 7-107　雷克萨斯的前轮外倾角调整

◆ 7.5　前轮前束角调整案例 ◆

1. 示例车系：博世

对这类偏心式调整机构，只需松开图 7-108 所示中螺栓 A，然后转动前束调整偏心螺栓，即可分别改变后轮的前束值。

2. 示例车系：奔驰、无限

对这类凸轮调节式机构，只要松开图 7-109 所示锁紧螺母，然后将偏心螺栓（增大接触点的偏心度）即可改变车轮的前束值。

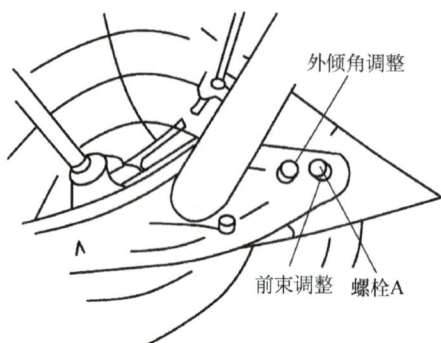

图 7-108　博世的前轮前束角调整

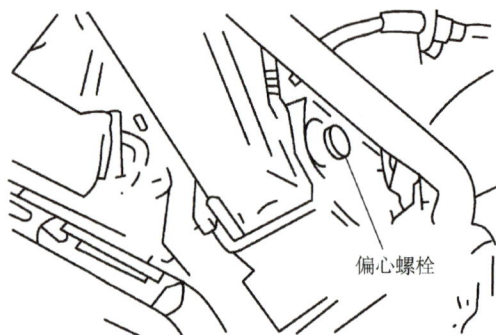

图 7-109　奔驰、无限的前轮前束角调整

3. 示例车系：别克、庞蒂克

对这类位移式调整结构，只需拧松横拉杆锁紧螺母，然后转动横拉杆调整螺栓，使其伸长或缩短，即可改变前束值，如图 7-110 所示。

4. 示例车系：别克、凯迪拉克、奥兹莫比尔

对这类位移式调整结构，只需拧松控制臂固定螺栓，如图 7-111 所示，将控制臂移出或移进，即可调整车轮前束值。

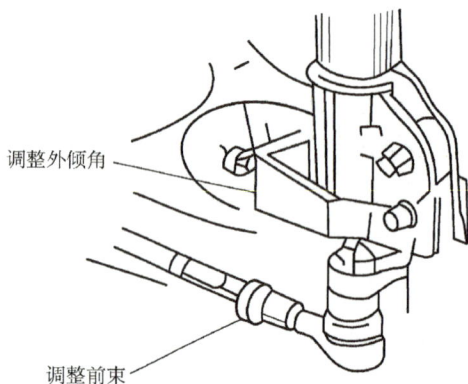

图 7-110　别克、庞蒂克的前轮前束角调整

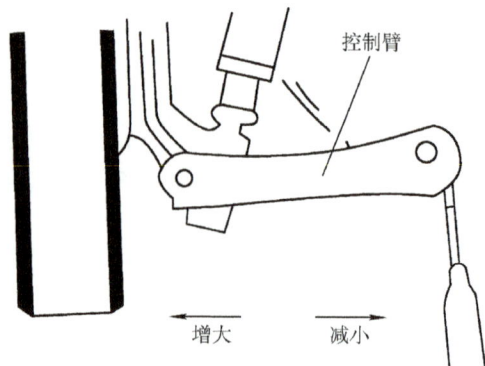

图 7-111　别克、凯迪拉克、奥兹莫比尔的前轮前束角调整

◆　7.6　技术答疑　◆

1. 为什么用传感器式四轮定位仪做四轮定位时必须做轮辋补偿？

答：在使用传感器式四轮定位仪时，为确保四轮定位测量的准确性，几乎所有汽车（除了奔驰、宝马外）都要求必须做轮辋补偿。

由于传感器式定位仪是以重力为测量基准的，做轮辋补偿（一般是将车辆二次举升，对四个车轮进行三个或更多平面状态的补偿）可以计算出轮辋的平均平面（更接近于轮轴的真实垂面），使得定位仪计算出的定位测量值更精确。如果不做轮辋补偿，则会带来 0.3°~0.4°的误差。

特别提示：

＊ 奔驰、宝马要求使用特殊夹具，可从其轮辋上的四个小孔直接接上轮轴，因此，才不需做补偿。做四轮定位时，可不用做轮辋补偿。

2. 为什么在调整校正外倾角后车辆行驶一段时间外倾角又会不正确？

答：这种情况多半是利用长槽或大尺寸的螺栓孔，并配以凸轮螺栓或偏心螺栓，通过滑动支架来调整外倾角。车辆行驶数月，由于车体振动，凸轮螺栓或偏心螺栓在支架的长槽或大孔中滑动或滚动，从而改变了外倾角。按这种方式进行外倾角调整时，在做完定位调整后应路试复检后方可放行。

3. 为什么在调整好前束后车辆直行时转向盘不正？

答：有可能是四轮定位仪不准，可用推进线定位方式调整前轮前束。如果后轮前束不良会产生推进角。此推进角在车辆行驶时会造成汽车向反方向转向。为使车辆直线行驶，驾驶时须将转向盘偏转，使前轮转与后轮处在同一行进方向。因此，即使后轮不能调整，也必须以四轮定位方式，以实际推进线为基准调校才能保证转向盘正直。

4. 为什么车辆后轮前束正确而车轮仍吃胎？

答：可能是定位仪准确度达不到车辆检测标准。如果车辆总前束小于3mm，有些四轮定位仪达不到这个测量准确度。

5. 为什么车辆加速时向左跑偏，而减速时向右跑偏？

答：任何车辆都能发生在加速和减速时跑偏，这种现象叫扭力跑偏，是正常现象。

6. 为什么所有定位读数都调整合格了，但车辆仍跑偏？

答：这时须考虑左右两侧内倾角、包容角是否有较大差异；如果没有，则须考虑其他跑偏原因：

1）轮胎变形的跑偏。
2）转轴摩擦的记忆跑偏。
3）加减速的扭力跑偏。
4）转向连杆不良的上坡跑偏。

7. 轮胎花纹对跑偏有没有影响？胎纹有无正反方向？

答：轮胎花纹决定抓地力。如果左右花纹不同，则抓地力不等，会形成一定的跑偏。有些胎纹有正反方向，此种轮胎不可左右轮对换，轮胎左右必须用同牌、同型、同花纹。

8. 为什么车辆改装成跑车后发现高速行驶时车辆发飘，稳定性差？

答：这种情况是由于改装厂将后轮弹簧加长后造成车头前倾，主销后倾角减小，导致方向稳定性下降；或者是换装宽胎后，转向轮摩擦半径变小所致。

9. 为什么将轮胎由15in（38.1cm）换成16in（40.64cm），行驶3000km后车辆会出现严重的吃胎现象？

答：如果把轮胎加大后，必须对前束及外倾角相应进行数据调整。加大钢圈后换扁平胎，只要保证轮胎直径不变，原厂定位参数可以不用调整。

10. 为什么进口车型国产化后车轮定位参数会有较大变化？

答：主要是因为国内路况条件相对差，进口车国产化后往往将会调高底盘高度，这样外倾角、前束角与进口同型车会有很大改变。在做四轮定位进行车规数据选择时，要选择对应的国产车型车规数据，而不能简单地使用同型进口车型车规数据。

第 8 章

四轮定位仪的选择及
四轮定位的经营技巧

学习提示

　　本章针对四轮定位仪用户而设置。四轮定位仪的选择及四轮定位的经营技巧是广大用户关注的问题，本章就其基本知识，加以简述。

$$\blacklozenge \quad 8.1 \quad 四轮定位仪的选择 \quad \blacklozenge$$

8.1.1 技术分类

1. 通信方式
1）无线通信。
2）有线通信。
3）红外无线通信。
4）蓝牙无线通信。

2. 测量方式
1）拉索式角位移传感器＋重力锤倾角仪。
2）拉索式角位移传感器＋电子式倾角传感器。
3）激光与光电接收器＋电子式倾角传感器。
4）红外线与PSD＋电子式倾角传感器。
5）红外线与CCD电子式倾角传感器。
6）红外线与CMOS图像传感器。
7）3D技术(三维成像技术,采用面阵CCD照相机＋成像板)。

3. 显示方式
1）传感器机头直接显示(一般采用液晶屏)。
2）数码显示。
3）电脑显示。

8.1.2 基本概念

1. 上位机
上位机是进行数据运算、显示输出的电脑，是四轮定位仪的控制中心，操作者想要完成的各种操作，均是通过控制电脑来实现的。对于数码管显示方式的四轮定位仪，电脑一般是由厂家采用单片机开发的。对于电脑显示的四轮定位仪，上位机指市场上销售的PC机。

2. 下位机
下位机也就是我们所说的传感器机头，它是传统四轮定位仪的核心部件，由各个生产厂家研发、生产的。实际上，下位机也是一台电脑，只是功能比较单一，它内部包含了中央处理器、存储器、控制部件等，在软件的协调下，完成上位机下达的命令。

3. 拉索式角位移传感器
该传感器实际上是一只精密的可变电阻，在轴的带动下，产生电压的变化，通过模拟量到数字的转换，形成相对的转动角度。

4. 激光
激光是一种新型光源，它的本质是光。四轮定位仪采用的都是半导体激光器，给其注入正向偏压进行激励后，PN结相互结合，并把多余的能量以光的形式放射出来，形成激光。

5. 红外线

红外线是自然界普遍存在的光源，它的本质也是光，只不过这种光不可见。用于四轮定位仪的红外线发射管是一种半导体器件。

6. 重力锤倾角仪

重力锤倾角仪由两部分组成，即锤体部分和电子部分，由于重力的作用，锤体始终垂直于水平面，带动电子部分产生角度的相对变化。

7. 电子式倾角仪

电子式倾角仪是一种高科技产品，分为电容式、磁阻式、重力式等多种形式，均为非接触测量产品，根据原理不同，其性能也有较大差异。

8. PSD

PSD 又称为光电位置传感器，当 PSD 的受光面某一位置存在光照的情况下，其输出电流会有相应变化，从而可以得到光照位置，它是一种模拟器件。

9. CCD

CCD 又称光电耦合器件，是 20 世纪 70 年代初发展起来的新型半导体集成光电器件，它是在一块硅面上集成了数千个各自独立的光敏元件，当光照射到光敏面上时，受光的光敏元件将聚集光电子，通过移位的方式，将光量输出，产生光位置和光强的信息。它分为线阵 CCD 和面阵 CCD 两种：线阵 CCD 即是光敏元件沿 X 方向排列 $1 \sim 2$ 排，以测量光在 X 方向上的位置及强度信息；面阵 CCD 的光敏元件排列成矩阵方式，它测量光在 X 和 Y 方向上的位置和强度信息。

10. CMOS

CMOS 是互补金属氧化物半导体的统称。应用于四轮定位仪产品的是由 CMOS 做成的图像传感器。

11. 通信

通信即两个以上单元进行信息交流的方式。

12. 有线通信

在四轮定位仪的上位机与下位机之间进行信息交换时，如果使用线缆做介质，则称为有线通信。

13. 红外线无线通信

在四轮定位仪的上位机与下位机之间进行信息交换时，如果使用调制的红外光做介质，则称为红外线无线通信。

14. 蓝牙通信

"蓝牙"一词来自于英文"BLUETOOTH"，是 1998 年 5 月由爱立信公司、IBM、英特尔、诺基亚、东芝等五家公司联合制定的近距离（10m 以内）无线通信技术标准，它是由无线电波做载体进行数据交流。

8.1.3　上位机的特点及功能

上位机即四轮定位仪的控制中心。上位机有两种形式：单片机和 PC 电脑。

1. 以单片机作上位机

采用单片机作上位机的四轮定位仪，其特点如下：

1）单片机的容量较小，其软件都是出厂时固化的，因此功能简单，不可能进行快速、大容量的数据计算，显示多以数码管的方式。

2）没有辅助的测量功能。对于车型的选择都是借助于数据库，历史数据都无法存储，辅助调车的功能根本无法实现。

3）通信方式均采用有线方式。

4）系统升级、维护不便。

2. 以 PC 机作上位机

采用 PC 机作上位机的四轮定位仪有如下特点：

1）电脑资源丰富，互换性、可扩展性强。它可快速、准确地进行大数据量运算，在软件的配合下显示灵活生动，具有人性化的特点。

2）四轮定位仪的辅助功能丰富，如车型选择、数据保存查询、三维动画演示、声音提示以及网络功能均能实现。

3）系统升级简单，更换软件即可实现，车型数据可以随加随用。

8.1.4　系统选型及配置

1. 上位机的选择

早期传统的四轮定位仪产品对电脑性能要求并不高，因为四轮定位仪的数据处理量相对较少，对容量的要求并不高。当前，在国内市场发展较快，因其定位检测过程中涉及大量数字信号计算，这样对电脑配置要求会更高一些。总的来讲，考虑到性价比因素，对用户而言，四轮定位仪所采用的电脑够用就行，且不可盲目追求时尚，配备目前最流行的电脑。但是四轮定位仪用电脑要求有较好的稳定性，有很高的抗干扰能力。

2. 操作系统的选择

1）液晶显示器

① 液晶显示是场致发光器件，即被动发光，其亮度、色度都无法与 CRT 显示器相媲美。

② 液晶显示器怕油污、灰尘等腐蚀物，恰恰这一点是一般汽修厂或轮胎店难以避免的。

③ 液晶显示器成本相对高、使用寿命短，会影响到修理厂的采购成本及使用成本等。

2）触摸屏。修车是比较脏的工作，操作人员经常是双手沾满油污、灰尘、水等，用脏手在触摸屏上按来按去，直接影响触摸屏的画面质量，不美观，也会缩短使用寿命。

3）键盘使用最多。键盘是易损件，对用户而言，要选择一种常见、易采购、通用性好的键盘，而 PC 键盘是理想选择。

4）遥控器。为方便定位操作，有的四轮定位仪配备有遥控器。通过遥控器实现人性化操作，是一项实用的选择。

3. 通信方式的选择

（1）激光通信　激光作为测量系统的光源应用于四轮定位仪，与其他光源相比，它具有单色性好、方向性强、光亮度极高的特点。因此激光光源可以实现以较小的功率测量较远的距离；由于单色性好，它可以避免环境对测量系统的干扰。

在四轮定位仪中与激光配合使用的接收器，为光敏阵列，而不可以使用 PSD 和 CCD，因为激光的光斑均匀性差，且具有干涉和衍射的特性，不利于 PSD 及 CCD 的接收。

用于四轮定位仪的激光是以直线输出的，这决定了激光产品角度的测量范围较小，由于汽车的前束角一般不会很大，因此用激光作光源应用于四轮定位仪是一种较好的选择。

有人提出激光对人体有害的说法，这是小题大做，因为四轮定位仪采用的激光都是几毫瓦功率的半导体激光器，只要肉眼不直视它，照射到身体的其他任何部位，都不会对人体产生任何损害。

（2）红外线通信　在四轮定位仪系统上，红外线既可用于通信系统，也可以用于测量系统。这两个系统的功能不同，使用方法也不同。用于通信系统的红外线是作为通信的载体，它采用调频的方式；而用于测量系统的红外线是作为光源，接收部分无论采用 PSD 还是 CCD 光源，其出口均是散光的，照射到对面经过光学处理后再提供给 CCD 或 PSD 使用。由于红外线发射管光斑均匀，因此 CCD 和 PSD 的光源一般采用红外线或可见光，而不能采用激光。

4. 传感器的选择

（1）倾角传感器　倾角传感器是传统四轮定位仪上非常关键的部件，它的功能是进行车轮外倾角、主销后倾和主销内倾的测量，因此它的质量好坏直接影响到四轮定位仪产品的准确性。倾角传感器的关键参数有线性度、每个角度的输出电压值、温度系数和频响。

实验证明，如果四轮定位仪输出的电压很低，要提高精度，就需放大电压值，由于放大器件的特点是放大位数越大，失真度越高，这样就会影响到线性，最终导致测量误差大。另外，温度系数往往在早晨和中午时，零位有误差，如果想得到一个准确值，就必须经常校正。

（2）PSD 光敏器件　PSD 光敏器件有三个引角，其中两个引脚用以加偏值电压，第三个引脚是输出端，它是一种模拟线性器件(图 8-1)，具有如下特点：

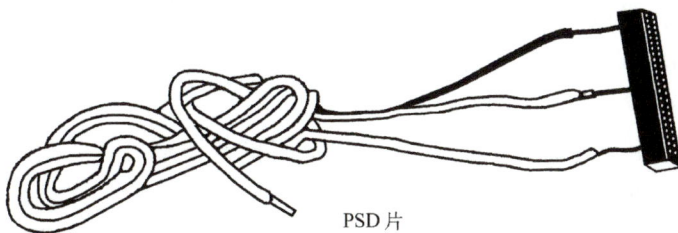

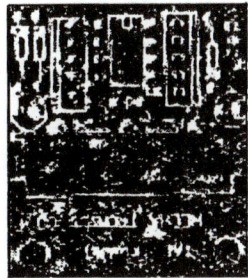

PSD 片　　　　　PSD 印制电路板

图 8-1　PSD 片及电路板

1）分辨率高达 0.1μm。
2）光谱范围宽 380～1100nm 范围。
3）响应时间快：0.5ms。
4）位置与光强同时测量。
5）驱动简单。
6）成本低。PSD 是以连续电压或电流来输出，其位置分辨率达 0.1μm，好于 CCD。但是它输出的模拟信号必须通过 A/D 转换，因此有一定的失真。同时，PSD 有一个更严重的问题，温度漂移严重和环境光线的影响。温度变化可以使其输出的零位变化几十毫伏，光线的影响使系统取值不稳定，这两项叠加在一起，便使 PSD 失去了测量精度。

（3）CCD　CCD 是由数千个相对独立的光敏元构成，且各个光敏元集成在同一硅底，如图 8-2 所示。入射光的位置可以直接以数字的形式反映出来。CCD 具有 PSD 无法比拟的优点，如下：

CCD 片　　　　CCD 电路板

图 8-2　CCD 片及电路板

1）位置分辨率高，达到 $11\mu m \times 11\mu m$。

2）光谱响应宽，达到 $380 \sim 1100nm$。

3）响应速度快。

4）可靠性高，无温度飘移，一致性好。

5）输出稳定，可直接输出光斑的数字位置，无需 A/D 转换。

6）低功耗。

7）长寿命。

8）驱动复杂。

欧美国家生产的传统的四轮定位仪均采用 CCD，如德国百世霸、美国杰奔、意大利科基等，这足以说明 CCD 产品的优势。

（4）CMOS　市场上以 CMOS 器件做四轮定位仪的厂家很少，该技术应用于四轮定位仪有其先天缺点。

1）CMOS 传感器的动态范围远比 CCD 差。举一个很说明问题的例子：凡是高档的数码像机均采用面阵 CCD，只在低档的数码像机才采用 CMOS 产品，从它们拍摄图片的质量上可以看出差别。

2）CMOS 产品图像传感器的分辨率低，最多只不过 640 线，因此精度低。

3）CMOS 图像传感器对环境要求较高，稍微暗一些或亮一点不能正常工作。

由于受到 CMOS 器件自身特点的限制，四轮定位仪产品很少使用该器件。

（5）通信方式　通信分为有线、无线。无线通信应用于四轮定位仪有蓝牙和红外线式，这几种方式各有优缺点，见表 8-1。

有线通信是所有通信中最稳定可靠的方式，正如双频座机信号清晰度比手机好，有线电视比无线电视信号更清晰。但是，有线通信由于需要一条较粗的线缆连接，因此易于发生故障，使用方便性相对差。红外线通信采用非常成熟的红外通信方式（比如家电的遥控器多采用红外线通信），且使用成本较低，因此也是一种好的无线通信方式。

至于红外线通信的好处也是相对而言的，它与蓝牙通信相比，有怕强光、怕阻挡等不利因素，因此对环镜要求较高。而蓝牙通信便不存在这一问题，它不怕阻挡、不怕光、数据吞吐最大，但蓝牙通信易受强无线电干扰（比如，2003 年的太阳黑子对整个世界的无线电通信都造成干扰）。

表 8-1　四轮定位仪通信技术性能对照表

项目	有线式	红外线式	蓝牙
通信稳定性	好	一般	较好
环境适应性	任何环境	怕强光、怕阻挡	不怕光、不怕阻挡、怕电磁干扰
通信速度	快	低	高
成本	较低	低	高
技术成熟度	很成熟	成熟	较成熟
发展时间	很早	30 余年	近 10 年
故障率	高（线易断裂）	较低	较低
方便性	不方便	较方便	较方便

8.1.5　如何选择四轮定位仪

目前，市场上四轮定位仪产品品种繁多，产品档次、质量各不相同，用户选择难度较大，要选择适合自己的设备，着重参考以下几点。

1. 测量准确度

四轮定位仪是通用检测设备，测量准确度如何，决定了产品的性能。随着汽车工业的飞速发展，汽车维修对设备的准确度要求越来越高。系统准确度是四轮定位仪选购时首先考虑的因素。

2. 技术支持与售后服务

产品是设计和制造出来的，只有掌握了产品核心技术才能为用户提供优质服务。技术支持是售后服务的根本保证，如果不拥有全套技术，再好的服务承诺也只是一句空话。

3. 价格

价格是由产品成本来决定的。对于元器件的品质、性能，生产厂家要付出相应成本，用户选择产品时且不可只看价格。在选择同等质量、同等性能的产品时，价格才是着重考虑的因素。

4. 使用成本

四轮定位仪的使用成本取决于如下因素：

（1）关键元器件寿命　选择低寿命的关键部件，虽然购买成本低，但随着时间的推移，使用成本会很高。

（2）产品的内在质量　不注重产品质量的企业很难生产出高质量的产品，产品内在质量不好，将直接影响用户的业务，增加使用成本。

（3）产品设计　产品首先是设计出来的，没有好的设计，就没有好的产品。

（4）技术支持　技术的拥有程度决定了售后服务解决的能力，也决定了产品的使用成本。

（5）原产地　若选择进口产品，虽然产品技术成熟、质量相对可靠，但也不可能终生不坏，由于地域差异会让使用成本增加。

5. 操作的方便性

由于汽车维修行业的一些特点，用户大多都需要操作简单、使用方便的产品。系统的整体设计、软件的操作人性化、方便易用也是很重要的一个因素。

6. 整体性能

四轮定位仪作为一种检测设备，产品设计应合理，功能应完善，见表 8-2。

表8-2　四轮定位仪综合性能对照表

项目	CMOS	红外线+PSD	激光+接收器	红外+CCD 传感器	红外+CCD 相机
精度	低	低	较高	高	精准
环境适应性	③	①	②	②	②
稳定性	差	差	一般	好	好
校准	经常	经常且必须	④	④	⑤
A/D 转换	是	是	否	否	否
器件寿命	较长	较长	较长	长	长
倾角传感器	无	有	有	有	无
测量范围	较大	较大	小	大	大
成本	低	较低	较低	高	高
档次	低端	低端	低/中端	中端	高端
技术来源	中国	韩国	中国	欧美/中国	美国/中国
代表生产厂	/	⑥	三雄/万达	JBC V1/V2，百斯霸	JBC V3D

① 温度变化、强光对其有影响。

② 温度变化对其无影响，强光直射对其有影响。

③ 温度变化对其无影响，强光直射、磁场干扰对其有影响。

④ 半年或场地有变化时需校准。

⑤ 仅在出厂时或相机更换时，对相机进行 RCP 校准，日常使用无需定期校准。

⑥ 国内所有韩国工厂或 OEM 厂。

◆ 8.2　四轮定位的经营技巧 ◆

8.2.1　走出认识误区

一台测量精度高、重复性好、车规齐全、功能完备、方便耐用的四轮定位仪是理想的选择。面对国内外众多机型、经销商、制造商，加之有些商家有意识误导，选购时难免会无所适从。对四轮定位仪认识误区如下：

（1）认为四轮定位仪投资大、回报慢　许多业主往往把四轮定位仪作为一个设备投入上的"鸡肋"项目，认为有台设备就可以了，对其性能不太关心，只关心用最低的价格买台叫"四轮定位"的东西就行了。

（2）不关心设备的技术指标　只关心机柜外形是否豪华美观，软件界面是否好看，是否有语音提示功能，将此作为先进的判定标准。

（3）不注重提高员工技术水平　众多4S店选择性能较好的中高端产品，收费较高，但不注重深入学习以提高定位技术水平，造成用户反应平平，维修量及经济效益差。

由于恶性价格竞争，在维修从业人员素质普通不高的情况下，许多维修厂、轮胎店认为四轮定位仪可有可无，不规范甚至是严重违章的技术手段广为采用，给车辆行驶造成极大的安全隐患。

8.2.2　如何做好四轮定位经营

在四轮定位经营过程中，选购一台理想的四轮定位仪，只是成功经营的开始，经营者要拿出更大精力来引导消费，培育储备技术过硬的人才。

对于车轮定位工作，我们应该辩证地看问题。

近年来汽车悬架技术和高速路网的建设发展迅猛，底盘故障及汽车车轮定位不良已成为车辆安全的最大事故隐患。定位调整属于一种保养性质的维护，需对车辆定期进行调校，频率高、容量大，有市场潜力，且可以带动相关的底盘维修、轮胎等附属产业，经济效益不容忽视。

特别提示：

　　＊据统计，做四轮定位检查的车辆中，每 10 辆车中就会有 5 辆车有不同程度的底盘维修问题。

实地调查中，我们跟很多修理厂或轮胎业主交流，他们常常反映四轮定位投资大，收费又很低，回报率太慢。我们了解他们是如何确认收费标准的？结果是惊人的一致：收费全凭主观印象，更多的是参照同行业竞争对手的标准，这样就难怪会出现收费越收越低、定位越做越差的恶性循环。其实，确定四轮定位的收费标准，没有一个特别固定的模式。举个例子来讲，四轮定位就好比是给车辆底盘看病，病症不一样，处理手段不同，收费自然不同。即使是同一个病人到同一家医院，是不是医务人员不管其病症如何都统一收费呢？要视情收费。一个连车辆都没有做过检查就给客户报价的业主，决不可能是专业人士，当然就更做不好车轮定位了，经济效益可想而知。

对于四轮定位经营，我们有如下建议：

（1）要有优秀的技术及营销人员　选择经过专业培训的技师，他必须具备对汽车底盘及悬架结构的扎实理论基础，并有丰富的维修经验及故障分析判断能力，熟悉轮胎使用知识。营销人员不必具备熟练的动手能力，但必须了解相关基础知识，熟悉各种吃胎及跑偏的故障案例，循循善诱、形象生动地向用户介绍相关使用知识，能迅速地根据测量结果指出车辆存在的故障。一针见血、准确无误，才能从根本上赢得用户的信任，并耐心地为用户推荐多种解决方案，让用户定度。

（2）灵活多样地开展促销活动　有些商家利用开业初期，实行免费四轮定位检测来吸引用户，这是一种行之有效的促销手段。

1）免费项目只是检测，如车辆参数在合格范围，可取得用户的好感，虽分文未取，但要知道定位是常规保养项目，与换机油类似，跑过 10000～16000km 就需要做一次，今后还有获利机会。发展要从长计议，把握用户是成功的第一步。

2）存在故障的车辆，应据实向用户分析故障原因，提出处理意见及报价，得到同意后方可进行。如用户不接受，应耐心地向用户讲解故障点及故障会带来什么隐患，详尽说明收费项目，不可夸大其辞，欺骗客户。即使用户此次不做，当他出去对比后发现其他商家收费虽然便宜，但处理方法不正规，人员不专业，今后也会有回本店的可能。有些店主根据车型档次不同以及当地消费能力来推出促销政策，如送免费美容洗车卡、免费充氮气贵宾卡，或者根据四轮定位次数结合其服务项目，推出优惠的套餐服务。个别轮胎店或汽修厂收费上不直接给用户打折扣，而变相采用赠送代金券的方法，这一方法很好，因为你发出的代金券只能在你处使用，既能有效地保护收费体系的相对稳定，又能提高用户的回头率。

3）针对中高档车主经常组织一些团体活动，培养他们爱车、护车的兴趣，增加其车辆底盘及轮胎养护知识，加强凝聚力，稳定客户群体。要知道，正常调校一辆奥拓车比一辆奔驰、宝马要费事得多，偏偏收费又很低。您的四轮定位投资回报主要是以中高档车型获取的，如果不愿放弃低端车型或出租车业务，最好采用年卡的套餐方式，保证定位业务的稳定性和延续性。

4）在宣传活动中，一定要有意识地让客户了解定位的重要性，抵制众多不规范做法，抵制对安全有影响的作业手段。

① 做完四轮定位后应试车，并进行四轮定位复检。要知道许多差的四轮定位仪或非专业人员可能通不过这种测试，往往会出现前后数据变化极大的情况，甚至一辆新车在不调校的情况下反复测量几次，其数据变化极大。

② 不建议使用倾角校正器进行调校。在欧美国家，这种手段是非法的，因为这种方法是用悬架机构硬变形的方法，达到校正的目的。有的减振器变弯后发响或漏油；有的悬架中最薄弱的拉杆球头胶套或轴承极易损坏，严重的甚至使方向拉杆等零件在行驶中散落。对于有严重车轮定位问题的车辆，需要对车身进行钣金修复后再进行定位调整。

③ 采用正规的四轮定位调整耗材，保证定位质量，带动其他维修业务。

-技术上吃透，工艺上到位，服务上热情主动。

-只使用正宗的底盘配件及定位专用耗材。

-注重用户信息反馈及信息跟踪。

5）一分耕耘一分收获。设备投入初期，用户还不能理解并接受报价的情况下，宁肯放弃业务，同时毫无保留地将检查结果及处理建议告诉用户，经过长期的努力，让许多一味贪便宜的客户真正了解到技术水准与收费的关系，流失的业务逐步回头，生意会越做越好，在当地拥有良好的口碑。

附　　录

附录 A　车轮定位专用术语

A

阿克曼原理——一种车轮定位原理，该原理是根据车辆的轮距和轴距来计算转向轮的转向角。

安全阀——防止动力转向液压力过高超出规范值。当液体处在规范压力的最大值时，多余的转向液将回流到油泵存储器。

B

摆臂——提供转向齿轮扇形轴与转向拉杆相互连接的转向元件。

包容角——车轮外倾角和主销内倾角之和。

被动悬架——弹簧连同减振器一起压缩(振荡)和伸展(回弹)的悬架系统。

标高驻车检查——车辆在标准车身高度(不是在举升位置)时检查底盘和转向部件。

C

层级——鉴定轮胎强度的方法，不必标出所用实际层数。

车轮定位——测量和调整车辆底盘上所有车轮的工作过程。

车轮平衡——用以描述车轮/轮胎总成在轮周上平衡重量的均匀分布。

车身侧倾——当车辆急转弯时车身的倾斜状态。

车身角——常用来描述非水平车身状态。

车辙——由前后车轮所形成的相关轨迹。

车轴偏角——车轮或车桥相对中心线的横向位移。

齿轮齿条转向机构——利用带孔齿轮与齿条配合来传递转向力到轮轴的转向系统。

冲击转向——由于道路不规则引起车辆在转向时方向发生变化。当悬架上下振动时，前车轮或后车轮定位角度的变化会改变车辆行进轨迹。

充气不足——轮胎中空气压力低于规定值。

充气过度——轮胎充气压力超出推荐范围。

垂直——竖直或铅垂。

D

单侧前束——通过车轮平面画一水平线，其相对于中心线所形成的夹角。

道路冲击——从路面传递至转向盘过大的力。

底盘——车辆上包括悬架、转向系统、动力传动系统和车架在内的所有主要总成，即除车身之外的所有部件。

垫片——由薄纤维或金属材料制成，用以消除两个部件间隙。

动力转向——应用液压系统来辅助车轮转向。

动平衡——通常指车轮和轮胎总成在运动时的平衡状态，即在垂直平面上旋转的车轮相关力引发的平衡状态。

抖动——前车轮传导到转向盘上的强烈振动或摆动。

独立悬架——在每个车轮与底盘之间，提供一个独立支架的悬架系统。

短臂长臂(SALA)——控制臂长度设计成不相等的独立悬架。

惰性臂——用于支撑，是与传统转向系统保持平行位置的臂状物和杆件总成。

F

发动机托架——对于前轮驱动车辆，用以安装发动机的构架，如同许多车辆上的前悬架枢轴支点。

方向不稳——车辆随机摆向行进方向某一侧的趋势。

方向稳定性——车辆维持方向轨迹的能力。

非集成动力辅助装置——控制阀和所有主要液压元件不集成的动力辅助系统。

负荷范围——用于描述维修或载重限制或轮胎的体系。

负荷式万向节——用以支撑车辆重量的外悬架枢轴。

G

共心——两个或更多部件具有一个共同的中心。

H

横拉杆球头——转向横拉杆上的球窝总成。

横拉杆套管——用于连接和调整横拉杆总成的线性管件。

横向跳动——旋转的车轮或轮胎所产生的边到边的移动。

后转向齿轮齿条——位于轮轴中心线之后的转向系统。

弧——圆弧或曲线的任一部分。

回弹——悬架向下移动。

回弹行程——车辆行驶时悬架向上提升的动作过程。

回正力——前车轮回转到正直位置的趋势。

J

集成动力辅助装置——控制阀和所有主要液压元件均包括的动力辅助系统。

几何中心线——前桥中点与后桥中点的连接线。

减振器——用于衰减弹簧振动的悬架部件。

胶布式接头——由胶布类材料制成的 U 形万向节。

接触区——轮胎表面与道路接触所形成的区域。

径向间隙——检查万向节或主销时，车轮和轮胎总成的任何横向移动量。

净重——车辆减去乘客、行李或负载后的总重量。

K

控制臂——用于连接轴杆或车轴到底盘上的臂状物。

L

拉杆——用于连杆臂与转向横拉杆总成之间的管件或杆件。

连接杆——用以传递运动或力的一系列杆件。

流量控制阀——控制动力转向泵流出量的阀体，该阀必不可少。由于发动机转速变化，车辆在从怠速到高速的整个过程中，需要有可靠的转向能力。

路感——自路面传递到转向盘的必要反馈。

路冠——道路自其中央开始的斜坡。

轮距——同一车桥上两个车轮的中心线之间的距离。

路离——车辆使驾驶人和乘客更好地隔离与路面不平顺物的能力。

螺旋弹簧——由钢丝制成螺旋形的弹簧。

轮毂——该总成罩在车轮与轮胎总成旋转处的轴承上。

轮胎力变化（径向力变化）——在轮胎圆周上有不同径向力的特性。

轮胎磨损花纹——轮胎表面磨损的纹路。胎纹状态揭示轮胎不正常磨损。

轮轴——用以安装车轮/轮胎总成及其转动件的部件。

M

麦弗逊滑柱——将轮轴、减振器和弹簧设计成一体的悬架形式。

摩擦半径——车轮中心线与转向轴延长线在路面上的交点所形成的距离。

摩擦万向节——用在外侧的悬架支点，但不能支持车重。

N

转矩转向——加速或减速时，作用在前轮上的转向效果。

扭力杆——用以代替螺旋弹簧的弹簧钢杆。通过扭力杆的反力抵制悬架的扭曲或力矩效应。

P

跑偏——车辆远离原有行进方向的状态。

平行转向杆系——所有连接点是以相互平行的直线相连接的转向杆系设计。

偏心件——回转中心与几何中心不重合的零件，如偏心螺栓，当旋转该螺栓时将使部件受力而改变部件位置。

Q

千分表——用于测量和显示线性位移的工具。测量结果显示在刻度盘面上，通常其刻度值为几千分之一。

前束——通过同一车桥上的两个车轮画一水平线，所形成的夹角。

前转向齿轮齿条——转向系统位于轮轴中心线前方。

R

柔量——在外力作用时，一个物体自由伸缩的能力。

S

实心桥式悬架——由一个钢制件或铝制件组成的 I 形悬架系统。

失圆——车轮和轮胎不规则，一侧或双侧与转动轴不同心。

水平线——与地平面平行或水平的直线。

四轮转向——后车轮能辅助车辆转向，以提高车辆的操控和驾驶性能。

T

胎口——由钢丝制成，用以将单侧胎缘与轮辋连接在一起的部分。

胎面磨损指示——在两胎面侧壁之间塑成脊形，以明显指示轮胎磨损。

推进角——推进线与几何中心线之间所形成的夹角。

推进线——后轮总前束的平分线，即后轮的滚动方向。

退缩角——中心线与垂直于前轮轴的直线所形成的夹角。

W

外倾角——从车辆正前方观看，车轮顶部向内或向外倾斜的角度。

外倾角侧倾——车辆在急转向时，悬架的变化带来外倾角的变化。

万向节——由球窝组成，是从底盘到转向节的连接件。该装置可实现同时发生角度变化的旋转运动。

稳定杆——使车身保持晃动最小化的钢制杆件。

X

斜织层——一种与斜织束带相同的构造形式，但没有加强束带。

斜织束带——一种轮胎构造形式，是以 90° 搭接胎层，并用附加的束带环绕在轮胎周围。

悬架——用于支撑重量、吸收和减缓振动的总成，有助于保持轮胎接触以及车轮与底盘的正确关系。

悬架高度(车身高度)——车辆上一个或多个点到路面之间的规定距离。

循环球式转向机构——由蜗杆轴、球螺母和两个循环球组成的转向机构设计。

Y

摇摆——车辆横向运动。通常由于轮胎或车轮缺陷所引起。

液压泵——产生持续流量和压力的动力驱动装置。

羽状磨损花纹——一种胎面异常磨损所形成的花纹，通常是单个胎面花纹其中一侧比另一侧磨损严重。

预载——装配过程中，载荷或加载力的预设值，可防止实际运转过程中不必要的间隙。

Z

褶皱件——一种折叠起来用于伸缩运动的橡胶密封件，通常是指风箱式保护罩。

振动——以一个特定频率不断地振荡。

支柱——用于两个部件之间的任何支撑件。

制动可控性——在各种制动状态下，所有与制动反作用力相关的车辆可操控的特性。

整体式车身——将车身与车架做成一体的设计。

轴衬——由金属或橡胶材料制成的元件，用于隔离互相连接的运动件。

轴距——前后车桥中点之间的距离。

轴向间隙——检查球节时，与车轮/轮胎总成平面相垂直的移动量。

主动悬架——一种通过液压执行器向悬架系统增力来实现压缩（振动）和伸长（回弹）的悬架系统。

主销——用于连接轮轴与车桥的转向轴或连接点，提供车轮转向的旋转轴。

主销后倾角——从车辆侧面观看，转向轴顶部向前或向后倾斜的角度。

主销内倾角——从车辆前方观看，通过转向轴画一条假想线与垂线之间所形成的夹角。

转向——当车辆在弯路上行驶的状态。

转向臂——外侧转向横拉杆与转向轴之间相互连接的转向部件。

转向不足——车辆有一种实际转向少于驾驶人意念转向的特征。

转向过轻——车辆有着比驾驶人预想更灵活的转向的特征。

转向横拉杆总成——在四连杆转向机构外侧，安装于拉杆与转向臂之间的部件。

转向回正——车轮回复到正直位置或原有位置的特性。

转向机构——用以转换转向盘的旋转运动为横向运动的机械装置。

转向角——在一次转向中，两前轮转过角度的差值。

转向节——主要包括轮轴、转向臂和转向轴支点的铸造件总成。

转向居中——车辆直线行驶时，转向盘居中。

转向盘游隙——不使前车轮移动的间隙或移动量。

转向柱——连接转向盘与转向机构之间的管件或杆件。

锥形磨损——当车轮充气并负重时，在整个正常使用寿命期间轮胎形成圆锥形。

子午线轮胎——编织线以90°交织制成轮胎卷边的轮胎构造形式。

附录 B 车名中英文对照表

英 文 名 称	中 文 名 称
ACURA	讴歌
ALFA ROMEO	阿尔法·罗密欧
AMERICAN MOTORS	美国汽车公司
ASIA	亚洲
ASTON MARTIN	阿斯顿·马丁
AUDI	奥迪
AUTOBIANCHI	奥托比安希
BEDFORD	本福特
BENTLEY	宾利
BMW	宝马
BUGATTI	布加迪
BUICK	别克
CADILLAC	凯迪拉克
CHEVROLET	雪佛兰
CHRYSLER	克莱斯勒
CITROEN	雪铁龙
DAEWOO	大宇
DAF-LEYLAND	达夫-利兰
DAIHATSU	大发
DATSUN	达特桑
DODGE	道奇
EAGLE	鹰
EUNOS	俊朗
FERRARI	法拉利
FIAT	菲亚特
FORD	福特
GENERAL MOTORS	通用
GEO	吉优
HOLDEN	霍顿
HONDA	本田
HUMMER	悍马
HYUNDAI	现代
INFINITI	英菲尼迪
ISUZU	五十铃
INTERNATIONAL	国际
IVECO	依维柯
JAGUAR	捷豹
JEEP	吉普
KIA	起亚

（续）

英 文 名 称	中 文 名 称
LANCIA.	兰旗亚
LAND ROVER.	路虎
LEXUS.	雷克萨斯
LINCOLN.	林肯
LOTUS.	莲花
M. A. N.	曼恩
MASERATI.	玛莎拉蒂
MAYBACH.	迈巴赫
MAZDA.	马自达
MERCEDES-BENZ.	梅赛德斯-奔驰
MERCURY.	水星（默寇利）
MINI.	迷你
MITSUBISHI.	三菱
NISSAN.	日产
OLDSMOBILE.	奥兹莫比尔
OPEL-VAUXHALL.	欧宝-沃克斯豪尔
PEUGEOT.	标致
PONTIAC.	庞蒂克
PORSCHE.	保时捷
PROTON.	宝腾
RENAULT.	雷诺
ROLLS ROYCE.	劳斯莱斯
ROVER/AUSTIN.	罗孚/奥斯汀
SAAB.	绅宝
SATURN.	土星
SEAT.	西亚特
SKODA.	斯柯达
SMART.	精灵
SSANGYONG.	双龙
SUBARN.	斯巴鲁
SUZUKI.	铃木
TALBOT.	塔尔伯特
TOYOTA.	丰田
VAUXHALL.	沃克斯豪尔
VOLKSWAGEN.	大众
VOLVO.	沃尔沃

附录 C　如何识别 VIN

1. VIN 定义

在此仅以一汽 - 大众生产的奥迪 A6 为例。

L	F	V	B	A	1	4	B	X	Y	3	0	0	0	0	1	6	(1.8T)
L	F	V	B	A	2	4	B	5	2	3	0	0	2	2	6	7	(2.4L)
L	F	V	B	A	2	4	B	2	2	3	0	0	0	3	0	8	(2.8L)
1	2	3	4	5	6	7	8	9	10	11	12	13	14	15	16	17	

第 1 位——原产国(L 指中国)。

第 2 ~ 3 位——制造厂识别代码(FV 指一汽 - 大众汽车有限公司)。

第 4 位——车身形式。

第 5 位——发动机/变速器。

第 6 位——乘员保护系统(1 指装有驾驶人安全气囊;2 指装有驾驶人和前排乘员、前座侧面安全气囊)。

第 7 ~ 8 位——车辆等级(4B 指一汽奥迪轿车 Audi)。

第 9 位——校验位。

第 10 位——车型生产年代(见下表)。

第 11 位——装配厂(3 指一汽 - 大众汽车有限公司)。

第 12 ~ 17 位——生产序列号。

VIN 年型应用表

年 型 代 码	生 产 年 份
X	1999
Y	2000
1	2001
2	2002
3	2003
4	2004
5	2005
6	2006
7	2007
8	2008
9	2009

2. 发动机代码位置

1) 奥迪 1.8L 发动机号(由代码及序列号组成)标在缸体左侧,见附图-1。另外,在发动机气缸盖罩上有一个不干胶标签,上面也有发动机号。汽车数据牌上,也有发动机代码。发动机吊耳上也打有发动机代码(拆下发动机舱盖后可看见)。

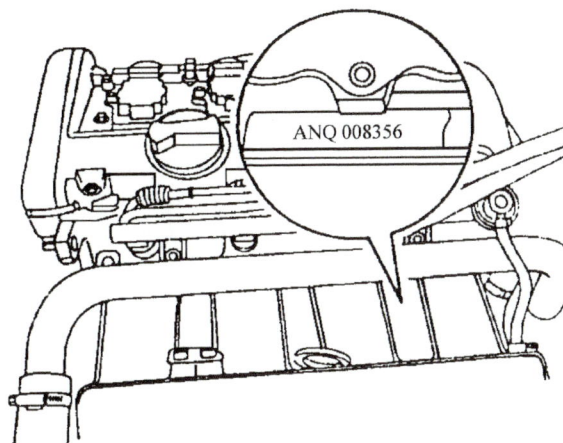

附图-1　发动机代码和系列号位置(1.8L)

2) 奥迪 2.4L/2.8L 在右气缸盖前面，缸体右面打印有发动机代码和系列号，见附图-2。另外在印有"发动机型号和编号"的标签贴在正时齿带罩上，以及在车辆数据牌上。

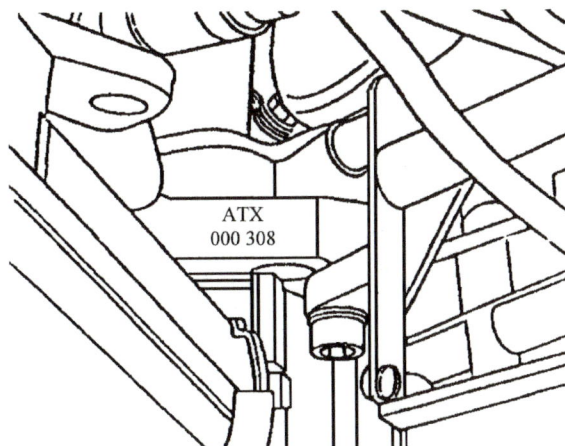

附图-2　发动机代码和系列号位置(2.4L,2.8L)